"十三五"国家重点出版物出版规划项目

经济科学译丛

多恩布什《宏观经济学》（第十二版）学习指导书

鲁迪格·多恩布什（Rudiger Dornbusch）
斯坦利·费希尔（Stanley Fischer） 编
理查德·斯塔兹（Richard Startz）

王志伟 译校

Study Guide for Macroeconomics

（12th Edition）

中国人民大学出版社
·北京·

《经济科学译丛》总序

中国是一个文明古国，有着几千年的辉煌历史。近百年来，中国由盛而衰，一度成为世界上最贫穷、落后的国家之一。1949 年中国共产党领导的革命，把中国从饥饿、贫困、被欺侮、被奴役的境地中解放出来。1978 年以来的改革开放，使中国真正走上了通向繁荣富强的道路。

中国改革开放的目标是建立一个有效的社会主义市场经济体制，加速发展经济，提高人民生活水平。但是，要完成这一历史使命绝非易事，我们不仅需要从自己的实践中总结教训，也要从别人的实践中获取经验，还要用理论来指导我们的改革。市场经济虽然对我们这个共和国来说是全新的，但市场经济的运行在发达国家已有几百年的历史，市场经济的理论亦在不断发展完善，并形成了一个现代经济学理论体系。虽然许多经济学名著出自西方学者之手，研究的是西方国家的经济问题，但他们归纳出来的许多经济学理论反映的是人类社会的普遍行为，这些理论是全人类的共同财富。要想迅速稳定地改革和发展我国的经济，我们必须学习和借鉴世界各国包括西方国家在内的先进经济学的理论与知识。

本着这一目的，我们组织翻译了这套经济学教科书系列。这套译丛的特点是：第一，全面系统。除了经济学、宏观经济学、微观经济学等基本原理之外，这套译丛还包括了产业组织理论、国际经济学、发展经济学、货币金融学、财政学、劳动经济学、计量经济学等重要领域。第二，简明通俗。与经济学的经典名著不同，这套丛书都是国外大学通用的经济学教科书，大部分都已发行了几版或十几版。作者尽可能地用简明通俗的语言来阐述深奥的经济学原理，并附有案例与习题，对于初学者来说，更容易理解与掌握。

经济学是一门社会科学，许多基本原理的应用受各种不同的社会、政治或经济体制的影响，许多经济学理论是建立在一定的假设条件上的，假设条件不同，结论也就不一定成立。因此，正确理解掌握经济分析的方法而不是生搬硬套某些不同条件下产生的结论，才是我们学习当代经济学的正确方法。

本套译丛于 1995 年春由中国人民大学出版社发起筹备并成立了由许多经济学专家学者组织的编辑委员会。中国留美经济学会的许多学者参与了原著的推荐工作。中国人民大学出版社向所有原著的出版社购买了翻译版权。北京大学、中国人民大学、复旦大学以及中国社会科学院的许多专家教授参与了翻译工作。前任策划编辑梁晶女士为本套译丛的出版做出了重要贡献，在此表示衷心的感谢。在中国经济体制转轨的历史时期，我们把这套译丛献给读者，希望为中国经济的深入改革与发展做出贡献。

《经济科学译丛》编辑委员会

目　录

第1章 导论

本章要点

- 我们从对三类模型及其应用的时间周期的简要介绍开始宏观经济学的研究，经济学研究就是围绕着这三类模型展开的。在此还对经济增长理论、通货膨胀、失业及经济周期进行了简要介绍并对与本学习指导书对应的教科书进行了综述。

本章概要

1. 宏观经济学的三类模型

宏观经济学的几乎所有内容都可以通过三类模型来理解。这三类模型是：**增长理论**（growth theory），它描述了在**特长期**（very long-run）当资本、劳动和技术可以变化时的经济运行情况；**总供给-总需求模型**［aggregate supply-aggregate demand（$AS-AD$）model］，它描述了在稍短时间内的经济运行状况，它实际上是两类不同模型（总供给模型和总需求模型）的联合。关于**总供给**（aggregate supply）的不同假设决定了这类模型的应用周期。

对于我们将要讨论的时间结构进行定义很有必要。增长理论的特长期，指数十年甚至更长时期，在这期间，资本、劳动、技术水平和人口规模等所有要素都可以改变。此时我们研究在这一段时期内**潜在产出**（potential output）而不是**实际产出**（actual output）的行为。具体来说，我们研究如果所有的生产要素都被充分利用，产出数量会是多少的问题。

长期、中期和短期概念指的是在该段时期内，资本、劳动的供给等是固定的，或者潜在产出是固定的。这些时期的主要区别在于我们是否假定这些要素投入被充分利用：在长期，我们假定它们被充分利用，因此实际产出等于潜在产出；在稍短的时期，我们假定它们或者被过度利用或者利用不足，此时产生**产出缺口**（output gap），见图 1－1和图 1－2。

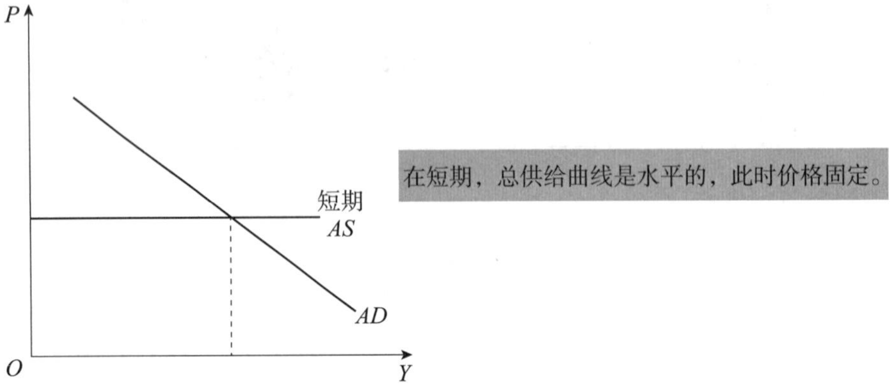

图 1－1　总需求与总供给：短期

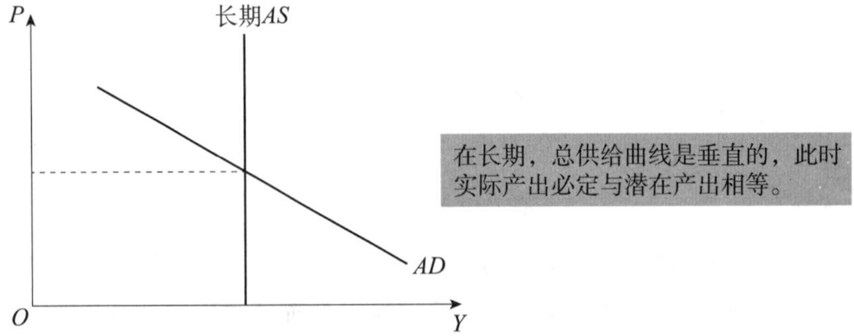

图 1－2　总需求与总供给：长期

AS－*AD* 模型研究一国产品的需求（用 *AD* 曲线刻画）与一国产品的供给（用 *AS* 曲线刻画）之间的相互作用来决定价格水平和产出水平。潜在的产出水平在该模型中总是固定的，只有实际产出可以改变。

我们通过改变对总供给曲线的假设来决定 *AS*－*AD* 模型此时所应用的时期（长期、中期或者短期）。

- 在**长期**（long run），当所有要素投入都被充分利用时，总供给曲线在潜在产出水平处是垂直的，此时产出仅由总供给决定。
- 在**短期**（short run），时间太短暂以至价格水平根本没有时间改变，因此总供给曲线是水平的，此时产出仅由总需求决定。
- 在**中期**（medium run），位于上述两种极端情形的中间某个位置，要素投入不必被充分利用，价格水平也未冻结，此时 *AS* 曲线向上倾斜。

我们将在第 5 章着重讨论这个话题。

2. 重复申明

经济的增长率是指产出的**增长率**（growth rate）。GDP 的**趋势进程**（trend path）是指所有要素都被充分利用情况下产出的增长率。

它们的区别是什么？第一个概念是指实际产出的增长量，第二个概念是指潜在产出的增长量。

经济周期（business cycle）是指围绕着产出的趋势进程的扩张和收缩的循环。

产出缺口（output gap）度量的是潜在产出和实际产出之间的差距。它随着经济周期而变化：在衰退时增加，在经济复苏时减小，有时候减小得太厉害以至变成负的（当要素投入被过度利用时存在这种情形）。

通货膨胀（inflation）与产出缺口是逆向相关的——当 *AD* 曲线变化时，价格和产出是同时上升的；当潜在产出固定时，实际产出的增加会使产出缺口下降。

当要素未被充分利用时，实际产出低于潜在产出。当要素被过度利用时（考虑经济中的所有人都加班加点地工作），实际产出高于潜在产出。在随后我们将发现第二种情形是通货膨胀。

什么是通货膨胀？**通货膨胀率**（rate of inflation）是价格水平上的百分比变化。这个价格水平经常用**消费价格指数**（consumer price index，CPI）来度量——与一个城市消费者的商品篮子的成本相联系。CPI 在一年内的百分比变化是对一年内消费品通货膨胀水平的一个度量。

3. 本书概要与预告

第 2 章包括了国民收入核算，介绍了一些课本中用到的恒等式。第 3 章和第 4 章包括增长理论，以及在特长期的潜在产出行为。第 5 章和第 6 章引入了 *AS*-*AD* 模型以及分析处于经济周期中的产出的框架。第 7 章讨论了失业问题。第 8 章讨论了通货膨胀问题。第 9 章引入了美国的货币政策制定。第 10～12 章深入研究了总需求。第 13 章拓宽了我们的视角，引入了国际联系。第 14～19 章着重探讨了国内经济的个别问题：消费、投资等，以及一些政策问题。第 20～22 章突出强调了大量政府赤字、衰退和萧条以及高通货膨胀方面的问题。第 23 章对开放宏观经济学做了简要的介绍。第 24 章介绍了一些经济学研究的前沿问题。

4. 必备条件与学习方法

在阅读经济学内容时，最好在手头放一支笔。你可以偶尔停下来画一下图，标出有存疑问题的区域，或者对重要的定义做一下笔记。不要害怕，教科书不应该像小说一样读。在一些稍难的章节中你应该经常停下来仔细思考一下。

你也许想养成跟踪当前热点事件的习惯。本书提醒你，你学习宏观经济学知识是为了更好地理解这个世界。

◇关键术语

特长期	长期	短期
中期	增长理论	总供给-总需求（*AS*-*AD*）模型
总供给（*AS*）曲线	总需求（*AD*）曲线	菲利普斯曲线
增长率	经济周期	趋势进程

产出缺口	潜在产出	通货膨胀
消费价格指数（CPI）	利用	扩张
水平	上涨率	衰退
复苏	波峰	暴跌
波谷	生产率的增加	

◇绘　图

检验一国经济健康程度的最简单的方式就是将它的实际 GDP 制成一张表。当实际 GDP 比平时增长更快时，表明经济表现良好，反之亦然。表 1－1 和图 1－3 要求你绘制从 1990 年到 2012 年间美国实际 GDP 的变化率，然后将它与 GDP 增长的趋势率相比较。我们假设增长的趋势率为 3%——这是自从 1960 年以来对于经济的平均增长率的一个粗略估计。你能辨别出经济周期是处于向上还是向下趋势吗？

表 1－1

年份	GDP（10 亿美元）	相对于上一年的百分比变化（%）
1990	8 033.9	
1991	8 015.1	−0.2
1992	8 287.1	3.4
1993	8 523.4	
1994	8 870.7	
1995	9 093.7	
1996	9 433.9	
1997	9 854.3	
1998	10 283.5	
1999	10 779.8	
2000	11 226.0	
2001	11 347.2	
2002	11 553.0	
2003	11 840.7	
2004	12 263.8	
2005	12 638.4	
2006	12 976.2	
2007	13 228.9	
2008	13 228.8	
2009	12 880.6	
2010	13 063.0	
2011	13 299.1	
2012	13 588.8	

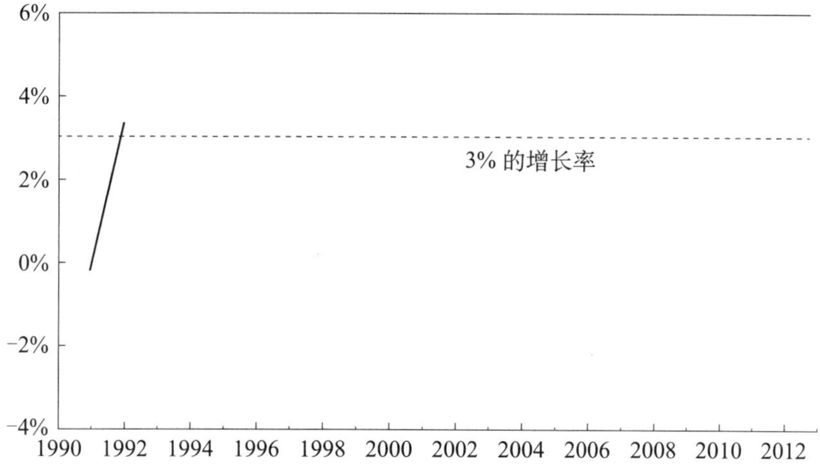

图 1-3　GDP 百分比变化

为了完成这个图形，你必须首先计算 GDP 的变化率，然后绘制出它们。举例来说，1990 年实际 GDP 是 80 339 亿美元，1991 年是 80 151 亿美元。因此年增长率就是 100%×[(80 151－80 339)/80 339]，大约为－0.2%。我们已经在图中为你完成了前面几年的数据，请你根据表 1-1，在图 1-3 中完成剩下的。

◇经济学释义

模　型

一个经济模型包含了一系列假设和一个或多个等式。这些等式描述了模型的变量（投入和产出）之间是怎样相互联系的。

假设是很重要的。正如我们在总供给-总需求模型中所看到的那样，一个假设（像垂直的 *AS* 曲线）可能在一些情形（例如当市场完全出清时）中是有效的，但是在其他情形中无效。我们从不假设总供给曲线是垂直的，且我们从不用增长理论去描述经济周期的波动（它真的做不到）。当我们决定是否用假设来回答问题时，该假设的有效性就变成一个很关键的考虑因素。

当运用模型时，我们必须应用到判断。一个好的模型通过不去涉及某些方面来简化实际世界。这些方面与它要解释的问题是不相关的。这样的话，如果被省略了的关系是与这些问题相关的，那么构造出来的模型就会出现问题。所以，构造模型需要的不只是数学，它还需要**判断**（judgment）。

◇技术回顾

积极学习

积极学习有两个组成部分：积极阅读和积极复习。积极阅读是一项需要提高的很好的技能，因为当你阅读教科书、报纸时或者一旦你成为总统后阅读你的顾问提交的报告时，你都可以使用该方法。积极阅读的关键是：阅读时笔不离手。通过这种方式，你可以在关键点下画线，写下辩论性陈述论点后面的假设（举个例子，一个天气预报员可能说“明天将是晴天”，这意味着“如果当前盛行风没有改变，明天会是晴天。这将使丽塔飓风直接刮向北方，正好经过我们”），将陈述翻译成图（举例来说，“今年玉米价格增长了，卖的数量减少了”可以用微观供给和需求曲线图中供给曲线的一个移动加以说明）。

如何积极复习？复习所有你曾经标注下画线的地方，攻克尽量多的问题。为了确保你能较好地定义那些关键术语，你可以做一些记忆卡片。写下每个模型的一系列假设，然后考虑什么时候这些假设不再有效。这将帮助你决定何时可以或者不可以将一个特定的模型应用于某个问题中。总结一张大卡片地图，在上面可以标记你学过的模型之间是如何相互联系的。然后，当你在各个模型之间彷徨迷惑时，你可以参考这张地图。

◇填字游戏

横

2. 对价格水平的度量
6. 这条曲线的斜率决定了 $AS-AD$ 模型的时间范围
8. 用于特长期的理论类型
9. 你正在学习什么
11. 增长理论和 $AS-AD$ 模型可以在不同________长度上运用

竖

1. 当所有要素投入都被充分利用时的产出
3. 价格水平的变化率
4. 周期类型，围绕着产出的趋势进程的波动
5. 在________期，AS 曲线垂直
7. 我们用什么简化现实世界
10. 缺口类型，潜在产出和实际产出之间差异的度量

◇填空题

1. 经济的特长期行为是________的研究领域。
2. 经济在短期、中期和长期运行的行为能被________模型很好地描述出来。
3. ________曲线描述了在每个价格水平上厂商所愿意提供的产出的数量。
4. ________曲线描述了在每个价格水平上商品的总需求。
5. 当所有要素投入都被充分利用时，________曲线在长期是水平的。
6. 在长期，产出缺口是________。
7. ________度量一个典型城市消费者的购买成本。

◇判断题

T　F　1. 在短期，总供给曲线是水平的。
T　F　2. 在中期，总供给曲线是垂直的。
T　F　3. 当价格不调整时，总供给曲线是向上倾斜的。
T　F　4. 当实际产出低于潜在产出时，价格上升。
T　F　5. 你所学的关于宏观经济学的很少知识可以用增长理论/总供给/总需求框架进行讨论。

第 2 章 国民收入核算

本章要点

- 在"国民收入核算"标题下，我们考虑了将国民收入这块馅饼分别用不同方式切成各个组成部分。
- 这不仅仅是简单的核算。当我们对 GDP 进行详细分解时，我们实际上在学习这么多的总需求来源是如何加总到一起来决定国民收入的，以及为何一国收入和产出必须相等。

本章概要

1. 产出的生产与对生产要素的支付

生产过程要转化生产要素，例如将资本和劳动转变为产出。然后产出被用来当作**要素报酬**（factor payments）——付给劳动（N）以工资（w），付给资本（K）以利息（i）。对劳动的全部报酬等于被雇用劳动的数量乘以付给每一个工人的工资，这大约占到所有要素报酬的四分之三。给资本的全部报酬等于所利用资本的数量乘以其利率。剩下的就被当作利润（通常不是很多）。因此我们有要素报酬总量加利润等于产出的恒等式：

$$Y = w \times N + i \times K + \text{利润}$$

当然，我们今天使用的生产要素并不全部来自我们自己的国家，也并不是所有的国内生产要素均在国内被利用。这个问题导致经济学家用三个不同的概念来度量一国的产出：**国内生产总值**（gross domestic product，GDP）、**国民总收入**（gross national income）和

国民生产总值（gross national product，GNP）。

GNP 包括本国人拥有的受雇于外国的要素报酬，不包括外国人在本国使用的要素的报酬。而 GDP 恰好相反，它包括任何在国界之内的产出，而不管谁拥有这些生产要素；它不包括任何在本国之外的产出，即使使用的是本国的生产要素。在实践中，这两种度量方法的差别是可以忽略的。

当我们测量产出时，我们可能也想将折旧纳入考虑范围，因为资本会随着时间的推移而损耗是一个事实。**国内生产净值**（net domestic product，NDP）等于 GDP 减去损耗的资本量。然后我们可以将税收扣除以得到国民收入。

2. 支出与需求的构成

我们可以用另一种方式通过观察谁买了产出以及产出被用来干什么来分解产出。产出可以（1）被个人所消费，（2）被用作投资，（3）被政府消费，（4）被用于出口。第四个项目存在一些争论——因为我们同时进口和出口，我们国内收入的一部分会花在外国商品上，另外，一部分本国产出会被卖到国外去。出口和进口之间的差额（称为**净出口**，net exports）是国内产出被国外购买的净购买量。当我们从外国购买的产品比国外购买我们的更多时，它变为负的。

3. 一些重要的恒等式

应该记住的最重要的恒等式为收入＝产出。一些重要的其他恒等式在下面列出，它们也是值得记住的。需要提醒的是，要确保你理解了这些恒等式所表达的经济关系，而不要只是记住这些符号。

$Y \equiv C+I+G+NX$	基本国民收入核算恒等式
$YD \equiv C+S$	可支配收入的使用
$YD \equiv Y+TR-TA$	可支配收入的来源
$BD \equiv G+TR-TA$	预算赤字的定义

其中，Y＝收入（或者产出）；C＝消费；I＝投资；G＝政府购买；NX＝净出口；YD＝可支配收入；TR＝转移支付；TA＝税收；S＝储蓄；BD＝政府预算赤字。符号“≡”意味着“恒等于”。

所有这些式子都可以用下面这个基本恒等式来表述：

$$C+I+G+NX \equiv Y \equiv YD+(TA-TR) \equiv C+S+(TA-TR)$$

它可以简化为下面的恒等式，超额储蓄等于政府预算赤字和净出口之和：

$$S-I \equiv (G+TR-TA)+NX$$

4. 国内生产总值的衡量

为了避免重复计算问题，我们把 GDP 当作当期生产的所有**最终产品和服务**（final goods and services）的价值。例如，如果某商品在以前就被生产出来了且未被卖掉，它就不包括在内。如果某商品被当作另一种商品的投入（即**中间产品**，intermediate good），它也不被包括在内。我们也可以通过在生产过程的每个阶段将投入的**增加值**（value added）

加起来以测量 GDP。

在测量 GDP 时存在一系列问题：一些产出（例如在家中做饭、打扫卫生、看护孩子）由于没有在市场中交易，因此不被计入 GDP。这些产出进入商业领域后却会产生一系列影响。

用 GDP 来衡量社会福利也存在很严重的问题：（1）一些种类的产出，比如警察机关的维护，目的只是遏制“坏事”，如犯罪的发生；（2）自然资源价值为零，所以环境变好和环境退化均没有在 GDP 中有所体现；（3）很难计算质量的改善。

5. 通货膨胀与价格指数

因为价格每年都可能会变化，所以我们区分实际 GDP 和名义 GDP。实际 GDP 是对实物产出的一个度量。名义 GDP 是以**现值美元**（current dollar）（当前价格）计价的产品的价值。

通货膨胀率（π）以价格水平的变化来测量，如下式所示：

$$\pi \equiv \frac{P_t - P_{t-1}}{P_{t-1}}$$

值得注意的是，你必须将该式得到的结果乘以 100%从而用百分比的形式来合理地表达它。比如，$\pi=0.12$ 意味着通货膨胀率是 12%。

价格水平可以用**消费价格指数**（consumer price index，CPI）、**生产价格指数**（producer price index，PPI）或者 **GDP 平减指数**（GDP deflator）来衡量。CPI 度量代表性城市消费者购买一篮子固定商品的花费。PPI 度量既定一篮子被用于生产的商品的成本。这两者都可以衡量年年不变的商品篮子的花费。GDP 平减指数被定义为名义 GDP 与实际 GDP 的比率。为了反映产出的实际组成，它的商品篮子每年都要变化。然而，它不考虑出口价格对国内价格水平的影响。

6. 失业

你可能注意到了人们是怎样通过职业介绍所、新闻广告和学生就业中心寻找工作的。任何时候，总会有一些人正处于失业状态且正在努力寻找工作。这些人占全部劳动力的百分比即为失业率。当经济繁荣时失业率会下降，当经济萧条时失业率会上升。在美国，人们通常认为 9%的失业率（意味着经济表现很差劲）很高，相反，4%的失业率很低。

7. 利率和实际利率

利率就是投资的收益占投资本身的百分比。例如，如果你将 100 美元放入一个具有 6%年利率的账户里，到年底时，你将得到 106 美元。将同样的 100 美元放到一个支付 10%年利率的账户里，你将得到 110 美元。

这当然没告诉你那些美元在你取回来时的价值是多少。当存在 6%或 10%的通货膨胀时，你的实际收益是零。这就是我们要区分实际利率和名义利率的原因。实际利率通过修正通货膨胀效应告诉你你的实际投资收益，而不仅仅是表面名义收益。

让我们举一个例子。如果 100 美元可以赚取 6%的利息，那么在年末你可以获得 106 美元。当没有通货膨胀时，你的 6%的名义收益也将是 6%的实际收益，而且此时实际利率也是 6%。但是当存在 5%的通货膨胀时，年末你的货币与不存在通货膨胀时相比，将不再值那么多钱。此时实际收益将降低大约 5%！实际利率大约为 1%。

8. 汇率

每个国家都使用它想要用的货币来度量商品价格。在美国用美元，在英国用英镑。相对于本国货币而言，外国货币的价格就是汇率。你可以通过付给别人 1.5 美元来获得 1 英镑。然而，一国汇率水平的高低与该国商品贵贱是不相关的。

就汇率而言存在两类国家：一类国家其汇率受供求关系影响而自由浮动，另一类国家设定汇率。第一种制度被称为浮动汇率制，第二种制度被称为固定汇率制。通常甚至实行浮动汇率制的国家也会偶尔试图控制汇率，而实行固定汇率制的国家也会将它的汇率设定为一个新的水平。

9. 在哪里可以立即找到可用的数据

通过互联网可以找到很多数据和资料。本书提供了一些建议：Bill Goffe 的“互联网上的经济学家资源”可以参见 http://www.aeaweb.org/rfe/。有关美国宏观经济数据精选可以浏览 http://research.stlouisfed.org/fred2/，该网站还提供了几种在线数据的运算和画图选择。

◇关键术语

国内生产总值（GDP）　投资　生产要素
储蓄　要素报酬　政府预算赤字
生产函数　最终/中间产品　国民生产总值（GNP）
增加值　国内生产净值（NDP）　经过调整的 GNP
折旧　实际/名义 GDP　国民收入核算恒等式
通货膨胀　消费支出　通货紧缩
政府采购　GDP 平减指数　转移支付
消费价格指数（CPI）　政府支出　生产价格指数（PPI）
国内私人总投资　失业率　耐用品
名义利率　总/净投资　实际利率
净出口　汇率　国民总收入

◇绘　图

以 CPI 和 PPI 进行度量的通货膨胀不总是相同的。本绘图题让你计算和以图形描述在 1990—2012 年间依据 CPI 得出的通货膨胀率，然后与依据 PPI 得出的通货膨胀率进行比较。我们已经为你绘出了以 PPI 度量的通货膨胀率，因此你的工作量不会太大。

你的第一个任务是将消费价格指数转化成通货膨胀率。要求你在表 2－1 中完成。接着你需要将每一年的通货膨胀率绘制在图 2－1 中，然后在各点之间连线。我们已经在图表中为你填好了前几年的数据。请你完成剩下的部分。

表 2-1

年份	CPI	相对于上一年的百分比变化（%）
1990	130.7	—
1991	136.2	4.2
1992	140.3	3.0
1993	144.5	3.0
1994	148.2	
1995	152.4	
1996	156.9	
1997	160.5	
1998	163.0	
1999	166.6	
2000	172.2	
2001	177.0	
2002	179.9	
2003	184.0	
2004	188.9	
2005	195.3	
2006	201.6	
2007	207.3	
2008	215.2	
2009	214.5	
2010	218.1	
2011	224.9	
2012	229.6	

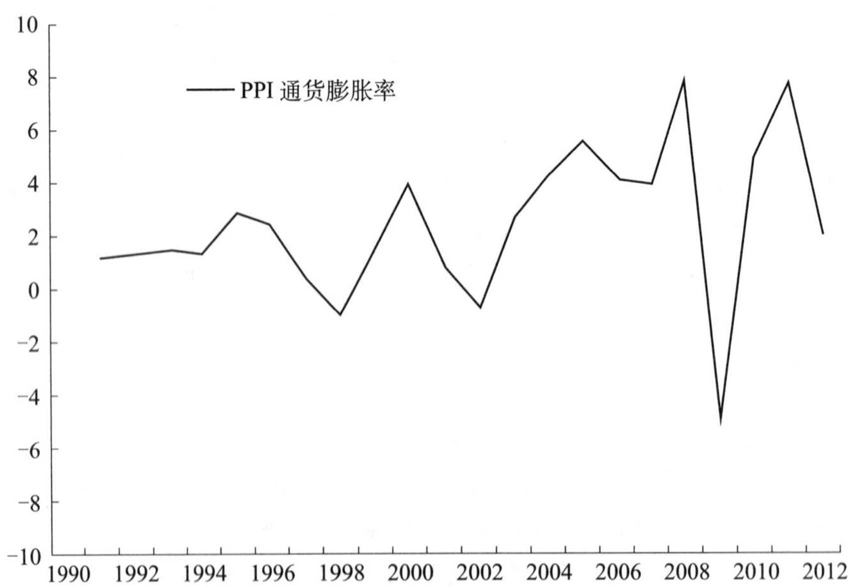

图 2-1　依据 CPI 和 PPI 得出的通货膨胀率（%）

◇经济学释义

外生变量、内生变量和政策变量

一些变量被当作模型的投入。它们被称作**外生变量**（exogenous variables）。一般来说，有三种形式的外生变量：由自然给定的变量（如天气）或者某个模型涉及范围以外的变量（比如投资者心理）；由政策制定者设定的变量，如税收和政府支出［这也被称作**政策变量**（policy variable）］；以及可能影响经济人的反应但不直接引起他们的兴趣的变量［它们是**参数**（parameters）］。消费的边际倾向在许多宏观经济学模型中是一个很重要的参数。它也是外生的——由这些模型以外的东西决定。

其他变量在模型中被决定。这些变量是模型的产出。我们称它们为**内生变量**（endogenous variables）。内生变量由外生变量决定；就像一种商品交换时的均衡价格和数量由消费者的偏好、心境和收入，商品的替代品和互补品的价格，生产者的技术，以及资源的可得性决定。另外，一个变量可能在一个模型中是内生的，在另一个模型中却变成了外生的。你要确保你清楚正在处理的模型中的每个变量是外生的还是内生的。

在考虑经济学模型时，有两点很重要。第一点是基础的重要性；第二点是技巧的重要性。

外生变量和内生变量之间具有因果关系。一个有用的问题是："当某个外生变量变动一单位时，内生变量变动多少单位?"一个内生变量的变化产生的效应是不太明显的，因为内生变量的变化总是一个或多个外生变量的更基本的变化的结果。

在你的模型中方程个数应该至少和内生变量个数一样多。如果方程个数多于内生变量个数，这些方程之间肯定具有联系；这不要紧。但是，如果你的方程个数少于内生变量的个数，说明你丢失了一些很重要的东西。再试着寻找新的方程吧。

◇技术回顾

从水平值向变化率转变

我们测量一个变量的变化率（或者百分比变化）的方法是：首先求出两个连续时期该变量的水平值的差，然后将该差除以它在第一个时期的水平。

某个变量 x 的变化率此时就等于：

$$\frac{x_t - x_{t-1}}{x_{t-1}} \times 100\%$$

其中，x_{t-1}代表变量 x 在初始期的水平，x_t代表x 在随后期的水平。x 从 100 增加到 120 将产生一个变化率：100％×［(120－100)/100］，即 20％。注意，如果 x 从 120 下降到 100，它的变化率是 100％×［(100－120)/120］，即大约－17％。一个 20％的增加和一个 17％的减少能使变量 x 回到它的初始水平吗？答案显然是肯定的。这些计算的基础虽然有差别，然而对于 x 的一个小的变化来说，差别不大：x 从 99 到 100 的变化是 1.01％的上升，从 100 到 99 的变化是 1％的下降。差别是可以忽略的。

◇填字游戏

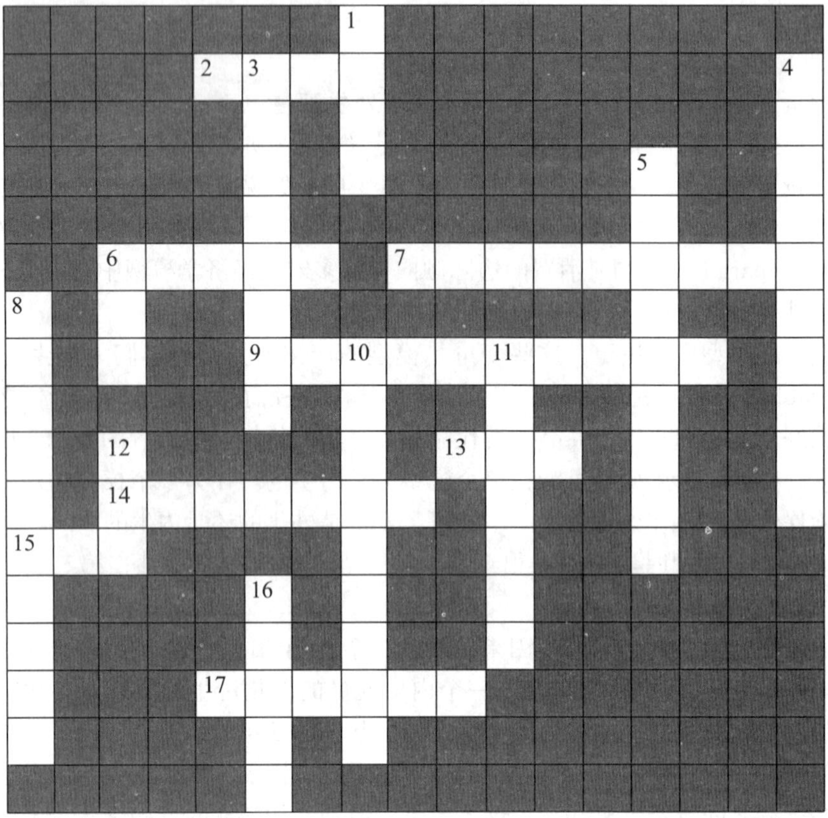

横

2. 对于不花的钱，公众会________
6. 一种投资，不提取折旧
7. 模型中投入变量的一种类型
9. 变量类型，其值由模型内生决定
13. 度量城市消费者的生活成本
14. 能使用很长时间的商品
15. 对产出的一种度量，提取折旧
17. 产出等于________

竖

1. GDP类型，度量实物产出
3. GDP类型，度量福利
4. ________增加资本存量
5. 购买东西的人
6. ________包括在国外使用的国内拥有的要素的产出
8. 本章涉及国民收入________
10. 当价格水平下降时，存在________
11. 国外公众购买的本国产出
12. 对在本国生产的产出的度量
16. 以GDP度量的商品和服务的种类

◇填空题

1. ________是国内生产出的所有最终产品和服务的价值。
2. 为了计算国内生产净值，有必要对GDP做________调整处理。
3. 像劳动、资本等投入被称为________；它们的报酬称为________。
4. 为了避免双重计算，像福利金和社会保障金等________不被计入GDP。

5. ________是对国内经济部门资本存量的增加量的度量（不考虑折旧）。
6. 净出口被定义为________减去________。
7. 政府支出和收入的差被称为________。
8. 在某一阶段产出价值的增加量被称为________。
9. 名义 GDP 对实际 GDP 的比率是一个有用的价格指数，被称为________。
10. 汇率是一国货币相对于另一国货币的________。

◇判断题

T F 1. 资本报酬大约占所有要素报酬的四分之三。
T F 2. 在一个无政府和封闭的经济模型中，个人储蓄一定等于投资。
T F 3. 在一个同时具有政府和国际贸易的经济模型中，当储蓄等于投资时，政府的预算赤字（$TA-G-TR$）肯定等于它的贸易赤字（NX）。
T F 4. GDP 包括现有商品的转让，例如旧房子。
T F 5. 在经济的任何阶段，每种商品的增加值的总和总等于该经济的 GDP。
T F 6. GDP 是对产出的一种近乎完美的度量。
T F 7. CPI、PPI 和 GDP 平减指数全部包括进口品的价格。
T F 8. GDP 平减指数是对价格的一种度量方法。它比 CPI 或 PPI 具有更广范围的商品篮子。
T F 9. 由于 PPI 是在生产初期对产品价格的一种度量，所以它是一个很好的经济周期指示器。
T F 10. 失业率是对劳动力中所有未被雇用人数的一种度量。

◇选择题

1. 下面哪一个不是总需求的组成部分？
   a. 政府支出　　b. 投资支出
   c. 税收　　d. 外国需求（NX）
2. 社会保障支出是________的一部分。
   a. 政府购买　　b. 转移支付
   c. 净出口　　d. 消费
3. 下面哪一个不是国民收入的一部分？
   a. 要素报酬　　b. 福利金
   c. 工资　　d. 净利息
4. 下面哪一个不是对总产出的一种度量？
   a. 所有要素报酬＋利润　　b. 所有增加值
   c. $C+I+G+NX$　　d. 经过调整的 GNP
5. 下列哪一个不是实物投资？
   a. 库存积累　　b. 房屋建造
   c. 制造一台机器　　d. 购买政府债券
6. 假设投资和产出固定，下列哪一个可以在改变的同时却不影响其他选项？

a. 政府预算盈余　　b. 净出口

c. 储蓄　　d. 税收

7. 在同时具有政府部门和国际贸易的经济中，个人储蓄比投资多出的部分（$S-I$）等于下列哪一个？

a. 净出口　　b. 贸易盈余

c. 政府预算赤字　　d. (b)+(c)

8. 下面对产出的度量中，对于测量实物产出来说，哪一个是最直接有用的？

a. 实际 GDP　　b. 名义 GDP

c. 经过调整的 GNP　　d. GDP 平减指数

9. 下列价格指数中的哪一个是依据一个固定商品篮子（每年保持相同）而制定的？

a. CPI　　b. PPI

c. GDP 平减指数　　d. (a) & (b)

10. 下面哪一个最可能夸大由于全球谷物价格上升而引发的通货膨胀？

a. CPI　　b. PPI

c. GDP 平减指数　　d. (a) & (b)

◇概念题

1. 如果许多妇女进入工厂工作，GDP 会如何变化？雇用一些妇女做饭、打扫卫生、看护孩子呢？这个变化能反映出经济的实物产出的实际变化吗？
2. 找出一种商品，这种商品的质量随时间的推移而提高，但其价格（扣除价格波动因素）却没有上升。
3. 如果在私人部门，储蓄=投资，政府预算和贸易赤字之间有什么关系？（提示：当进口超过出口时，存在贸易赤字，即 NX 为负。）
4. 现在假设我们想要减少政府预算赤字。可以如何实现这一目标？

◇技术题

1. 这是一个国民收入核算问题。关于经济有如下事实：消费=1 000 美元，储蓄=100 美元；政府支出=300 美元。净出口是零。政府预算平衡。GDP 是多大？
2. 假设储蓄=200 美元，政府预算赤字=50 美元，贸易赤字（即$-NX$）=10 美元。投资水平是多少？
3. 如果 GDP=1 000 美元，政府支出=250 美元，消费=500 美元，净出口=100 美元，政府预算赤字=40 美元，可支配收入是多少？
4. 如果 GDP=500 美元，消费=350 美元，转移支付－税收=20 美元，投资=150 美元，政府预算赤字=120 美元，净出口是多少？
5. 计算通货膨胀率。该通货膨胀率能导致 CPI 从 1.75 上升到 2。这些数字不是实际的，不要担心该通货膨胀率太低或太高。
6. 如果资产的名义利率是 6%，通货膨胀率也是 6%，此时该资产的实际利率是多少？如果通货膨胀率是 8%又怎样？
7. 如果你用 450 美元换得 310 英镑，那么此时汇率是多少？

第3章 增长与积累

本章要点

- 在本章我们主要研究**潜在产出**（potential output）（所有生产要素都被充分利用时的产出）是如何随着时间的推移而增长的。
- 为了更好地完成这个任务，我们学习增长核算与新古典增长理论的基本原理。这些知识告诉我们产出的增长是由技术进步和生产要素（资本、劳动和自然资源）的投入增加导致的。新古典增长理论也告诉我们，在长期潜在产出的增长完全是由技术进步导致的。

  注：作者在本章和下一章所用的术语“长期”的含义在某种程度上与教科书的其他章节不一致。此处其含义是“特长期”。

本章概要

1. 增长核算

产出由于资本和劳动等**生产要素**（factors of production）的增长以及技术的进步而增长。**生产函数**（production function）提供了技术水平（A）、资本数量（K）、劳动数量（N）和其他投入要素与产出之间的联系。生产函数的一般形式是：

$$Y = AF(K,N)$$

柯布-道格拉斯生产函数（Cobb-Douglas production function），一个更具体的公式，由于能对现实经济进行近似刻画，所以也很常用。柯布-道格拉斯生产函数公式是：

$$Y = AK^{\theta}N^{1-\theta}$$

θ 的发音为“theta”，代表**收入的资本份额**（capital's share of income），即资本要素的报酬，是产出的一部分，表示为（iK）$/Y$。（$1-\theta$）是**劳动的收入份额**（labor's share of income），表示为（wN）$/Y$。为了用代数方法得出这些结果，你还需要这样一个事实：当资本和劳动力市场都处于均衡状态时（也就是说，当资本的供给等于资本的需求，劳动的供给等于劳动的需求时），资本和劳动分别获得各自的边际产出。对于柯布-道格拉斯生产函数，**资本的边际产出**（marginal product of capital，MPK）是 $\theta AK^{\theta}N^{\theta}$，**劳动的边际产出**（marginal product of labor，MPL）是 $(1-\theta)AK^{\theta}N^{1-\theta}$。

除了水平值，就增长率而言，我们还可以将生产函数表达为下式：

$$\Delta Y/Y = [(1-\theta)\times \Delta N/N] + [\theta \times \Delta K/K] + \Delta A/A$$

符号 Δ 的发音为“delta”，$\Delta Y/Y$ 意味着变化量，因而应该被解释为产出的增长率，$\Delta N/N$ 和 $\Delta K/K$ 分别为劳动和资本的增长率。$\Delta A/A$ 是技术进步率，或者称为**全要素生产率**（total factor productivity，TFP）的增长率。

由于**人均 GDP**（GDP per capita）（人均产出）的增长率能够告诉我们更多，所以将以上方程写成人均形式很有必要，具体是从两边减去人口增长率（$\Delta N/N$），我们得到：

$$\Delta y/y = (\theta \times \Delta k/k) + \Delta A/A$$

其中，y 和 k 分别代表人均产出和资本：$y=Y/N$，$k=K/N$。（此处暗含假设劳动力占人口总数的比例不变，这就是我们可以互换地使用总人数或者总的劳动供给这两个概念的原因，因为两者之间比率不变。）（$\Delta y/y$）和（$\Delta k/k$）分别为人均产出和人均资本的增长率：$\Delta y/y=\Delta Y/Y-\Delta N/N$，$\Delta k/k=\Delta K/K-\Delta N/N$。$K/N$ 通常被称为**资本-劳动比**（capital-labor ratio）。

2. 增长的经验估算

自 1929 年以来，美国经济的年均增长率为 2.9%。估计表明，其中大约 1.09%是由于劳动供给的增长，0.32%是由于资本积累的增长，1.49%是由于技术进步。

实物资本和劳动不是唯一的生产投入要素，还有另外两种重要的生产要素：**自然资源**（natural resources）和**人力资本**（human capital）（工人的技巧和才能）。估计显示，实物资本、人力资本和非熟练劳动力三者所占的收入份额［也称为**要素份额**（factor shares）］大约各为 1/3。

3. 增长理论：新古典模型

新古典增长理论主要研究资本积累对长期**潜在人均产出**（per-capita potential output）水平的影响方式。主要结论是：虽然储蓄率对长期潜在人均产出水平有一个显著的影响，但是潜在人均产出的增长率完全由技术的增长率决定。

为了构建模型，我们先从一些**简化的假设**（simplifying assumptions）开始。（1）技术水平固定，因此全要素生产率就没有增长；（2）生产函数的**规模报酬不变**（constant returns to scale）（见第 4 章的“技术回顾”），因此生产中每种要素使用数量的增加将会使产出增加同样的比例。

第二个假设的一个结果是：所有生产要素的**边际产出递减**（diminishing marginal

products）——当一种要素增加而其余要素不变时，每单位该增加要素对产出的贡献比之前更少了。（假设建筑公司购买了更多的拖拉机却不雇用更多的司机去驾驶，这样就不会增加建筑公司的产出。）

我们也需要将变量写成人均形式；和以前一样，$y=Y/N$ 及 $k=K/N$。将人均生产函数写成如下形式（见图 3－1）：

$$y=f(k)$$

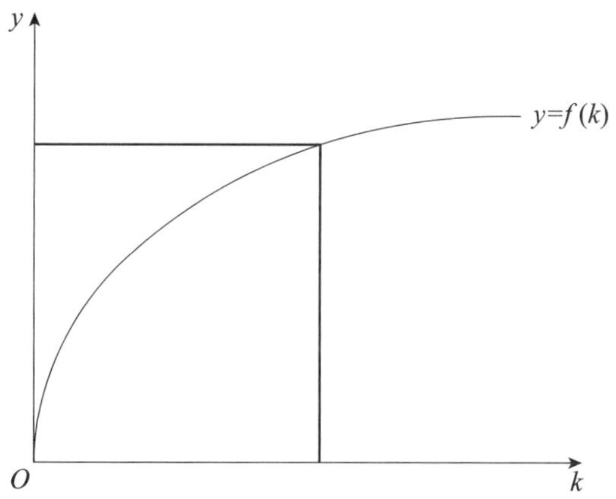

当生产函数规模报酬不变时，资本和劳动的边际报酬递减。

图 3－1　人均生产函数

形象地说，如果将人均资本存量 k 当作游泳池里的水，下面将探究水池中水的流入和流出。

投资会增加总的资本存量，这会相应地增加 k。这可以看成是水流入了每个工人的资本水池。

折旧和人口增加都会减少 k：折旧会减少职能资本的数量，人口增加会增加分享资本的工人的数量。折旧和人口增长都可以看作是水从每个工人的资本水池中流出。当流入该水池的水多于流出的水时，k 增加。当流出该水池的水多于流入的水时，k 减少。当流入和流出平衡时，人均资本水平将保持不变。

我们将第三种情形称为**稳态**（steady state），因为在该点人均资本存量水平保持稳定。它就是均衡点；稍后我们将发现人均资本存量水平将向该点趋同（不管初始点高于还是低于该点），一旦到达该点，如果没有冲击迫使它移动，它将保持在此处不动。

不难用一个方程来表达上述动态学。我们知道，储蓄必须等于投资。如果我们假定人们用收入的一个固定部分 s 进行储蓄，那么流入 k 水池的部分可以记为 sy，或者用人均资本生产函数的形式：$sf(k)$。关于折旧的标准假设是：在每一期折旧占资本存量的比例为 d。使用这个假设，可以表示出每个工人的 k 水池由折旧引起的水流出部分：dk。同样地，当人口以固定速度 n 增加时，可以表示出该水池由于人口增加而造成的水流出部分：nk。将所有这些合并起来，我们就得到了以下等式：

$$\Delta k=sf(k)-(n+d)k$$

我们发现通过加入一个条件 $\Delta k=0$ 就可以表达稳态。即：

$$sf(k^*)=(n+d)k^*$$

k^* 表示 k 的稳态值。y 的稳态值是 $y^*=f(k^*)$。

增长过程也可以用图像来很好地说明。图 3－2 刻画了 k 水池的水流出和流入情况。k 水池水流出用一条斜率为（$n+d$）的直线表示。它常被称为**必需的投资线**（investment requirement line），因为它表示当保持 k 不变时必需的投资数量。当 k 增加时，代表 k 水池水流入的曲线的斜率减小，因为我们假定其**边际报酬递减**（diminishing marginal returns）。在两条线相交的地方，流入和流出 k 水池的数量相等，因此在此处 k 就处于它的稳态水平。不管储蓄曲线处于必需的投资线的上面还是下面，k 总是会朝向它的稳态水平移动。因为当储蓄曲线处于必需的投资线之上时，k 会增加；当储蓄曲线处于必需的投资线之下时，k 会减少。

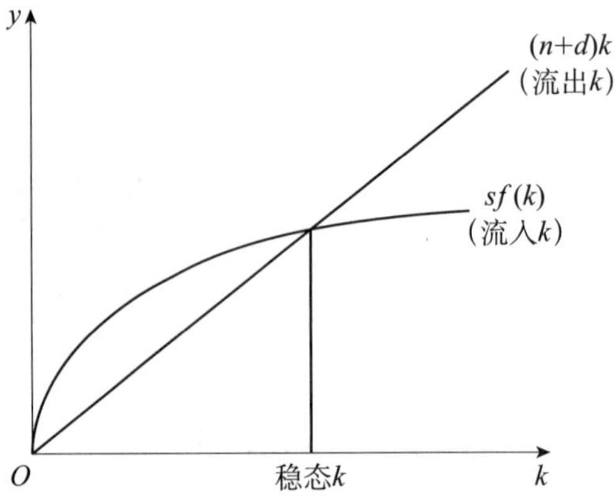

图 3－2　新古典模型中的稳态

用这张图，我们可以估计 s、n 和 d 三者的变化引起的结果。储蓄率 s 的提高会使储蓄曲线 $sf(k)$ 上移，提高了稳态时的资本-劳动比率，因此人均潜在产出的稳态水平也会增加。这也将暂时地提高 y 和 k 的**增长率**（growth rate）（记住，k 在稳态水平时其增长率为 0，如果没有技术进步，人均产出也不会增长）。折旧率或者人口增长率的提高会增加必需的投资线的斜率，使 k 和 y 的稳态水平降低，并且同样暂时地使 k 和 y 以一个负的增长率增长(见图 3－3)。

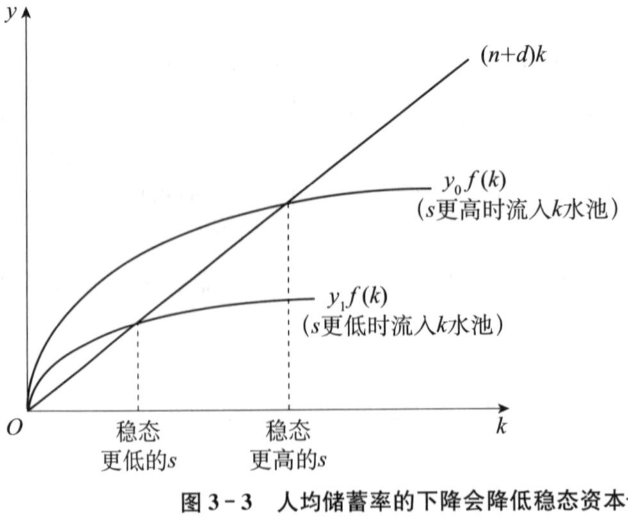

储蓄率的下降会减小资本和产出的稳态水平。

图 3－3　人均储蓄率的下降会降低稳态资本-劳动比率

当技术水平允许改变时，我们增加另一个术语“g”，技术进步率。在图 3－4 中，技术进步表示为储蓄曲线的一个上移，其形式为 $sAf(k)$。此时它将使 k 和 y 的稳态水平上升。

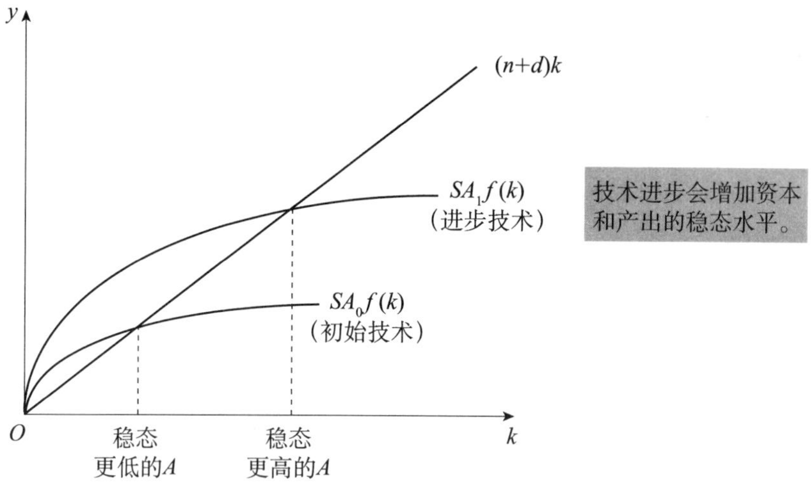

图 3－4　技术进步会提高稳态时的资本-劳动比率

注意，技术进步的额外假设，使我们的生产函数不再有固定的规模报酬——使资本和劳动数量增长一倍会使产出的增长超过一倍。为了克服这一问题，增长理论经济学家们经常假定技术有一种特性：它被假定为**劳动增进型**（labor augmenting）的，因此技术进步提高劳动的生产率。

在此假定下的生产函数可以写为如下形式：

$$Y = F(K, AN)$$

更具体地，其柯布-道格拉斯形式为：

$$Y = K^{\theta}(AN)^{1-\theta}$$

现在方程两边同时除以 N，有一点不同，得到如下形式：

$$y = f(k, A)$$

或者

$$y = k^{\theta}A^{1-\theta}$$

当技术以一个恒定的速度增长（储蓄曲线持续上移）时，k 和 y 的稳态水平将以同样的速度移动：

$$\%\Delta k^{*} = \%\Delta y^{*} = \%\Delta A$$

但需要注意的是，当技术采取一种更一般的形式时上述分析不再正确（举例来说，当技术同时影响资本和劳动的生产率时）。

附　录

本附录详细讨论如何得出基本的增长方程 $\Delta Y/Y=[(1-\theta)\times \Delta N/N]+[\theta\times \Delta K/K]+\Delta A/A$。完成推导需要有一个假定：市场是完全竞争的，因此资本和劳动各自以其边际产出付以报酬。

注：当假定为劳动增进型技术时，基本增长方程需要采取一种略微不同的形式：

$$\Delta Y/Y = [(1-\theta)\times \Delta N/N]+[\theta\times \Delta K/K]+[(1-\theta)\times \Delta A/A]$$

或者写成人均形式：

$$\Delta y/y = [\theta \times \Delta k/k] + [(1-\theta) \times \Delta A/A]$$

有兴趣的读者可以试一下。

◇关键术语

增长核算	增长理论	生产函数
柯布-道格拉斯生产函数	劳动的边际产出（*MPN*）	资本的边际产出（*MPK*）
全要素生产率	人均 GDP	资本-劳动比率
边际报酬递减	趋同	索洛剩余
人力资本	新古典增长理论	稳态均衡

◇绘　图

当两个经济**趋同**（converge）时，它们的增长率，以及某些情形下它们的产出水平最终将会相同。本绘图题要求你绘制美国和日本从 1951 年到 1970 年的一些历史增长率，来看一下是否有趋同发生。表 3－1 提供了一些增长率。你需要做的就是绘制出每年每个国家的增长率，然后将这些点连接起来。你将得到两条曲线。你将注意到：在大多数时期里，日本的人均产出的增长率显著高于美国。正是日本的这个高增长率将日本人的生活标准提升到发达工业化国家居民的水平。但是，如果日本的增长率最终没有下降到和其他国家的平均水平接近，就不能说趋同发生了。你能在图 3－5 中描述这一变化吗？这些数据能帮助你证明日本在这一时期的高增长率是一个暂时现象吗？

表 3－1

年份	GDP 增长百分比（日本）（%）	GDP 增长百分比（美国）（%）
1951	23.6	13.3
1952	11.8	3.2
1953	6.8	3.6
1954	5.5	−1.7
1955	7.9	7.6
1956	10.4	3.5
1957	11.0	3.4
1958	7.5	−0.2
1959	9.8	6.3
1960	14.5	2.4
1961	14.3	1.6
1962	7.7	6.1
1963	10.9	3.9
1964	13.4	5.3
1965	5.1	6.9
1966	13.2	8.2
1967	14.0	4.5
1968	16.8	7.9
1969	15.1	6.7
1970	16.8	5.7

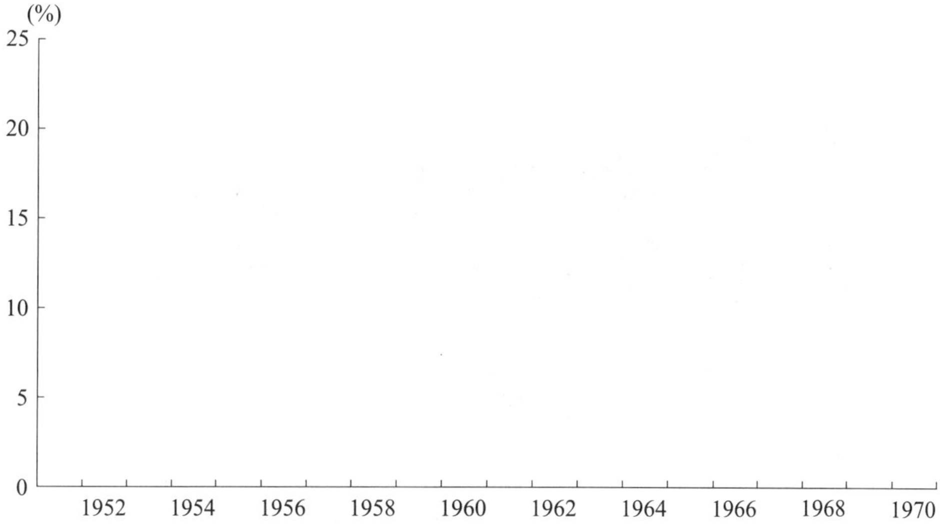

图 3－5　日本和美国的 GDP 百分比变化：1951—1970 年

◇经济学释义

存量和流量：以浴缸为例

分清一个给定的变量是**存量**（stock）还是**流量**（flow）是很重要的。用浴缸这个例子来说明存量和流量的差异是最容易的。你的浴缸里的水含量就是一个存量——它的上升或者下降取决于流入和流出浴缸的水的数量。流入和流出浴缸的水的数量就是流量。

让我们考虑一些存量和流量的例子。我们已经知道资本是一个存量，投资是一个对资本存量水池的流入，折旧是流出。人口总数是一个存量。人口水平受出生率（是对人口总数这个水池的流入）和死亡率（是对人口总数这个水池的流出）影响。至于失业率，尽管听起来像一个流量，但它是一个存量。在第 7 章我们会看到那些丢掉工作的人是对失业后备军水池的流入，那些找到工作的人是对失业后备军水池的流出。

◇技术回顾

水流入和流出浴缸的平衡：发现稳态

当流入浴缸的水比流出的多时，浴缸里的水将会增多。当流出的水多于流入的时，浴缸中的水将减少。当流入和流出的水相同时，浴缸中的水将会保持恒定，这就是一个稳态。

在新古典增长模型中，每个工人具有相同的资本池子。投资就是向该池中注入水。折旧就是水流出。至于人口增长，由于它增加了池子的数量但是水的总量未改变，所以减少了到达每个池子的水量，因此也可以看成是水的流出。因此，在稳态时，人均储蓄＝每个工人的资本的池子由资本折旧引起的水流出＋由人口增长引起的水流出。

如果我们想找出人口规模的稳态水平，我们可以找到一点，在该点处，人口的出生数和死亡数正好相等。

◇填字游戏

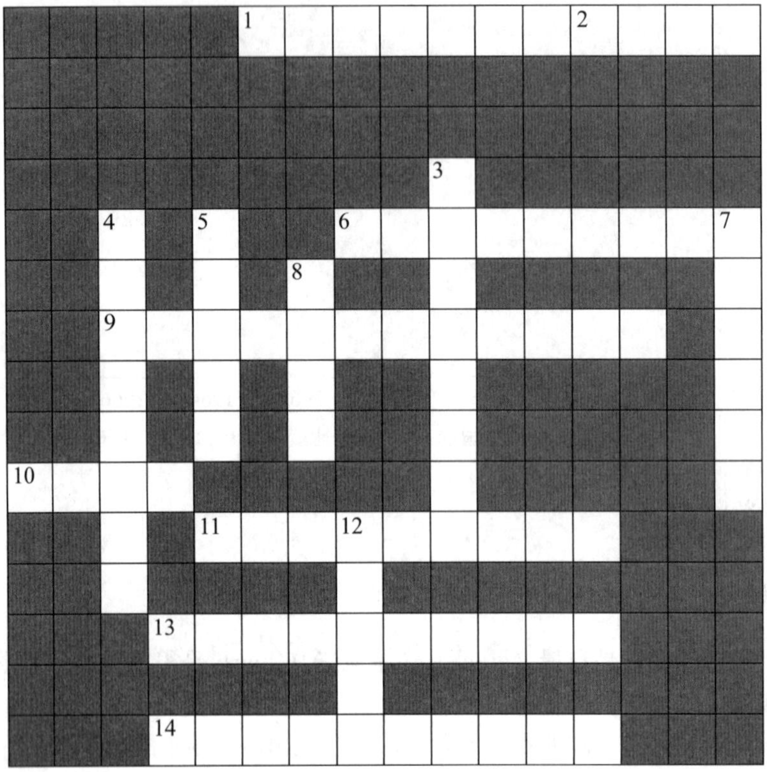

横

1. 新古典模型中假设的 MPK 的特点
6. 变量的类型，例如本章的技术增长率
9. 本章所学的增长理论类型
10. 当 TFP 固定时，人均产出的稳态增长率
11. 产出的类型，它的增长情况在本章被模型化
13. 函数的类型，提供投入和产出之间的联系
14. 增长的类型，降低稳态资本-劳动比率

竖

2. 资本的类型，包括知识
3. ________规模报酬
4. 如果两国的增长率随着时间的推移变得相同，它们________
5. 变量的类型，例如资本
7. 影响产出的稳态水平，但不是它的增长率
8. 变量的类型，例如投资
12. 在稳态时，资本的流入和流出________

◇填空题

1. ________帮助我们决定：对于总产出的增长来说，不同的生产要素的贡献有多大。
2. ________提供了一个在生产要素和产出之间的数量关系。
3. 对于额外增加一单位的劳动，我们称产出增加的数量为________。当更多的劳动要素被应用于生产时，它会________。
4. 当没有使用更多的要素时产出却在增加，此时肯定是________增加了。
5. 总产出除以人口总量被称为________。
6. 我们称用于生产的机器和厂房为________资本。
7. 知识和技术存量被称为________资本。
8. 在________下，资本-劳动比率和人均产出是固定不变的。
9. 如果两个国家有相同的人口增长率，拥有相同的技术，随着时间的推移，它们的潜在产出的增长率将________，且在稳态时，将会相同。
10. 当它们也有相同的储蓄率时，在稳态时，它们潜在产出的________也会相同。

◇判断题

T　F　1. 人口增长率的上升将会改变稳态时潜在人均产出的增长率。
T　F　2. 人口增长率的上升将会改变稳态时潜在人均产出的水平。
T　F　3. 人口增长率的上升将会改变稳态时潜在总产出的增长率。
T　F　4. 储蓄率的上升将会改变稳态时潜在总产出的增长率。
T　F　5. 储蓄率的上升将会立刻改变潜在总产出的增长率。
T　F　6.（接上题）然后，增长率将保持不变。
T　F　7. 折旧率的上升将会改变稳态时的资本-劳动比率及潜在的人均产出水平。
T　F　8. 如果我们允许生产率随着时间的推移而提高，那么稳态时的潜在人均产出的增长率是正的且是外生的。
T　F　9. 如果两个国家有相同的人口增长率，而且拥有相同的技术水平，那么在稳态时它们将会有同样的产出水平（因此收入也如此）。
T　F　10.（接上题）在稳态时，它们的潜在产出的增长率也将是相同的。

◇选择题

1. 潜在产出的增长率与下列哪一个相同？
   a. 经济周期　　b. 经济增长率
   c. GDP 的趋势进程　　d. 产出缺口
2. 下面哪一个可以影响稳态时的潜在人均产出的增长率？
   a. 储蓄率　　b. 人口增长率
   c. 折旧率　　d. 生产率的增长率
3. 下面哪一个不能影响稳态时的潜在总产出的增长率？
   a. 储蓄率　　b. 人口增长率
   c. 折旧率　　d.（a）和（c）
4. 如果两个国家在稳态时要达到相同的潜在人均产出增长率，下面哪一个需要是相等的？
   a. 储蓄率　　b. 人口增长率
   c. 折旧率　　d. 技术的使用
5. 在美国，下面哪一个是对资本占收入份额（即用作资本报酬的总产出部分）的一个实际估计？

a. 0.25　　b. 0.5

c. 0.75　　d. 1

6. 下面哪一个将不会增加劳动的生产率（以 Y/N 度量）？

a. 技术进步　　b. 资本-劳动比率的提高

c. 更多的自然资源　　d. 人口增长率的提高

7. 下面哪一个将不会增加资本的生产率（以 Y/K 度量）？

a. 技术进步　　b. 资本-劳动比率的提高

c. 更多的自然资源　　d. 人口增长率的提高

8. 当生产函数为 $y=k^{1/4}$ 时，资本-劳动比率提高 1%，潜在人均产出会增加多少？

a. 0.25%　　b. 0.5%

c. 0.75%　　d. 1%

9. 下面哪一个将不会增加人力资本存量？

a. 教育　　b. 职业培训

c. 更多的自然资源　　d. 接种疫苗

10. 在工业化国家人力资本所占的收入份额为多少？

a. 0.1　　b. 0.33

c. 0.5　　d. 0.75

◇概念题

1. 人力资本是否会折旧？它具有递减的边际报酬吗？
2. 自然资源是否会折旧？它具有递减的边际报酬吗？
3. 写出新古典增长模型的两个重要的假设。
4. 下面哪一个是存量？哪一个是流量？

a. 资本　　b. 人均 GDP

c. 折旧　　d. 投资

◇技术题

1. 考虑这样的生产函数：$Y=K^{1/4}N^{3/4}$。

a）资本的收入份额是多少？

b）找到一个关于资本的生产率（Y/K）的等式。

c）劳动的收入份额是多少？

d）找到一个关于劳动的生产率（Y/N）的等式。

e）这个生产函数是规模报酬不变的吗？

（转化：是一阶齐次的吗？）

f）将此生产函数写成人均形式。

（转化：在两边同时除以 N。）

2. 如果人口总数固定，当劳动力人数加倍时，则

a）潜在的稳态人均产出水平会如何变化？

b）潜在的稳态人均产出的增长率会如何变化？

c）劳动的收入份额会如何变化？

d）劳动生产率会如何变化？

3. 与第 2 题相反，如果人口总数加倍，则

a）潜在的稳态人均产出水平会如何变化？

b）潜在的稳态人均产出的增长率会如何变化？

c）劳动的收入份额会如何变化？

d）劳动生产率会如何变化？

4. 现在假设：某个经济初始时处于稳态，突然有一个储蓄率提高的外生冲击。请展示人均产出是如何随时间的推移而变化的。

5. 用增长核算方程回答下列问题：

如果资本的收入份额是 25%，劳动的收入份额是 75%，资本和劳动的存量都增加 50%（$\Delta K/K=\Delta N/N=0.5$），没有技术进步，潜在的产出增长率将处于什么水平？资本-劳动比率会提高吗？

第 4 章 增长与政策

本章要点

- 在上一章中，我们知道，潜在产出的增长率由人口增长率、自然资源水平的改变及技术进步等决定。在本章，我们将知道，社会选择会影响这些参数。
- 本章的第一节将考察带来技术变革的力量，主要将重点放在资本投资过程中产生的新思想观点以及如下事实上：对任何厂商来说，要获得这些思想观点的全部收益是很困难的。本部分也对趋同这一现象进行了详细的探究。具体来说，趋同就是研究处于不同收入水平的经济体最终是否会达到相同的生活标准的问题。
- 本章的第二节研究人口增长和发展的问题。该节使用来自低增长国家和高增长国家的例子，来检验审慎的政策在影响一国增长率方面的作用。

本章概要

1. 增长理论：内生增长

内生增长理论很激进——它使用**规模报酬递增**（increasing returns to scale）的生产函数。可以假定私人投资具有**外部收益**（external benefits）以保证这种生产函数的存在性，这样的话，单个厂商就没有从它自己的投资中获得所有的收益。新知识、发明和发现是某些投资的副产品，它们也都能使社会获益。结果是：在单个厂商眼中资本的**边际产出递减**（diminishing marginal product），但是由于外部收益的存在，在整个社会的眼中，资本的**边际产出不变**（constant marginal product）。

这个很小的修正使得结果有很大改变。正是资本的边际产出递减使得我们有一条斜率下降的储蓄曲线，正是储蓄曲线斜率下降保证了必需的投资线和储蓄曲线最终将有一个交点，因此稳态将存在（见图 4-1）。

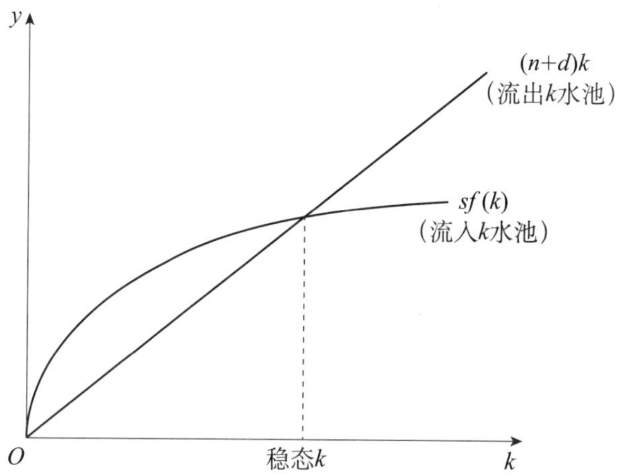

图 4-1　新古典增长模型

但是当我们允许资本的边际产出不变时，储蓄曲线将变成一条直线。此时就没有了稳态。

如图 4-2 所示，只要储蓄曲线位于必需的投资线之上，在这种情况下产出和资本存量就可以不断地增长。反之，只要储蓄曲线位于必需的投资线之下，产出和资本存量最终将下降到零，因为折旧和人口增长会更快地稀释每个工人的资本存量。

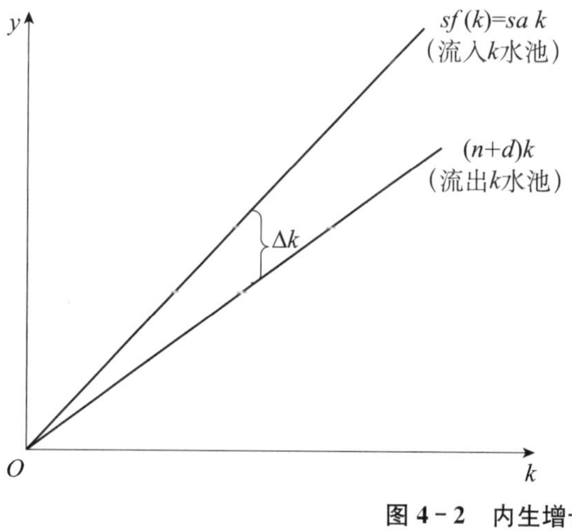

在内生增长理论中，没有稳态。
潜在人均产出的增长率取决于储蓄率。

图 4-2　内生增长模型

有趣的是，如果储蓄曲线和必需的投资线恰巧重合，则当前人均资本水平就是稳态水平。因此当前人均资本产出也将处于稳态水平，人均产出的增长率也将为零。

产生内生增长的最简单的生产函数是：

$$Y = aK$$

在两边同时除以 N，可以表示为人均资本形式：

$$y = ak$$

在该方程中资本的边际产出是恒等于 a 的。（资本存量每增加一单位将使产出增加 a 单位。）人均储蓄曲线刚好等于 sak，储蓄曲线的斜率为 sa。人均产出的增长率 $\Delta k/k$ 由下面的等式决定：

$$\Delta k = sf(k) - (n+d)k = sak - (n+d)k$$

因此，

$$\Delta k/k = sa - (n+d)$$

流入资本水池和流出资本水池的水的差决定了人均资本的增长率，且其结果也是技术增长率和人均产出的增长率。

新古典增长理论和内生增长理论关于**趋同**（convergence）——在某些假设下不同国家间的增长率和生活水平（以人均产出水平度量）将变得相同——的理论，有不同的预测。

新古典增长理论预言：不同国家将**完全趋同**（absolutely converge），即当它们具有相同的储蓄率、人口增长速度和技术水平时，会达到相同的稳态收入水平且它们的稳态收入将以相同的速度增长。当人口增长速度和储蓄率不同时，该理论认为它们将**条件趋同**（conditionally converge），尽管它们的稳态收入不同，收入的增长率将会相同。内生增长理论对趋同未给出任何预测。

注：本节的选读材料没有包括在内。它将新古典和内生增长理论结合起来考虑，产生一个具有二重均衡的模型：一个是没有增长及低收入水平的均衡，另一个是高增长率及高收入水平的均衡。

2. 增长政策

这一节的第一部分认为：人口增长率本身有赖于收入水平。随后的选读材料以此假设为基础，开发了一个具有内生人口增长的模型。第二部分着眼于东亚增长奇迹，发现高速增长是由于高储蓄率、稳定的政府以及外向型经济政策。它未讨论在 1997 年年底发生的打击了上述许多国家的货币危机，也未对为何上述几个因素未能帮助阻止这场危机进行论述。如果你需要在本门课程中写一篇论文，可以对此进行研究。

该节接下来的部分检验了与像加纳这样一些低增长国家相关的问题。几乎所有的穷国都在具有高人口增长率的同时具有低储蓄率。该节最后部分研究了有限的自然资源在限制增长方面的作用。然而，技术进步可以使我们用更少的自然资源生产出与以前同样多的东西，这可以是该问题的一种解决途径。

◇关键术语

内生增长理论	稳定均衡	规模报酬递增
不稳定均衡	绝对趋同	黄金律资本存量
条件趋同		

◇绘　图

中国经常被当作东亚增长奇迹中最耀眼的例子之一被引用。用表 4－1 的数据，将 1994—2010 年人均 GDP 的增长率绘制在图 4－3 中。作为一个参考，美国在该段时间内的年均人均 GDP 增长率在图中已经给出。

表 4-1

年份	实际人均 GDP	相对于上一年的百分比变化（%）
1993	1 590	—
1994	1 774	11.6
1995	1 931	8.9
1996	2 102	
1997	2 276	
1998	2 440	
1999	2 616	
2000	2 822	
2001	3 043	
2002	3 294	
2003	3 590	
2004	3 916	
2005	4 335	
2006	4 855	
2007	5 512	
2008	6 014	
2009	6 520	
2010	7 130	

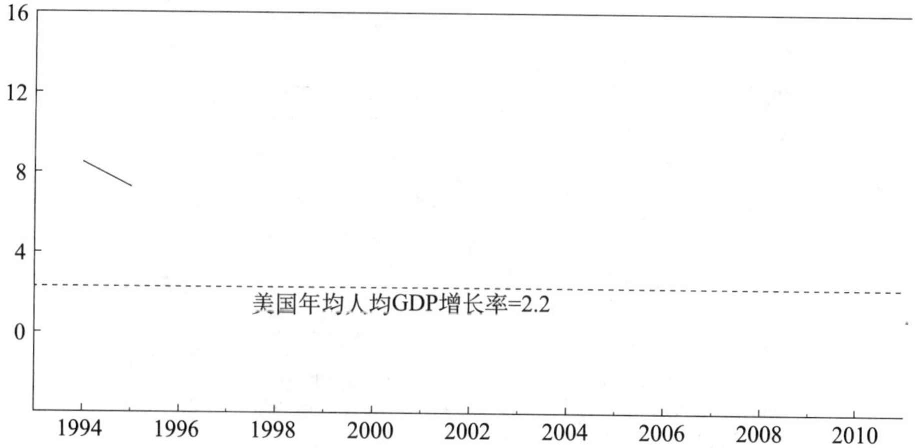

图 4-3　中国人均 GDP 增长率（%）

◇经济学释义

对于内生增长模型来说，什么是内生的？

内生增长理论得名于如下事实：产出的增长率是储蓄率的一个函数。因为储蓄率是我们可以影响的一个变量（如果愿意，可以储蓄更多），所以综合考虑高储蓄的成本和收益（高储蓄带来的高增长），我们可以决定最优储蓄为多少，最终也就决定了产出以多快的速度增长。产出的增长率在模型内部被决定——是内生的。

◇技术回顾

规模报酬

如果将所有投入要素加倍，产出也加倍的话，我们称该生产函数是**规模报酬不变**（constant returns to scale）的。所有的投入都必须以相同规模增加，当我们增加资本时，劳动也必须以同样的比例增加。柯布-道格拉斯生产函数规模报酬不变——可以看出它的指数和为 1（看指数也是一种简便的检验方法）。

如果我们将 K 和 L 加倍，相应地，产出也加倍。如下所示：

$$A(2K)^{\theta}(2L)^{(1-\theta)}=A(2)^{\theta}(2)^{(1-\theta)}(K)^{\theta}(L)^{(1-\theta)}=A(2)^{[\theta+(1-\theta)]}(K)^{\theta}(L)^{(1-\theta)}$$
$$=A(2)^{1}(K)^{\theta}(L)^{(1-\theta)}=(2)(AK^{\theta}L^{(1-\theta)})=2Y$$

下面的数学注释可以帮助你完成上述推导：

$(x)^{a}(x)^{b}$也可以写成$(x)^{a+b}$

如果将所有投入要素都加倍，产出多于两倍，则该生产函数是**规模报酬递增**（increasing returns to scale）的。如果此时生产函数采取类似于柯布-道格拉斯生产函数$(x^{a}x^{b})$的形式，它的指数相加总和将会大于 1。

◇填字游戏

横

1. 对社会来说边际产出不变，但是对个体来说边际产出递减
3. 一种比率，使产出内生增长
5. 一些国家追赶上其他国家
6. 在一个规模报酬不变的生产函数中，当我们将投入要素加倍时，什么也加倍？

9. 厂商眼中的 MPK

10. 在新古典模型中技术增长的决定方式

竖

2. 趋同的类型，要求相同的储蓄率

4. 规模报酬________导致持续增长

7. 当一国经济从中央计划向自由市场移动时，它处于________状态

8. 当 MPK ________时，没有稳态存在

◇填空题

1. 当一个个体厂商获得了它的投资的所有收益时，正如在新古典增长模型中所假定的那样，资本将有一个________的边际产出。
2. （接上题）当它没有获得所有的投资收益，比如其资本积累过程中产生的副产品（如一些想法）也使其他厂商受益时，资本有一个________的边际产出。
3. 新古典增长模型和内生增长模型之间的一个主要差别是：生产函数是否有一个不变的或者递增的________。
4. 另一个差别是：内生增长模型没有（非零的）________。
5. 在新古典和内生增长模型中，长期的人均产出增长仅仅产生于________的增长。
6. 在新古典增长模型中，技术的增长率是一个________变量。
7. 在内生增长模型中的技术增长率取决于资本积累的增长率，因此取决于________的增长率。
8. （接上题）这就是为什么在新古典增长模型中________不能影响长期人均产出增长率，而在内生增长模型中却可以。
9. 新古典增长理论预言：具有相同人口增长率、储蓄率和技术水平的国家________趋同；具有不同储蓄率或人口增长率的国家________趋同。
10. 实证证据表明：在长期，不同国家________趋同。

◇判断题

T　F　1. 生产函数的规模报酬递增将产生垄断（会使一个大的工厂比许多小工厂更加有效）的趋势。

T　F　2. 在内生增长模型中没有稳态存在。

T　F　3. 在新古典增长模型中，不可能有人均产出的长期增长。

T　F　4. 在新古典增长模型中，有长期的人均产出增长，但是它独立于储蓄率。

T　F　5. 在新古典增长模型中，没有稳态存在。

T　F　6. 在新古典增长模型中有稳态存在，但是它不受储蓄率变化的影响。

T　F　7. 内生增长模型表明：当国家间具有相同的折旧率和人口增长率时，它们的潜在产出将以相同的增长率增长。

T　F　8. 在新古典增长模型中，储蓄率的提高对增长的影响是短暂的。

T　F　9. 在内生增长模型中，储蓄率的提高对增长的影响是短暂的。

◇选择题

1. 在新古典增长模型中，储蓄的提高增加了下列哪一项的稳态水平？

a. 人均产出水平　　b. 技术增长率
c. 人均产出增长率　　d. 资本积累速度

2. 在内生增长模型中，当储蓄率提高时，下列哪一项未增加？
a. 人口增长率　　b. 人均产出增长率
c. 技术增长率　　d. 资本积累速度

3. 当资本是下列哪一种形式时，资本将最有可能具有正的外部性？
a. 机器　　b. 工具
c. 想法　　d. 以上所有选项

4. 在内生增长模型中，资本的边际产出如何？
a. 不变　　b. 随着 k 增加
c. 随着 k 减少　　d. 变量

5. 在新古典增长模型中，资本的边际产出如何？
a. 不变　　b. 随着 k 增加
c. 随着 k 减少　　d. 变量

6. 内生增长模型中的生产函数（对社会而言）具有什么规模报酬？
a. 不变　　b. 递增
c. 递减　　d. 变量

7. 然而，其中一部分收益不是由个体厂商所得，我们称这部分收益具有________。
a. 内部性　　b. 外部性
c. 边缘性　　d. 分裂性

8. 结果，在内生增长理论中所用的生产函数有________的私人报酬。
a. 不变　　b. 递增
c. 递减　　d. 变化不定

9. 当两个国家向具有相同潜在产出水平及增长率的稳态移动时，我们称这种趋同为下列哪一种？
a. 绝对　　b. 部分
c. 相对　　d. 条件

10. 当两个国家向具有相同潜在产出增长率但是潜在产出水平不同的稳态移动时，我们称这种趋同为哪一种？
a. 绝对　　b. 部分
c. 相对　　d. 条件

◇概念题

1. 当我们由新古典增长模型转移到内生增长模型时，什么假设改变了？
2. $Y=K^{\theta}N^{(1-\theta)}$ 这个生产函数规模报酬不变吗？
$Y=K^{\theta}N^{(2-\theta)}$ 呢？
3. 在内生增长模型中，储蓄率的提高如何影响人均产出的增长率？
4. 在新古典增长模型中，储蓄率的提高如何影响人均产出的增长率？
5. 内生增长模型可以解释哪些新古典增长模型不能解释的东西？

内生增长模型不能解释什么？

◇技术题（来自选读材料）

1. 考虑如下新古典生产函数：$Y=K^{1/2}N^{1/2}$。

   a）写出其人均形式的生产函数。

   b）当折旧率是 0.05，人口增长率是 0.20 时，请找出（稳态）资本-劳动比率的黄金律水平。

   [即找出某点，使资本的边际产出$\left(\frac{1}{2\sqrt{k}}\right)=n+d$。]

2. 对于内生增长模型中的生产函数 $f(k)=k$，请找出资本-劳动比率的增长率（$\Delta k/k$）。假设储蓄率是 0.3，折旧率是 0.05，人口增长率是 0.20。
3. 当我们内生化人口增长率之后（将 n 看作 y 的函数），新古典增长模型会如何变化？为了得到教科书中的结果，需要对函数 $n(y)$ 做出什么假设？
4. 我们如何生成这样一个模型：在该模型中，一些国家具有低增长和低收入水平，其他一些国家具有高增长和高收入水平，也就是带有增长陷阱？

第 5 章 总供给与总需求

本章要点

- 在本章中，我们开始学习如下内容：当潜在产出固定不变时，产出在短期和长期是如何发生变化的。
- 在长期和短期，我们分别用总供给-总需求模型来展示经济的总供给和总需求是如何相互作用以产生唯一的价格和产出水平的。

本章概要

1. 总供给曲线

总供给曲线（aggregate supply curve，*AS*）描述了，在不同的价格水平下，厂商愿意供给的产出数量。如果所有人都完全知情且所有市场都完全出清（因此供给等于需求），那么产出和价格水平之间存在关系这个事实会受到一定影响。

在长期，当市场出清且所有要素都被充分利用时，产出将固定在潜在产出水平，此时总供给曲线垂直，我们称它为新古典情形。

如果将短期看作是在此时期内价格不能调整，短期 *AS* 曲线肯定是水平的，我们称它为**凯恩斯总供给曲线**（Keynesian aggregate supply curve）。

在短期价格是固定的（因此 *AS* 曲线是水平的）这个假设只有在产出低于潜在产出水平时才有效。当产出高于潜在产出时，该假设就无效了。在这种情况下，资源被过度利用了。必须付给工人更高的工资以使他们工作更多，同样，资本也必须被付以更高的利率。

这些高工资抬高了物价水平，使短期 AS 曲线在产出等于潜在产出这一点变得更陡峭（见图 5－1）。

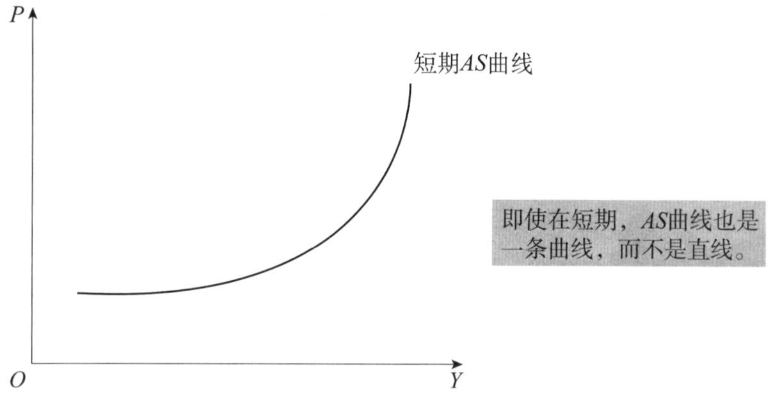

图 5－1　短期时更准确的 AS 曲线

资源可能被过度利用的事实表明：自然失业率不是零。这是正确的。即使当资源被充分利用时，仍然存在摩擦性失业，因为总是有人在换工作和找工作。

2. 总供给曲线和价格调整机制

总供给曲线描述了经济的价格调整机制。在短期，价格固定不变，AS 曲线是水平的。在中期，由于价格可以变化，AS 曲线将向上倾斜。在长期，当价格可以完全调整时，所有市场都处于均衡中，AS 曲线是垂直的。

AS-AD 模型中时间的变化可以用 AS 曲线的逐渐（逆时针）旋转来表示。随着时间的推移，价格能够更好地适应旧的冲击，产出更不可能偏离潜在产出。AS 曲线的旋转率反映了经济中价格的变化率。也就是说，当价格很快地适应宏观冲击时，AS 曲线旋转得更快并更快地到达它的长期均衡，它的价格很难对变化的市场条件做出回应。我们用以下方程描述价格随时间的调整：

$$P_{t+1} = P_t[1+\lambda(Y-Y^*)]$$

这说明当产出高于潜在产出时，价格水平上升；当产出低于潜在产出时，价格水平下降。λ 表示价格调整的速度——λ 越大说明价格越快地适应市场出清，因此产出会快速返回到潜在产出水平。λ 越小表示价格调整缓慢。

我们可以直观地将这种从短期向长期的转变看作是短期 AS 曲线的一系列向内移动（见图 5－2）。例如，假设当某个时刻产出等于潜在产出时，我们有一个货币扩张。在短期，这个扩张将同时增加产出和价格水平，但是随着时间的推移，价格水平必须上升且产出必须回到它的长期均衡位置；AS 曲线将逐渐向内移动。

3. 总需求曲线

总需求曲线表示满足商品市场与货币市场同时均衡时所有的价格水平与产出水平的组合。由于这些市场的相互作用，总需求曲线向下倾斜。价格水平的下降，增加了**实际货币供给**（real money supply），引起实际利率下降。更低的利率使投资成本更低，因此投资会上升，引起总需求增加。

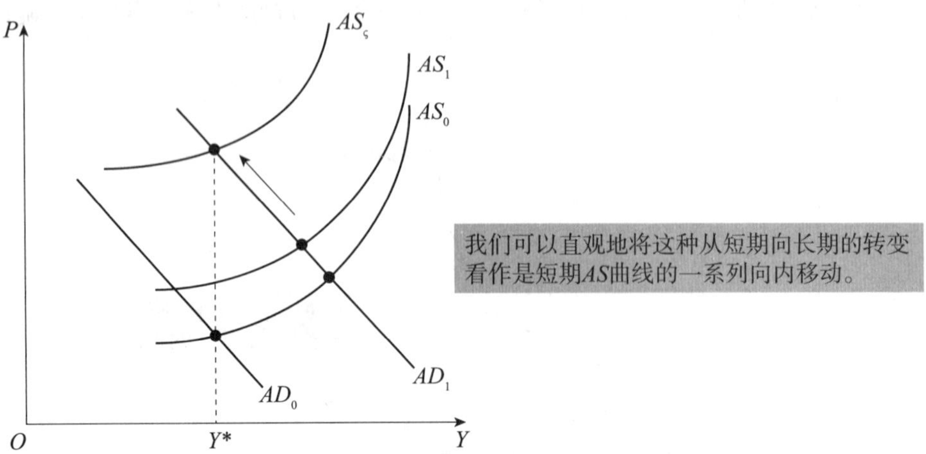

图 5-2　从短期到长期的转变

关于商品市场，我们有很强的直觉。我们知道：减税会使我们拥有更多可支配收入。我们也愿意相信：消费者信心的上升会使人们花费更多，因为他们不需要储蓄很多以应对不时之需。这两种情形都会使总需求上升。

然而，很少有人对资产市场是怎么运行的有一个很强的直观认识，因此，我们再次给出一个对资本市场的简单介绍。

理解资本市场的关键是从利率角度去考虑。实际利率是货币的均衡价格。和其他价格一样，它是由货币供求决定的。它也是厂商很关注的一个变量，对厂商来说实际利率是投资成本。因此，第一个问题是某个资产市场的一个改变是如何影响实际利率的。第二个问题是实际利率的改变是如何影响投资需求的。通过观察实际利率对投资的效应，将资产和商品市场联系起来，可以将资产市场的改变转化为 *AD* 曲线的改变。

当分析货币市场时，很有必要区分**名义货币余额**（nominal money balance）和**实际货币余额**（real money balance）。名义货币余额只是纸币和硬币（M）；实际货币余额是这些纸币和硬币的实际值（M/P）。实际利率由实际货币余额的供给和需求决定。

尽管中央银行只对名义货币余额有直接的控制权，但是在短期当价格固定时，它也可以影响实际货币余额。在任何给定价格水平下，名义货币余额的减少都将使实际货币余额减少，从而使 *AD* 曲线发生移动。

在分析货币政策时，应该总是通过利率来考虑：实际利率是如何变化的？这种变化是如何影响投资需求的？投资需求的增加将会增加总需求；反之会减少总需求。

货币数量论（quantity theory of money）提供了许多掌握总需求的简单直观方法。它告诉我们：产出的总价值必须等于经济中流通的美元数乘以美元的平均换手次数：

$$M\times V=P\times Y$$

其中，M 是货币供给；V 是一美元在一年中的换手次数；P 是物价水平；Y 是总产出，表示名义 GDP 或者名义 GNP。需注意，当流通速度和货币供给都被假定为常数时，P 和 Y 之间就有一个反比例的关系：若一个上升，另一个必须下降。这与总需求曲线是向下倾斜的这一结论一致。同样地，在任一给定价格水平下，货币供给的上升将会使产出增加（或者对于给定产出水平货币供给上升将会使物价水平上升）；这将会使总需求曲线向外移动

(见图 5－3 和图 5－4)。

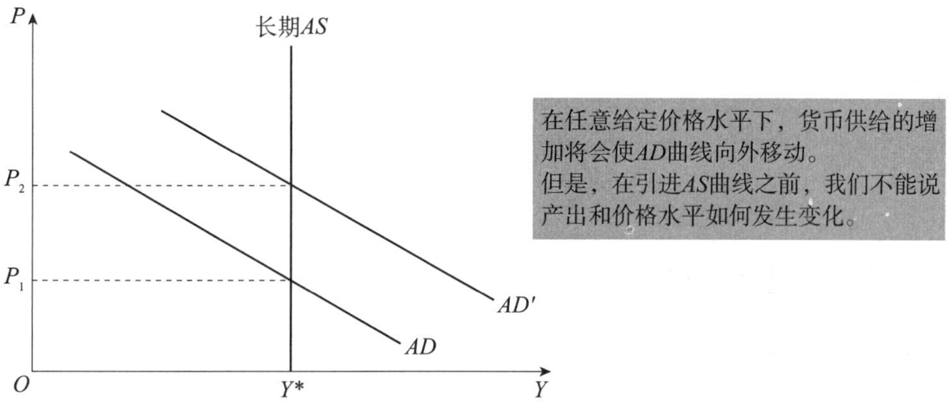

图 5－3　AD 曲线移动的长期效应

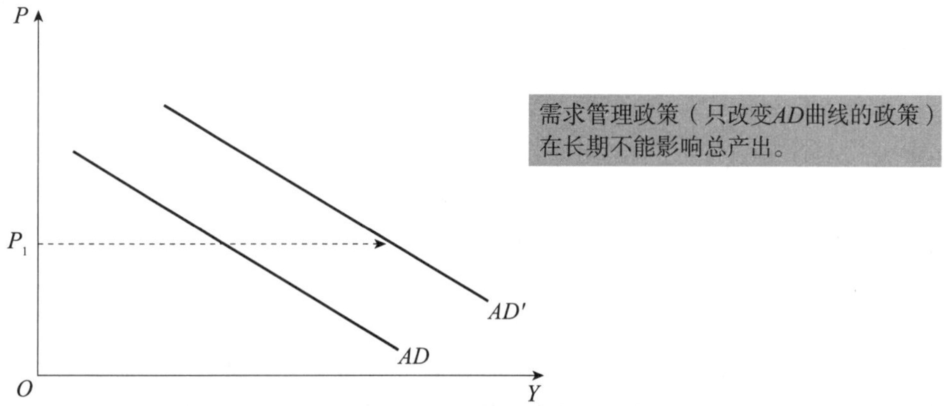

图 5－4　货币供给的增加使总需求曲线向外移动

4. 不同供给假定下的总需求政策

总需求的改变只会在短期和中期影响总产出，此时 AS 曲线不是垂直的。

当 AS 曲线垂直时（长期情形或者古典情形），不管是财政政策还是货币政策都不能影响总产出。AD 曲线的移动只会改变物价水平。产出此时固定在潜在产出水平（Y^*）。

5. 供给学派经济学

由于 AS 曲线在长期是垂直的，因此只有供给政策（只改变总供给的政策）才能产生长期增长。放开行业管制，使法律法规更容易遵守，改变不必要的法律等，都可以改变总供给进而改变总产出。

你可能会问，按照长期的定义，长期中所有生产要素都是固定的，那么长期 AS 曲线是如何移动的？答案当然是，这个移动并不是因为使用了更多的要素，而是因为要素被更有效率地使用。在某种程度上，它与技术进步是相似的。

供给学派经济学的政治含义与其更一般的经济含义略有不同。近年来，它被用来说明减税能够增加如此多的产出，因此税捐收入将会上升或者保持不变而不会下降。

减税会增加总供给和总需求这个假设的原因是激励效应的存在。由于减税可以使人们持有更多他们所赚取的钱，这就会增加他们工作的积极性，因此可以降低自然失业率（提高潜在产出）。

经济学家们不讨论这个激励效应是否存在，也不讨论长期 AS 曲线是否会移动。他们讨论的是这个移动的大小，具体来说，就是 AS 曲线是否能够向右移动得足够远以补偿由税率减小引起的总税收减少。

6. 长期内将总供给和总需求放在一起

经济的生产率会随着时间的推移以一个稳定的速率增长。用图形来说明的话，这意味着长期总供给曲线平稳地向右移动。总需求行为依靠货币供应过程。在每一时刻，总需求和长期总供给的交点决定价格和产出的均衡位置。因为长期总供给曲线是垂直的，均衡产出实际上由总供给决定。相对于总供给而言，总需求的变化仅仅决定价格水平。

◇关键术语

总供给（AS）曲线	价格调整机制	价格调整速度
总需求（AD）曲线	古典总供给曲线	凯恩斯总供给曲线
摩擦性失业	自然失业率	实际货币供给
名义货币供给	完全挤出效应	货币中性

◇绘　图

本绘图题让你计算在短期，货币供给的增加对实际利率、投资及总需求的效应。为了帮助你完成这个任务，我们已经为你提供了三张图：图 5－5 中实际货币余额的供给和需求被作为利率的一个函数；图 5－6 给出了一个投资需求函数；图 5－7 画出了一个 AS-AD 图形。

你应该根据这三张图分别完成任务。首先找出货币扩张对实际利率的短期效应，然后计算出这个变化是怎么影响投资需求的，以及通过对投资需求的影响效应是怎么影响总需求的。

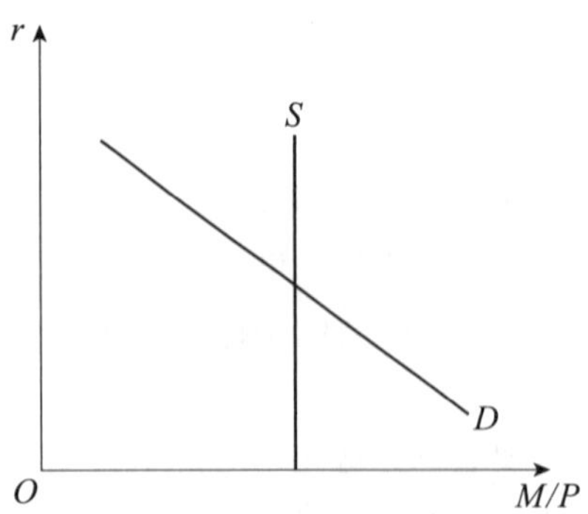

图 5－5　实际货币余额的供给和需求

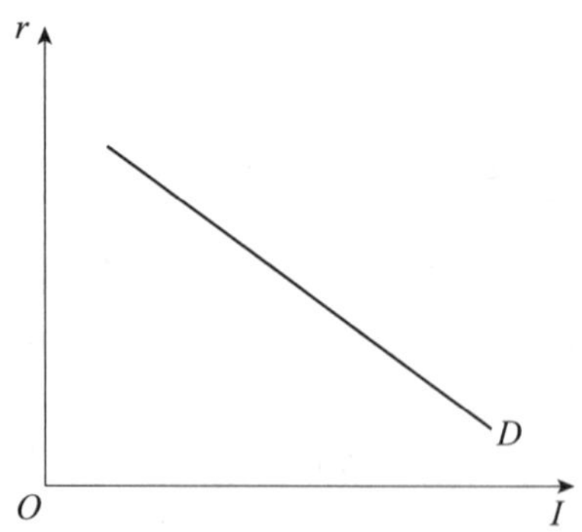

图 5－6　投资需求

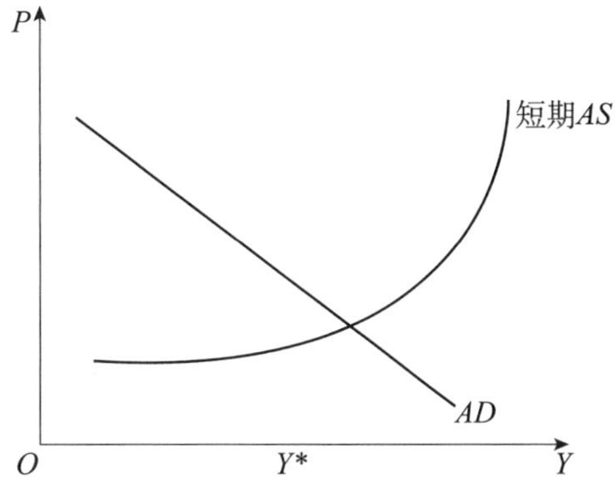

图 5－7 短期 AS-AD 曲线

1. 描述一下货币供给的增加是如何影响实际利率的。

2. 描述一下你在第一步中发现的实际利率的变化是如何影响投资需求数量的。

3. 上一问中的投资需求的变化是如何影响总需求的？在短期，价格和产出会如何变化？在长期呢？

◇经济学释义

扩张/紧缩性政策

货币政策和财政政策既可以是扩张性的，也可以是紧缩性的，即要么增加要么减少总需求。当中央银行（在美国是美联储）增加货币存量时就是执行扩张性政策。这样做会降低实际利率，增加投资需求，使 AD 曲线向右移动。当中央银行减少货币供给时，执行的就是紧缩性政策，这会使利率上升，AD 曲线向左移动。这很容易记忆，因为紧缩性货币政策就是实际货币供给的紧缩，而扩张性货币政策就是货币存量的扩张。

减税和政府支出增加都是扩张性财政政策的例子，因为它们都增加了人们消费商品的需求，于是使总需求曲线向外移动。税收增加和政府支出削减都是紧缩性财政政策的例子。

注：货币政策和财政政策都是“总需求政策”。

◇技术回顾

图形方法

当我们只需要一个定性回答时，用图形来说明问题通常比用等式来说明更简单，在本书中也是如此。（比如说这个问题：当货币扩张时，利率做出的反应是上升还是下降？因为在本例中我们只需要知道变化的方向，所以图形就完全可以提供答案。）为了让你能轻松地使用图形来处理问题，我们在这儿提供一些技术方面的知识回顾。

假设你有如下形式的等式：

$$Z = aX + bY$$

其中，X、Y 和 Z 是三个经济变量，a 和 b 是任意给定的大于零的常数。首先简要解释一下该等式：变量 Z 是 X 和 Y 的函数。因为 a 和 b 都被假定为正的，当 X 或 Y 上升时，Z 会上升；反之，Z 会下降。

现在假定我们选择用 X-Z 图形来表示这个等式。按照惯例，被解释变量放在纵轴，因此我们将 Z 放在纵轴，将 X 放在横轴。然后找到该方程的斜率——X 变动一单位时 Z 的变动数量。

在这个例子中，斜率是常数 a（X 变动一单位，当 Y 不变时 Z 变动 a 单位），因此该直线是向右上方倾斜的。

有一点需要注意：在整个过程中，我们需要保持另一变量 Y 不变。一旦 Y 变化，我们将不得不将该线平移到新位置以与 Y 的新值一致。我们将在图 5－8 中演示。

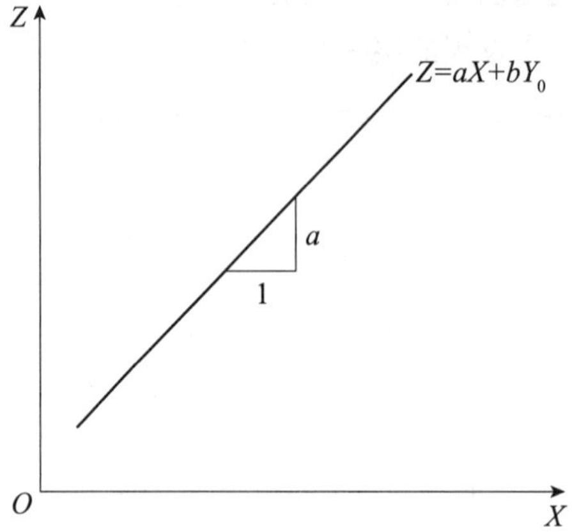

图 5－8　将等式图形化

假设 Y 增加一单位，原来的直线会发生什么变化？我们知道，对于任何 X 的给定值，Z 此时都会增加 b 单位。这意味着原来的直线需要向外移动 b 单位。

我们也可以保持 Z 不变来观察当 Y 增加时，X 会如何变化。这个问题稍微有点麻烦。（因为垂直和水平的改变都能到达最终直线位置，所以当给定你所研究的问题后，我们可以选择最简单的方式。）我们思考下面的问题：

再次假定 Y 增加一单位。为了找出原来的直线将会在哪个方向上水平移动多远，我们假定 Z 不变，并找出 X 必须移动多少。首先在等式两边同时减去 bY，得到：

$$aX=\bar{Z}-bY$$

然后在两边同时除以 a 以分离变量 X。最终等式为：

$$X=\frac{1}{a}\bar{Z}-\frac{b}{a}Y$$

这个等式告诉我们：当 Y 增加一单位时，为了保持 Z 不变，X 必须下降（$1\times b/a$）单位。我们必须将原来的直线向左移动这个距离以满足该关系式。

当然，X 的上升不会使该直线移动，只不过是沿着该直线向上移动而已。

◇填字游戏

横

1. M/P 是________货币供给
3. 货币和财政政策都能影响总________曲线
6. 产出的类型，受供给政策影响
8. 失业率，此时劳动力市场处于均衡状态
9. 货币政策的类型，M 的下降是其一个例子
10. 水平的 AS 曲线

竖

2. 财政政策的类型，减税是其一个例子
4. 中央银行只能直接影响________货币余额
5. 垂直的 AD 曲线
7. 货币理论，$MV=PY$

◇填空题

1. 在总供给-总需求模型中，产出和价格水平是________变量。
2. 税收、转移支付、政府支出和货币供给全是________变量。
3. ________曲线描述了在不同价格下所愿意供给的产出的数量。
4. ________曲线描述了在不同价格下商品市场和货币市场同时处于均衡状态时，产出和价格水平的关系。
5. 在长期，当市场有时间出清时，总供给曲线是________，产出等于________。
6. 在短期，当价格没有时间变化时，总供给曲线是________。
7. 当产出处于潜在水平时，只有________失业，此时失业处于它的________。

8. 在供给曲线________的假定下，货币和财政政策都不能影响产出。这些假定在________情形中最适合。

9. 财政和货币政策都能影响________曲线。

10. 在长期只有________曲线的变动才会影响总产出。

◇判断题

T　F　1. 凯恩斯供给假定在长期是合适的，此时产出处于潜在产出水平。

T　F　2. 凯恩斯总供给曲线是平的。

T　F　3. 在长期，产出是固定不变的。

T　F　4. 在凯恩斯供给假定下，价格固定不变。

T　F　5. 供给政策主要是改变短期的产出。

T　F　6. *AS-AD* 模型解释在短期和中期中潜在产出是如何变化的。

T　F　7. 在 *AS-AD* 模型中，潜在产出在短期、中期和长期都是固定不变的。实际产出和其潜在水平之间的差异是不断变化的。

T　F　8. 货币和财政政策主要影响长期产出水平。

T　F　9. 自然失业率是零。

T　F　10. 均衡价格水平的长期移动主要由货币供给决定。

◇选择题

1. 如果政府支出增加，总需求曲线会怎样变化？

　a. 向内移动　　b. 向外移动

　c. 保持不变　　d. 改变斜率

2. 如果政府支出增加，总供给曲线会怎样变化？

　a. 向内移动　　b. 向外移动

　c. 保持不变　　d. 改变斜率

3. 在长期，当产出等于潜在产出时，政府支出的增加将会增加下列哪一项？

　a. 产出　　b. 价格水平

　c. 税收　　d. 货币供给

4. 在长期，当产出等于潜在产出时，政府支出的增加将会引起下列哪一项？

　a. 价格水平上升　　b. 价格水平下降

　c. 产出上升　　d. 产出下降

5. 负的供给冲击可以用总供给曲线的________来表示。

　a. 向内移动　　b. 向外移动

　c. 在总供给曲线上的移动　　d. 斜率的改变

6. 当价格随时间调整使市场达到均衡时，总供给曲线的斜率将会怎样变化？

　a. 增加　　b. 减少

　c. 保持不变　　d. 下降为零

7. 下列哪一种政策最有可能增加长期产出？

　a. 供给政策　　b. 需求政策

c. 都不能 d. 都能

8. 总需求的增加用图形来表示，就是 AD 曲线如何移动？

a. 向内移动 b. 向外移动

c. 在总供给曲线上移动 d. 斜率的改变

9. 在 AD 曲线上，哪一个市场是均衡的？

a. 只有货币市场 b. 只有商品市场

c. 两个都均衡 d. 两个都不均衡

10. 如果总供给以一个比当前经济生产能力更快的速度增加，价格水平会怎样变化？

a. 随着时间上升 b. 随着时间下降

c. 不随着时间变化 d. 以上均不是

◇概念题

1. 为什么 AD 曲线向右下方倾斜？
2. 短期 AS 曲线为什么最好用向右上方倾斜的曲线（与凯恩斯情形的水平的 AS 曲线相反）表示？
3. 当我们假设潜在产出固定不变时，供给政策是如何增加长期 AS 的？（回想我们已经假设在 AS-AD 模型中由于所有要素投入都被假定为固定不变的，所以潜在产出固定。这个假定没有改变。什么已经改变了？）
4. 下列哪一个是扩张性总需求政策？哪一个是紧缩性总需求政策？（对于扩张性和紧缩性总需求政策，参考本章的经济学释义。）

a）社会福利的增加；

b）资本收益税的减少；

c）遗产税的增加；

d）免税额的增加；

e）社会保障金的减少；

f）实际货币余额的增加；

g）货币流通速度的提高。

提示：我们已知 $M \times V = P \times Y$，保持 P 和 M 不变，什么影响 V 及 Y？

◇技术题

1. 在画 AD 曲线时，需要固定哪些变量？
2. 假设政府增加支出。

a）短期的价格水平和产出会如何变化？

b）长期的价格水平和产出会如何变化？

c）你在求解 a 和 b 题时，会通过什么方式利用某个假设？

3. a）货币供给减少对实际利率的直接效应是什么？

b）这将如何影响私人投资，进而影响 AD？

第 6 章

总供给与菲利普斯曲线

本章要点

- 在本章中，我们进一步研究总供给曲线。我们发现：可以用它来检验通货膨胀和失业的关系。我们考虑通货膨胀预期。
- 我们还试着验证 *AS* 曲线所描述的在产出数量和价格水平之间的正相关关系，并且解释为什么古典供给假设不是在所有的期限范畴内都成立。（最后一部分归结起来说就是解释了为何价格是黏性的，或者是缓慢调整的。）

本章概要

1. 通货膨胀与失业

总供给曲线描述了产出水平和价格水平之间的权衡。然而，我们在各种新闻中看到的数据是失业率和通货膨胀率。菲利普斯曲线使用这些更传统的衡量方法。失业率与实际产出和潜在产出之间的缺口有关（当产出低于潜在产出时，失业率就高），通货膨胀率则是指价格百分比变化。

相对于自然失业率来说，实际失业率波动太大。也就是说，劳动力市场处于不均衡状态。在失业率和**工资通胀率**（wage inflation）（即工资以某一速率增长）之间也存在系统性的关系。当失业率下降时，工资通胀率上升。

工资通胀率和失业率之间的关系可以用**菲利普斯曲线**（Phillips curve）来刻画。它可以用以下等式表示：

$$g_w = -\varepsilon(u - u^*)$$

其中，g_w是工资通胀率，u^*是自然失业率，ε衡量的是工资对失业率变化的敏感程度。

虽然原始的菲利普斯曲线是用来刻画工资通胀率和失业之间的关系的，但是多年以来，它还可以用来描述通货膨胀率（物价水平增长率）和失业之间的关系（见图 6-1）。

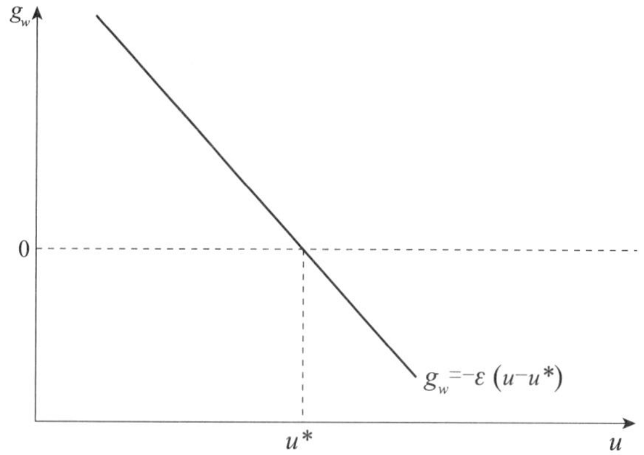

原始菲利普斯曲线以工资通胀率为依据，而不是物价通胀率。

图 6-1　原始菲利普斯曲线

2. 滞胀、预期通货膨胀及附加通胀预期的菲利普斯曲线

在本章第 1 节中的简单菲利普斯曲线漏掉了一个很重要的元素：它未考虑公众的通货膨胀预期。公众依自己头脑中的某一实际工资来谈判名义工资。如果他们对通货膨胀的预期是错误的，实际工资将比他们预料的更高或者更低，这样的话，他们就会乐意比计划工作更多或者更少。

附加通胀预期的菲利普斯曲线如图 6-2 所示。

$$g_w - \pi^e = -\varepsilon(u - u^*)$$

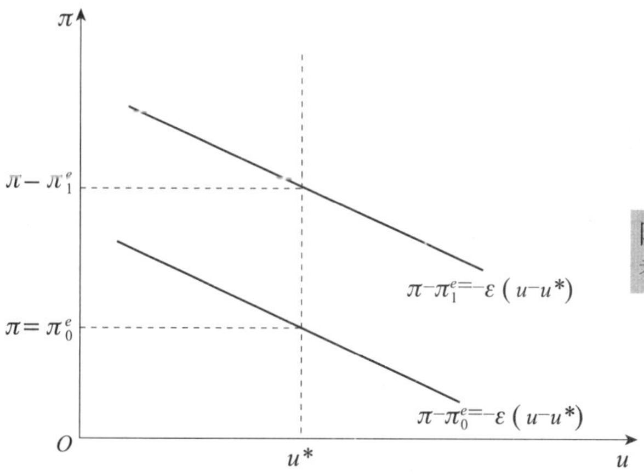

附加通胀预期的菲利普斯曲线考虑到了通货膨胀预期的效应。

图 6-2　附加通胀预期的菲利普斯曲线

另外，更一般的形式，用物价的通胀率（π）代替工资的通胀率（g_w）得到：

$$\pi - \pi^e = -\varepsilon(u - u^*)$$

这个等式加入了影响菲利普斯曲线高度的因素，即考虑到了通货膨胀预期因素。自然失业率被定义为实际通货膨胀率等于预期通货膨胀率时的失业率，也就是说，当 $\pi = \pi^e$

时，$u=u^*$。

以上等式表明，公众通货膨胀预期的增加会改变工资或者物价的通胀率。其中这些通胀率和失业之间有一个相关关系。此时，菲利普斯曲线将向上移动。

用附加预期的菲利普斯曲线，我们可以看到**滞胀**（staflation）（高失业和高通货膨胀同时存在）是怎么发生的。一旦经济处于一条有很高通胀预期的菲利普斯曲线上，就会存在一个负的冲击使经济走向萧条，即失业率会高于它的自然率水平，并且通胀低于预期的通胀水平。公众的高通胀预期保证：不管通胀低于它的预期值多远，它都将仍然保持很高的水平。

从实证分析角度来看，短期的附加预期的菲利普斯曲线看起来很平坦。参数 ε 估计大约为 0.5；看来失业率每上升 1 个百分点，通货膨胀率将降低 0.5 个百分点。

3. 理性预期革命

理性预期理论认为：在形成预期时，没有人会犯**可预见的错误**（predictable mistake）。如果我可以形成一个比你更好的预期，你将在工作上有困难。或者至少我应该将我的预期信息卖给你，这样你就可以做出更好的决策。

当理性预期成立时，菲利普斯曲线上的 π^e 应该代表每个人关于未来通胀的最优预期；只有当人们还未知的某些事情发生时，失业才会偏离其自然率水平。这是一个符合现实的假设吗？

关于产出和失业是否会由于信息问题而偏离其长期水平（在这种情形下，人们似乎被愚弄了很长一段时间），以及是否存在某种经济障碍能够阻止市场调整以适应预期的变化等这些问题，现在的经济学家们观点不一致。在下一节以及第 21 章中，你可以阅读到更多详细细节。你能辨别出本书作者偏向哪一方吗？

4. 工资-失业关系：为什么工资是黏性的？

当工资水平不能很快地调整从而确保劳动力市场保持均衡状态时，我们称工资为**黏性的**（sticky）。有许多方式可以解释为何工资水平需要花时间来调整。这些理论大体上可分为两类：一类是市场出清但是人们缺少做决定的信息［我们称之为**不完全信息**（imperfect information）模型］，还有一类是某些原因导致市场不能出清。

在古典不完全信息模型中，工人在面对名义工资上升时，他们不知道这是否代表生活成本的上升，他们只想保持实际工资不变或者上升。面对名义工资上升，由于他们不知道发生了什么，有一部分工人就会错误地以为是实际工资提高了，这会使他们工作得更多，于是增加了产出和就业。

由于不完全信息模型要求所有市场都处于均衡状态，所以这些模型不能解释非自愿失业的存在。在该模型中，所有不工作的人都是因为他们认为自己的实际工资太低（注意：此时所有人都不知道他们的实际工资水平），所以不想工作了。因此，许多经济学家喜欢劳动力市场不总是出清的模型。

以下几点即为劳动力市场不出清的可能原因：

厂商与有工作的工人（**内部人**，insiders）谈判工资，不与失业者（**外部人**，outsiders）谈判工资。内部人喜欢高工资，他们不介意这些高工资是否会让其他一些人失业

（因为高工资会使厂商减少对劳动力的需求）。由于厂商花时间雇用然后培训新工人代价昂贵，所以这些内部人就能索取高于市场出清水平的工资，同时高工资也会造成很多非自愿失业。

还有一种情形是这样的：一些厂商付给工人**效率工资**（efficiency wages）以激励他们努力工作，效率工资比市场出清时的工资水平要高。在这种更高水平的工资下，不是所有想要工作的人都能得到工作机会。于是，这也能造成非自愿失业。

这两个理论可以解释非自愿失业的存在，但是不能证明**名义**（nominal）价格黏性的存在。为了证明名义价格黏性，一个途径是厂商发现更改其价格水平的代价昂贵，于是，价格水平和名义工资（价格水平乘以实际工资）具有黏性，另一个途径是名义工资长期固定。

由于合同的存在，名义工资可能固定数月甚至数年。合同既可以是正式的，也可以是非正式的——工会劳动合同或者厂商和工人的口头协议。如果合同不在相同时间谈判，工资水平将更具有黏性。工人们将会担心他们的工资调整得太多，因为这将使他们的工资和其他人之间的差距更大，因此名义工资将不会充分调整以确保在任何单一谈判中的完全就业。

如果每个人都可以同时同量地调整其工资水平，经济将会立刻跳到完全就业水平，产出偏离潜在产出的时间将不会超过合同再谈判的时间。确保每个人都这样做有难度，这就是**协调问题**（coordination problem）的一个例子。

5. 从菲利普斯曲线到总供给曲线

奥肯定律将就业水平和产出水平联系在一起：超过自然失业率的失业意味着低于潜在产出的产出。特别地，它表明，失业率高于自然失业率 1 个百分点，产出将低于潜在产出 2 个百分点。

如果我们假设厂商设定价格的方法是劳动成本加成的方法，工资增加可以被当作价格水平的增加。例如，假设**单位劳动成本**（unit labor cost）（制造一单位产品付给工人的成本）为 5 美元。厂商此时可能会再加上 0.50 美元来扣掉其他成本，因此设定价格为 5＋0.50＝5.50 美元。在这种情况下，价格水平将随着工资水平的上升而上升。

用上面两个规则来变换菲利普斯曲线（失业和工资通胀之间的关系），可以发现：产出随着通货膨胀率的增加而增加，或者说高物价与高产出水平相联系，这也就是总供给关系：

$$P_{t+1} = P^{e}_{t=1}[1+\lambda(Y-Y^{*})]$$

它表明未来价格取决于未来价格预期和产出缺口两个因素。

6. 供给冲击

供给冲击（supply shock）是对 AS 曲线的移动，是对经济的一种扰动。石油价格的上升是一个**不利的供给冲击**（adverse supply shock）（使 AS 曲线上移）的经典例子。这种上升会使生产成本上升，因此会使价格水平提高，进而减少产出。这也能减少长期总供给。

扩张性的货币和财政政策可以减缓不利供给冲击的效应。当用于这种情形时，这些政策是**适应性政策**（accommodating policies）。但是这些政策的实施有代价：虽然 *AD* 曲线将会因此而外移，并且使产出回到以前，但是此时会导致严重的通货膨胀。

供给冲击既可以有害，也可以有利：石油价格的下降或者技术进步都能移动 *AS* 曲线。这就允许我们有更大的自由来提高总需求的同时而不必提高通货膨胀水平。

决策者面对的另一个问题是：准确判断冲击到底是长期持续的还是暂时性的。如果供给冲击是长期持续的，总需求政策就不能避免产出的波动。但是如果供给冲击只有暂时效应，此时总需求政策就可以用来克服经济的波动。

7. 失业与通货膨胀：评估权衡

失业的最大的单一成本就是产出损失。**奥肯定律**（Okun's law）——关于产出与失业关系的判断——表明失业率上升 1 个百分点将削减产出 2 个百分点。

由于通货膨胀与失业之间存在短期的消长关系，更好地理解通货膨胀和失业的相对经济成本十分重要。政策制定者有责任选择调整路径以使遭受负面冲击的经济回到充分就业水平，即选择调整过程中通货膨胀和失业的组合。他们能快速增加总需求，以高物价的代价实现产出稳定，或者忍受缓慢的复苏以抵制通货膨胀。**牺牲率**（sacrifice ratio）——通货膨胀率每下降一个百分点导致产出损失的百分点——提供了这种选择的成本估算。

政策制定者将充分利用信息来选择最低成本的通货膨胀和失业组合。然而，现实社会显示，政治家掌管经济是为了有助于再次当选。选举年经济繁荣而中期经济衰退的经济范式（经验证据是混合的）被称为**政治性经济周期**（political business cycle）。

◇关键术语

菲利普斯曲线	黏性工资	不完全信息
理性预期	协调分析法	效率工资理论
交错的价格调整	永久供给冲击	内部人-外部人模型
供给冲击	不利的供给冲击	货币性和财政性适应
预期通货膨胀	附加预期的菲利普斯曲线	滞胀
暂时性的供给冲击	政治性经济周期理论	奥肯定律
牺牲率	痛苦指数	

◇绘　图

欧佩克 1973 年的石油冲击使美国的产出下降并使价格水平上升。从此以后，人们的通货膨胀预期急剧上升。这增加了与充分就业相关的通货膨胀率，使附加预期的菲利普斯曲线上移。请在图 6－3 中绘制出美国在石油冲击前后的通货膨胀率和失业率，然后分别确认出冲击前后的附加通胀预期的菲利普斯曲线。

我们在表 6－1 中提供了从 1961 年到 1969 年和从 1976 年到 1978 年的数据。我们建议你画出通货膨胀和失业的联合坐标，然后标明每个点的年份。连接成线后，应该是向下倾斜的线（不一定是直线），这就是这两个时期的附加通胀预期的菲利普斯曲线。假定自然失业率是 5.5%。

在每一个时期内，预期的通货膨胀率是怎样的？

表 6-1

年份	CPI	通货膨胀率（%）	失业率（%）
1960*	29.6		
1961	29.9	1.0	6.7
1962	30.2		5.5
1963	30.6		5.7
1964	31.0		5.2
1965	31.5		4.5
1966	32.4		3.8
1967	33.4		3.8
1968	34.8		3.6
1969	36.7		3.5
1975*	53.8		
1976	56.9		7.7
1977	60.6		7.1
1978	65.2		6.1

* 只为了计算目的而包括进来。

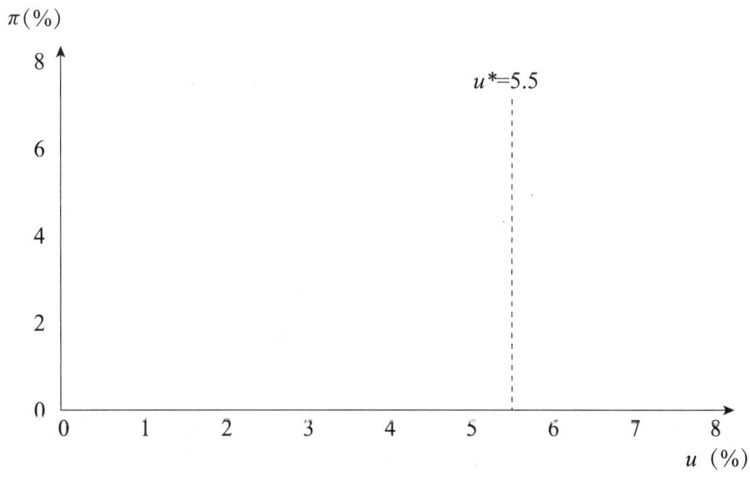

图 6-3

◇经济学释义

理性预期

由于没有人能知道未来将会发生什么，所以我们经常依据我们对未来的看法来做决定；依据当前我们可得的信息来对未来进行预期，然后用这些预期进行决策。（例如，我今天应该去海边吗？不去，今天可能下雨。）

人们在形成预期时有很多方法。可以占星，可以简单地认为过去刚发生的事情还会继续在未来发生，也可以调整以前的预期以修正现在认为是错误的地方。

尽管如此，目前许多经济学家认为，不管人们是如何形成他们的预期的，只要他们所犯的错误不可预测，那就无所谓。他们称这些预期是理性的——所有的可得信息在预期过程中都已经被使用了。

如果人们在预测未来的事情时，总是犯系统性的、可预测的误差，这意味着什么？举例来说，工人们总是系统性地低估未来的通货膨胀预期，然后根据自己的估计谈判工资水平；外出锻炼身体者总是系统性地错误估计天气信息，然后根据自己的估计穿得太多，或者在可预测有倾盆大雨时却未带雨伞等。能够预测这些误差的人们（比以上例子做出的预期更准确的人们）可以提供这些有价值的信息给以上那些总是犯错误者。他们可以告诉工人通货膨胀在接下来三年会上升，告诉外出锻炼者很有可能在某天会下雨。实际上，这些信息很有价值，以至可以用来赚很多钱。想象这种人不存在是有点困难的。

当预期是理性的时，类似以上提到的系统性的、可预测的误差将不会发生。因为如果误差可预测，就会有人对这些误差做出预测。一旦这样，这些误差将不复存在。

◇技术回顾

阅读方程

在第 5 章的技术回顾中，我们讨论了如何将一个等式转化成图形的问题。图形化等式是理解它的含义的最简单和最有用的方法，但是通过观察等式也可以看出许多有用的信息。当你开始阅读更多文章和学习更多高级理论时，这种“读”等式的能力将变得极其有用。下面我们将举出几个本书中的例子进行说明。

首先使用简单的菲利普斯曲线：

$$g_w = -\varepsilon(u - u^*)$$

这个等式告诉了我们什么？

它告诉我们：一般来说，工资通胀率和失业率之间存在一定的关系。更精确地说，在未来，失业率高于其充分就业水平越多，价格水平下降得越快（当 $u>u^*$ 时 $g_w<0$），失业率在其充分就业水平之下越远，价格水平将上升得越快（当 $u<u^*$ 时 $g_w>0$）。

这个等式也告诉我们：当失业率位于其自然率水平时，将无工资通胀发生（当 $u=u^*$ 时 $g_w=0$）。这与附加预期的菲利普斯曲线的结果相比具有根本性的差别——当处于自然失业率水平时，工资通胀等于预期工资通胀。

为了完成对这个等式的解释，我们必须注意参数 ε 的含义。它是什么？它如何影响 π 和 u 之间的关系？为了回答这些问题，必须重新考察原始等式：它告诉我们失业率的 1％的上升将会使工资通胀率上升 ε，或者 ε 控制着产出与工资通胀率之间可以转化的程度。当 ε 很高时，很大的通胀才能与很小的失业率相互转化；当 ε 很低时，很小的通胀就可以与很大的失业率相互转化。因此你就可以想象为何政策制定者希望得到对参数 ε 的估计了。

尽量像这样去解释教材中的其他等式。最终，你将在梦中也可以这样做，要达到这种程度。

◇填字游戏

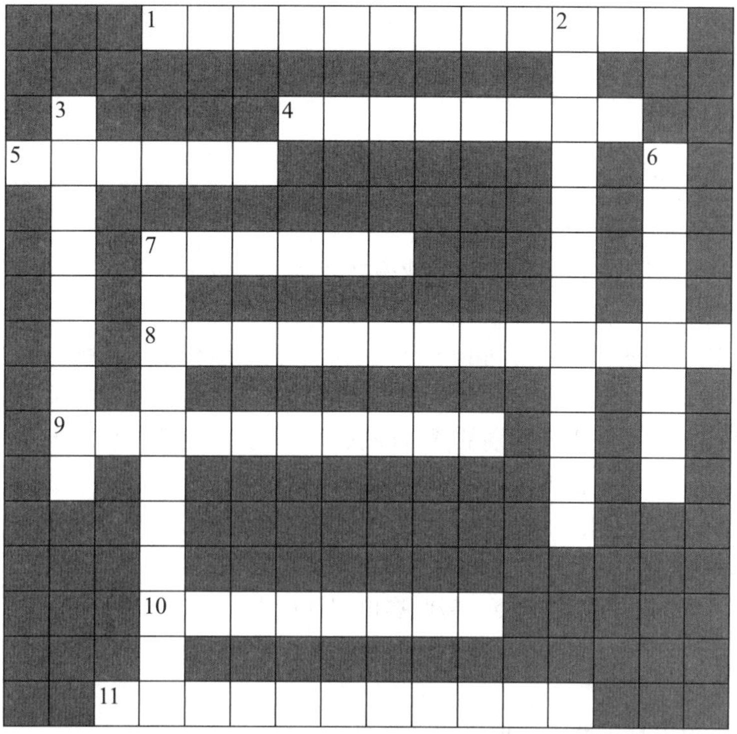

横

1. 在短期，可以与通货膨胀有一个转化关系
4. 曲线，与 *AS* 曲线提供相同的信息
5. 在短期，由于价格是________的，产出可以背离其潜在水平
7. 冲击的类型，使 *AS* 曲线移动
8. 使用货币/财政政策来应对供给冲击的实际效应
9. 工资的类型，设定得稍高以激励员工
10. 坐在谈判桌旁边
11. 对于短期 *AS* 曲线，市场出清解释中重要的元素

竖

2. 在简单菲利普斯曲线中缺失
3. 在不同的时期设定的价格是________
6. 预期的类型，无系统性误差产生
7. 高失业和高通胀并存

◇填空题

1. 如果产出高于潜在产出，价格水平在下一期将最终会________。
2. 当工资随着时间缓慢调整而不是完全弹性的时，我们称这种情况为________。
3. 工资调整缓慢可以导致________市场处于非均衡状态并且造成________。
4. 产出和失业将以以下方式产生关系：当失业下降时，产出必定________。
5. ________曲线描述中期的通货膨胀与失业之间的转化关系。
6. ________曲线描述中期的产出和价格水平之间的转化关系。
7. ________表明为了激励工人，工资可以设定得高于市场出清水平。

8. ________是一个扰动，它能立即使 AS 曲线移动。

9. ________是通货膨胀率每下降一个点而产出下降的数量（以百分比为单位）。

10. ________是每减少一个百分点的失业率对必须放弃的产出数量（以百分比为单位）的经验测算。

◇判断题

T F 1. 经济总是处于充分就业水平。

T F 2. 经济从不处于充分就业水平。

T F 3. 在中期，在通货膨胀和失业率之间有一个转化关系。

T F 4. 在长期，在通货膨胀和失业率之间有一个转化关系。

T F 5. 通货膨胀和失业之间的转化关系可以轻松地被政治家所利用。

T F 6. 在附加预期的菲利普斯曲线中，通货膨胀依赖于人们的预期及失业率水平。

T F 7. 当通货膨胀等于预期的通货膨胀时，失业位于其自然率水平。

T F 8. 当工资为黏性的时，货币只有在长期是中性的。

T F 9. 在附加预期的菲利普斯曲线中，预期通货膨胀只能部分地转化为实际通货膨胀。

T F 10. 不利的供给冲击会引起低物价和低产出。

◇选择题

1. 下列哪一项不是黏性工资理论的必要组成？
   a. 效率工资理论　　b. 生产函数
   c. 内部人-外部人理论　　d. 协调问题
2. 不利冲击会导致如下哪一种情形？
   a. 提高价格水平并减少产出　　b. 降低价格水平并增加产出
   c. 提高价格水平并增加产出　　d. 降低价格水平并减少产出
3. 根据奥肯定律，当失业率从 5.5%（自然率水平）上升到 6.5%时，产出将会：
   a. 增加 1%　　b. 下降 1%
   c. 增加 2%　　d. 下降 2%
4. 总供给曲线的位置取决于下列哪一项？
   a. 潜在产出　　b. 过去的价格水平
   c. 两者都是　　d. 两者都不是
5. 下列哪一项可以解释市场出清时通货膨胀和失业之间的转化关系？
   a. 不完全信息　　b. 协调问题
   c. 效率工资理论　　d. 内部人-外部人模型
6. 石油价格的增加是一个不利的供给冲击，这是为什么？
   a. 降低利率　　b. 增加劳动成本
   c. 削弱消费者信心　　d. 提高原材料价格
7. 下列哪一个模型不能解释非自愿失业的存在？
   a. 不完全信息　　b. 长期工资合同

c. 效率工资理论　　d. 内部人-外部人模型

8. 滞胀由下列哪一项组成?

a. 高通胀和高失业　　b. 高通胀和低失业

c. 低通胀和高失业　　d. 低通胀和低失业

9. 当滞胀发生时，预期通货膨胀如何变化?

a. 超过实际通胀　　b. 与实际通胀相同

c. 很高　　d. 很低

10. 在不利冲击发生之后，实际货币供给如何变化才能说货币增长是适应性的?

a. 增加　　b. 减少

c. 保持不变　　d. 分发

◇概念题

1. 产出和失业是如何相互联系的?
2. 下面方程中的参数 λ 能给你什么信息?

$$P_{t+1} = P_t[1+\lambda(Y-Y^*)]$$

如果 λ 上升，经济周期将会发生什么? λ 上升将会如何影响政府使用财政或者货币政策的决定?

3. 经过供给冲击之后，适应性货币或者财政政策总是应该被用来使产出回归到其充分就业水平吗? 请做出解释。

◇技术题

1. 假设经济初始时位于充分就业水平，中央银行增加货币供给。
   a) 这将如何影响短期的产出和失业率水平?
   b) 这将如何影响长期的产出和失业率水平?
   c) 用 $AS-AD$ 图展示从短期到长期的转变。
2. 假设初始时处于充分就业的经济受到不利供给冲击的影响。
   a) 这将如何影响短期的产出和价格水平?
   b) 这将如何影响长期的产出和价格水平?
   c) 如果只凭借其内部机制，经济将会沿着一个与上一题 c 相类似的调整过程运动。假设政府进行干预，用 $AS-AD$ 图展示政府是如何用适应性财政和货币政策使产出和失业恢复到长期水平的。

第 7 章 失　业

本章要点

- 在本章中，我们研究失业的代价。
- 我们还要详细研究失业的内涵——包括不同类型的失业及其原因、高频率失业和高持久性失业的差别以及年龄分布和其他人口、政策因素对自然失业率的影响。

本章概要

1. 贝弗里奇曲线

即使在经济最繁荣的时代，一些人也会失业。空缺职位与求职工人的匹配过程并不完美。职位空缺和失业率之间的关系被称为**贝弗里奇曲线**（Beveridge curve）。

2. 失业的解剖

美国的失业具有以下五个特征事实：

（1）不同群体的失业率差别很大（这里的“群体”以年龄、种族和经历来界定）。

（2）**失业后备军**（unemployment pool）进出的流量非常大。失业后备军是指任何给定时点上的失业人数。相对于就业人数和失业人数而言，失业后备军流进和流出的数量非常大，因此我们说存在着较高的**劳动力市场周转率**（labor market turnover）。

（3）在这种流动中，有很大一部分是周期性的：在衰退期间被解雇的较多，而在繁荣期间自愿请辞的较多。

(4) 大多数失业的人只是暂时处于失业状态。

(5) 失业后备军的主要组成部分是长时间处于失业状态的人。

值得注意的是，如果人们属于**劳动力**（labor force），他们也必定属于失业后备军。这里的劳动力是指正在工作或正在积极寻找工作的人。因此，个人通过进入或者离开劳动力的方式分别进入和离开失业后备军，这也对应着就业和失业状态。**丧失信心的工人**（discouraged workers）——想要工作但是已经放弃寻找工作的人们——没有被当作劳动力的一部分，因此，严格来说他们不是失业人口。

理解总失业率是如何形成的也很重要。由于劳动力由许多不同的群体组成，不同群体具有不同的失业率，所以必须对它们进行**加权平均**（weighted average）以求出总失业率：

$$u = w_1 u_1 + w_2 u_2 + \cdots + w_n u_n$$

其中，w_i代表权重，等于每一组人员所占劳动力的比例。u_i是每一组的失业率。因此，总失业率的变动或者是因为各个分组的失业率变动，或者是因为各个分组所占比例变动。

最后，区分**周期性失业**（cyclical unemployment）和**摩擦性失业**（frictional unemployment）是很有用的。我们通常所指的摩擦性失业，是指当经济处于充分就业状态时，由于找工作而引起的失业。周期性失业就是超过摩擦性失业的失业部分，由于产出和失业之间具有相关性，所以周期性失业也随着经济周期而变化。

3. 充分就业

自然失业率（natural rate of unemployment）由许多因素决定，一些因素影响失业期（duration of unemployment）——一个人不在就业状态的平均时间长短，其他一些因素影响**失业频率**（frequency of unemployment）——在既定时间内工人失业的平均次数。

失业的持续时间取决于经济的状态（也就是说，萧条还是繁荣）。它也受劳动力市场的组织形式（例如，职业介绍所是否存在等）、劳动力的人口构成（也就是说，劳动力中不同群体的比例）以及人们愿意或者能够用来寻找新工作的时间等的影响。最后一个因素部分地受失业津贴的可得性影响，其中失业津贴可以降低失业的成本。失业成本由替代率来度量。**替代率**（replacement ratio）是指失业时的税后收入与就业时的税后收入的比率。

失业频率由新工人进入劳动大军的速度和经济中不同厂商的劳动力需求变化（一些厂商的劳动力需求会萎缩，另一些厂商的劳动力需求会增加，人们需要转移到那些岗位增加的厂商那里）两方面决定。

自然失业率随着时间的推移而变化，这有两方面原因：劳动力的群体构成会随着时间的推移而变化以及各群体的自然失业率也会随着时间的推移而变化。当前自然失业率估计在5%～6%之间。

经济学家们总是倾向于将自然失业率当作一个政策变量，会受人口因素、失业津贴和职业计划影响，但不受经济周期波动影响。但是失业期延长会提高自然失业率：当失业时，工人们可能会丧失就业竞争力或工作技能，或者学会更多地利用失业救助。这就是**失业呆滞**（unemployment hysteresis）现象。

4. 失业的代价

失业的最大单一代价就是产出的损失。我们可以回忆在第6章中，奥肯定律表明，失业率上升 1 个百分点将导致产出下降 2 个百分点。失业还有分配成本——例如，穷人受失业率变化的影响往往较富人大。

◇关键术语

劳动力	失业呆滞	失业者
替代率	失业后备军	保留工资
摩擦性失业	就业稳定性	周期性失业
经验评级	失业期	公告效应
搜寻性失业	劳动力市场周转率	失业频率
贝弗里奇曲线		

◇绘　图

尽管我们一般使用产出和产出增长率这种度量方式来决定我们的经济表现是否良好，但是我们也可以通过观察失业率的变化得出结论。图 7－1 让你依表 7－1 中数据画出美国 1990—2012 年的失业率，然后将该图与第 1 章中你所画的图进行比较。

你能看到失业率和产出增长率之间的关系吗？

表 7－1

年份	失业率（%）
1990	5.6
1991	6.9
1992	7.5
1993	6.9
1994	6.1
1995	5.6
1996	5.4
1997	4.9
1998	4.5
1999	4.2
2000	4.0
2001	4.7
2002	5.8
2003	6.0
2004	5.5
2005	5.1
2006	4.6
2007	4.6

续前表

年份	失业率（%）
2008	5.8
2009	9.3
2010	9.6
2011	8.9
2012	8.1

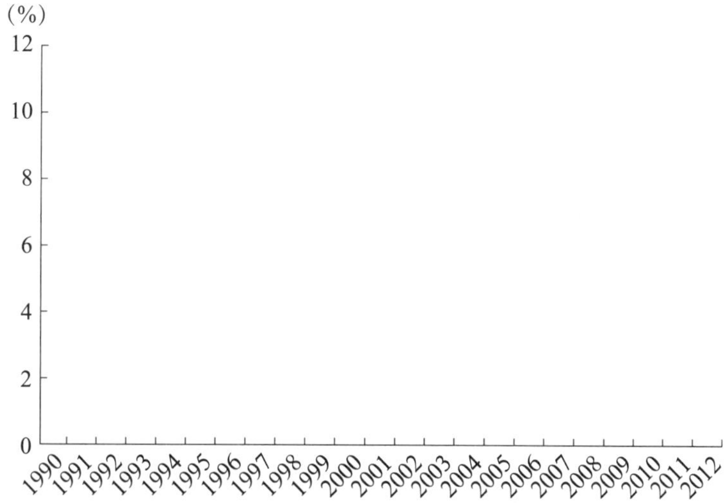

图 7-1

◇经济学释义

失业的定义

从经济意义上说，失业不仅指没有工作，还必须处于积极寻找工作中。也就是说，失业由以下几个要素组成：(1) 过去四周中在积极寻找工作；(2) 被解聘之后，正等待被召回；(3) 正等待参加新工作，该新工作将在四周之内开始。

那些还没有工作且不积极寻找工作的人没有被当作劳动力的一部分；他们既不是失业者，也不是就业者。这一点很重要，因为它反映了这样一个事实：有些人没有工作，可能是因为他们认为自己不会被雇用，因此就放弃找工作了，这一部分人将不会被任何失业统计信息包括在内。这些丧失信心的工人体现了一个非常真实的社会问题——他们根本没有被失业信息统计在内。

◇技术回顾

权　重

为了构建能提供多样化总体信息的统计量，很有必要对总体中不同群体之间的差别进行说明。因为这些群体一般来说具有不同的规模，所以如果小规模群体的特征影响总体的程度比大规模群体小，统计就将很好地代表总体。加权——将统计数据乘以每个群体所占总体的比例——保证了上述假设是一个有效方式。

例如，假设在我们的社会中有两组人，他们分别有不同的睡眠习惯。A 组的人一晚上平均睡眠 4 小时；B 组的人一晚上平均睡眠 10 小时。如果 A 组中有 10 人，B 组中有 40 人，那么平均睡眠时间就是 (10/50)×4+(40/50)×10，即 8.8 小时。

将每组统计数据乘以该组所占的比例，然后将这些数据加总起来，得到的结果就叫作**加权平均**（weighted average）。

◇填空题

1. 失业不仅仅指没有工作。没被雇用的人必须被算在________（必须正在积极寻找工作或者在等待开始新工作）中 。
2. 失业津贴的上升将使自然失业率________。
3. 失业________描述了平均意义上的失业后备军水池的流入量。
4. 失业________描述了一个人仍然处于失业后备军中的平均时间长短。
5. ________是指流入和流出劳动力水池的均衡水平。
6. 如果高失业率倾向于提高自然失业率，这将是________。

◇判断题

T F 1. 失业率是一个流量。
（见第 3 章的“经济学释义”，复习一下流量和存量概念。）

T F 2. 只要某个人长大到能够参加工作，他就可以被当作劳动力的一部分。

T F 3. 公众可以在其生命周期内移入和移出劳动力范围。

T F 4. 失业的效应主要是分配方面的。

T F 5. 最优失业率应该是零。

T F 6. 失业津贴的增加会提高平均的失业持续时间。

T F 7. 自然失业率不能被政府政策所改变。

◇选择题

1. 当经济处于充分就业状态时，下列哪一个会存在？
   a. 周期性失业　　b. 摩擦性失业
   c. 两者都存在　　d. 两者都不存在
2. 失业津贴容许/产生________。
   a. 更长的失业搜寻期　　b. 更大的就业稳定性
   c. 两者都有　　d. 两者都没有
3. 如果厂商提供的工资低于________，失业人员会拒绝参加工作。
   a. 替代率　　b. 保留工资
   c. 经验评级　　d. 生活费用的调整（COLA）
4. ________比率指失业时税后收入数量比就业时税后收入数量。

a. 替代率
b. 牺牲率
c. 受益
d. 指数化

5. 当前的自然失业率估计为以下哪一个？
a. 0
b. 2%～3%
c. 5%～6%
d. 8% ～ 9%

◇概念题

1. 指出一个人加入失业后备军的四种方式。
2. 指出一个人脱离失业后备军的三种方式。
3. 失业有哪些成本？
4. 因为失业保险允许人们较以前花更多的时间寻找工作，所以失业保险能提高自然失业率。决策者应该关心该问题吗？请加以解释。
5. 零失业率应该成为一个目标吗？为什么？

◇技术题

1. 假设自然失业率对于成年人来说是5%，对于青少年来说是10%。如果青少年占劳动力总数的40%（成年人占60%），劳动力的整体失业率是多少？
   如果青少年占劳动力总数的60%（成年人占40%），劳动力的整体失业率将如何变化？此时充分就业时的（潜在）产出水平较以前会如何变化？
2. 假设在某月，每100人中有4人离开他们的工作。其中，2人保持1个月不工作，1人保持3个月不工作，最后一个人保持12个月不工作（但仍然属于劳动力范围），此时平均的失业期是多少？失业率是多少？（提示：在计算失业率时，你需要计算在某月中每100人中有多少人是失业的。）

第 8 章 通货膨胀

本章要点

- 在本章，我们研究通货膨胀的成本。
- 预期通货膨胀的成本非常小，至少在工业化国家中，其成本是中等程度的损失。
- 未预期到的通货膨胀的成本可能相当大，主要是分配性损失。

本章概要

1. 通货膨胀的成本

通货膨胀也有成本。中等程度的**完全预期到的通货膨胀**（perfectly anticipated inflation）（通货膨胀率与人们预期的相比不是太高，也不是太低）的成本很小。当通货膨胀很高时，货币价值将会下降得很快，因此持有货币的成本会上升。名义价格变化也会有小的成本，例如重印标识或菜单上的价格。这就是菜单成本，但是当通货膨胀水平较低时，这个成本是很小的。

因为在进行合同谈判时心中会带有一个预期的通货膨胀率水平（π^e），所以**不能完全预期到的通货膨胀**（imperfectly anticipated inflation）有更多的成本代价。比如，一个银行家贷出一笔名义利率为5%的贷款时，期望收到（$5\%-\pi^e$）的收益（以前学过，实际利率等于名义利率与通货膨胀率之差）。借入这笔贷款的学生预期会付出实际利率（$5\%-\pi^e$）。如果通货膨胀率比他们期望的高，银行会收到比预期低的实际利率。学生会支付比预期低的实际利率。简而言之，学生赚，银行亏。如果通货膨胀率比预期的低，则结果正好相反，也就是实际利率将会比任何人预期的更高，债权人将受益，债务人将受损。

未预期到的通货膨胀的效应主要是分配效应，并且对名义价格固定的资产发生作用。显然，这是一个极为重要的影响，因为它可以摧毁人们一辈子储蓄的购买力，而这种储蓄本来是用作退休消费的。

2. 通货膨胀与指数化：防止通货膨胀影响的经济

未预期到的通货膨胀重新分配收入的方式主要是通过借贷和工资合同。为了克服用名义量计算时带来的对未来通货膨胀水平的担心，我们可以采用将它们指数化的方法——将它们的支付与通货膨胀率挂钩。例如，工资合同可以包括生活费用自动调整条款，也就是 COLA 条款，它将名义工资与 CPI 联系起来。有些国家的通货膨胀率又高又有不确定性，政府一般发行**指数化债务**（indexed debt）。当利息或本金都根据通货膨胀调整时，债券就指数化了。

面对未来通货膨胀的不确定性，一种新的金融工具应运而生：**可调节利率抵押贷款**（adjustable rate mortgage，ARM）。这是一项长期贷款，其利率比照现行短期利率的变化而定期调整（比如每年）。就名义利率基本反映了通货膨胀趋势而言，可调节利率抵押贷款削弱了通货膨胀对融资购房的长期实际成本的影响。

当然，CPI 不是通货膨胀的一个完美度量，通过将工资及利率与 CPI 进行绑定，这只是将一种不确定性替换为另一种不确定性。指数化也使经济更难适应供给冲击，因为它阻止了实际工资上升或者下降。指数化只是在那些通货膨胀率极高的国家广泛使用。

3. 轻微通货膨胀对经济有好处吗?

一些经济学家认为轻微通货膨胀对经济是有利的，因为它提供了一种当必要时降低实际工资的机制，同时又不需要工资谈判。但这是有争议的，因为这违背了传统的观点——零通货膨胀率是最优的通货膨胀率水平。

◇关键术语

可调节利率抵押贷款（ARM）
不能完全预期到的通货膨胀
指数化债券
完全预期到的通货膨胀
生活费用调整（COLA）
指数化
菜单成本

◇绘　图

我们知道，实际利率等于名义利率减去通货膨胀率。在表 8－1 中，你要计算出美国 1992—2012 年的实际利率，并在图 8－1 中将实际利率与名义利率进行比较。

表 8－1

年份	名义利率（%）	通货膨胀率（%）	实际利率（%）
1992	3.4	3.0	0.4
1993	3.0	3.0	
1994	4.3	2.6	

续前表

年份	名义利率（%）	通货膨胀率（%）	实际利率（%）
1995	5.5	2.8	
1996	5.0	3.0	
1997	5.1	2.3	
1998	4.8	1.6	
1999	4.6	2.2	
2000	5.8	3.4	
2001	3.4	2.8	
2002	1.6	1.6	
2003	1.0	2.3	
2004	1.4	2.7	
2005	3.2	3.4	
2006	4.7	3.2	
2007	4.4	2.8	
2008	1.4	3.8	
2009	0.2	−0.3	
2010	0.1	1.7	
2011	0.1	3.1	
2012	0.1	2.1	

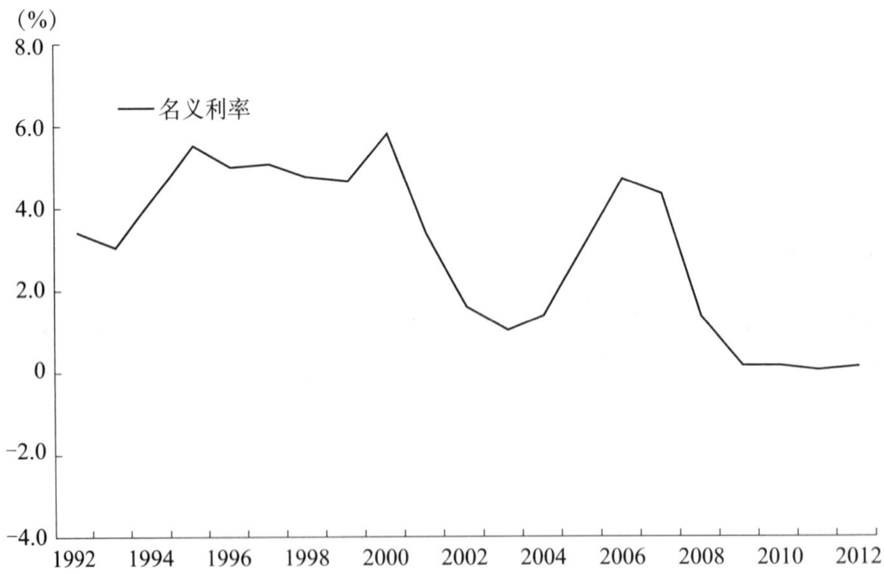

图 8-1

◇填字游戏

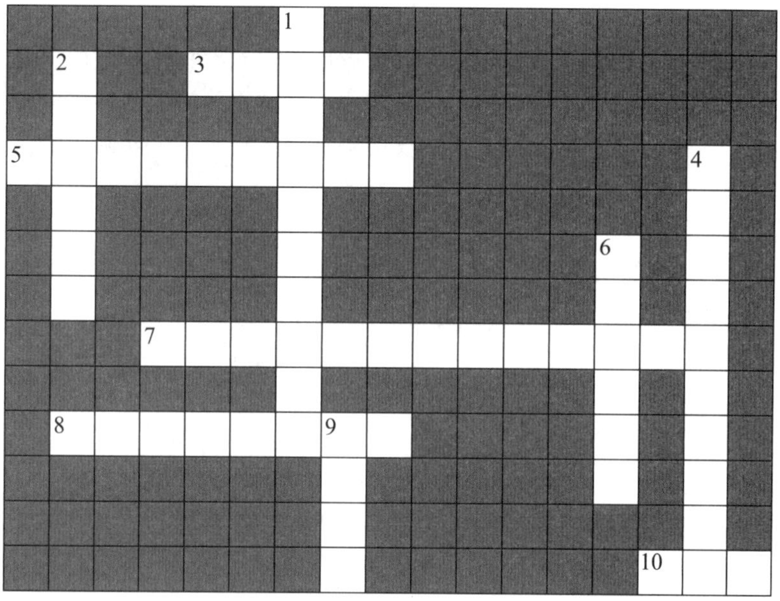

横

3. 完全预期到的通货膨胀导致的一种成本
5. 当通货膨胀高于预期时的受益群体
7. 未预期到的通货膨胀导致的一种财富效应
8. 当通货膨胀很高时持有货币的成本很高
10. 基于短期利率指数化的长期贷款的首字母缩写词

竖

1. 将名义工资与价格水平和通货膨胀率绑定
2. 指数化也很难将经济调整到这些
4. 与经常到访银行相关的通货膨胀成本
6. 当通货膨胀高于预期时遭受损失
9. 与工资指数化相关的首字母缩写词

◇填空题

1. 通货膨胀率的未预期到的上升使________受益，使________受损。
2. 通货膨胀率的预期增加会伤害持有________的公众。
3. 通货膨胀是________的百分比变化。
4. 当通货膨胀很高时，对此难以预测的政府会发行________。
5. 预期到的通货膨胀成本非常________，而未预期到的通货膨胀的成本可能会非常________。
6. 未预期到的通货膨胀成本主要是________——这会出现大赢家和大输家。

◇判断题

T F 1. 未预期到的通货膨胀的效应主要是分配方面的。

T F 2. 轻微（个位数）的预期到的通货膨胀影响不大。

T　F　3. 严重（三位数或四位数）的预期到的通货膨胀的代价十分严重。

T　F　4. 高通货膨胀使持有货币的成本降低。

T　F　5. 指数化债务必须有可调节的利率。

T　F　6. 美国通货膨胀的不确定性导致了近期固定利率抵押贷款的上升。

T　F　7. 工资指数化要求工资相对价格变化，会加重经济应对冲击调整的难度。

T　F　8. 企业针对通货膨胀，能通过仅调整部分工资来降低实际工资。

◇选择题

1. 预期到的通货膨胀会怎样转移财富？
   a. 从贷款人向借款人　　b. 从借款人向贷款人
   c. 从穷人向富人　　d. 以上都不对
2. 未预期到的通货膨胀会怎样转移财富？
   a. 从贷款人向借款人　　b. 从借款人向贷款人
   c. 从穷人向富人　　d. 以上都不对
3. 最应该在处于什么状态的国家中对工资和价格实施指数化？
   a. 高通货膨胀　　b. 低通货膨胀
   c. 两者都正确　　d. 两者都不正确
4. 哪类通货膨胀的成本主要为分配性的？
   a. 高通货膨胀　　b. 低通货膨胀
   c. 预期到的通货膨胀　　d. 未预期到的通货膨胀
5. 持有下列哪项的成本会随通货膨胀而上升？
   a. 有薪酬的工作　　b. 现金
   c. 债券　　d. 股票
6. 下列哪项属于生活费用调整条款的例子？
   a. 住房指数化　　b. 长期贷款
   c. 工资指数化　　d. 通货膨胀的成本

◇概念题

零通货膨胀应该成为政策目标吗？证明你的结论。

第 9 章 政策预览

本章要点

- 本章提供了一个关于中央银行依据泰勒规则进行政策制定的概览。

本章概要

1. 关于政策实践的一个媒体水平的观点

为了理解政策制定的五个基本要素，我们需要找出政策制定的“谁、什么、为什么、何时和怎么样”。

在美国，货币政策的“谁”指的是美联储。它改变关键利率（“什么”）来影响经济中的消费和投资。它的目标（“为什么”）就是保持低通货膨胀水平以及使产出稳定在趋势进程周围。美联储有一个拥有 12 名成员的委员会，联邦公开市场委员会，该委员会每六周（“何时”）召开一次会议来决定是否应该改变关键利率。会后，美联储会买入（卖出）美国国库券来降低（提高）利率。国库券的买入和卖出就是货币政策的“怎么样”。

2. 作为规则的政策

美联储通过以下规则（称为泰勒规则）设定关键利率，即联邦基金利率：

$$i_t = r^* + \pi_t + \alpha(\pi_t - \pi^*) + \beta\left[100\% \times \frac{Y_t - Y_t^*}{Y_t^*}\right]$$

其中，r^* 表示均衡的或自然的实际利率，这与自然失业率相对应。通货膨胀率为 π_t，$\pi_t - \pi^*$ 表明当前通货膨胀相对于其目标水平有多高或低。它还表明当前经济的通货膨胀压力。

最后，$\frac{Y_t - Y_t^*}{Y_t^*}$是产出缺口项，表明当期 Y_t 偏离潜在产出水平 Y_t^* 的程度（以百分比表示）。这两项作为经济压力的指标会影响联邦基金利率的升降。

3. 利率与总需求

利率通过影响借款成本来影响经济中的投资。对于如何影响消费，可以有两种方式。首先，它可以改变未来消费的机会成本。其次，正如投资的情形一样，如果消费者需要借款购买商品，它可以影响借款成本，进而影响消费。高利率将导致低投资和低消费，从而导致更低的总需求。美联储通过减少货币供给来提高利率，通过增加货币供给来降低利率。注意，货币供给减少也将会导致物价降低。

4. 计算如何达到政策目标

为了达到政策目标，有两种类型的控制-反馈系统——开放环路或者封闭环路。开放环路控制系统将控制变量设定在某个水平上，该水平可以最优地实现政策目标，从此以后不会根据反馈进行调整。封闭环路控制系统允许控制调整，该调整依据当前的控制在达到目标方面令人满意的程度。因此，如果美联储试图控制利率以达到通货膨胀目标水平，它最有可能采用封闭环路系统。这样的话，如果美联储打算通过提高利率来使通货膨胀率下降几个百分点，且真正效果并非很成功，那么它就会再次提高利率。

◇关键术语

联邦基金利率	泰勒规则
通货膨胀目标	联邦公开市场委员会（FOMC）

◇绘　图

图 9－1 提供给你关于在过去的 15 年里美国联邦基金利率与零通货膨胀及产出缺口的假设情景的比较。表 9－1 提供了从 1998 年到 2012 年美国的联邦基金利率和通货膨胀率的数据。假设实际利率为 2%。将联邦基金利率与通货膨胀率绘制在图 9－1中。两者之间的差距可以解释为经济压力对联邦基金利率的影响。

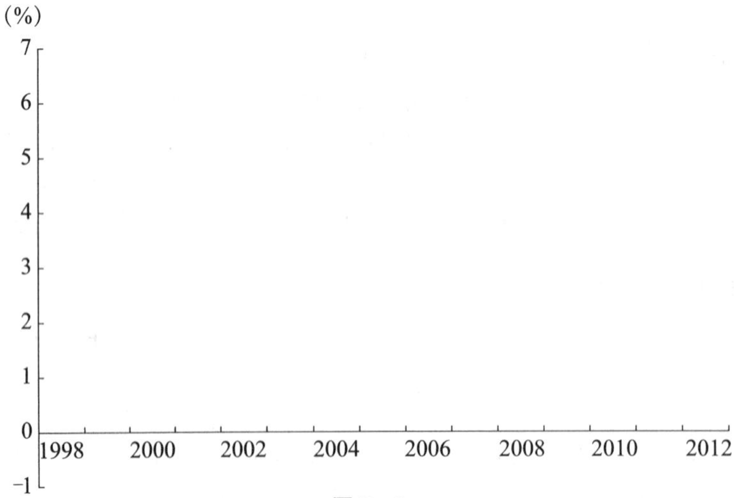

图 9－1

表 9-1

年份	联邦基金利率（%）	通货膨胀率（%）
1998	5.4	1.5
1999	5.0	2.2
2000	6.2	3.4
2001	3.9	2.8
2002	1.7	1.6
2003	1.1	2.3
2004	1.3	2.7
2005	3.2	3.4
2006	5.0	3.2
2007	5.0	2.9
2008	1.9	3.8
2009	0.2	−0.3
2010	0.2	1.6
2011	0.1	3.1
2012	0.1	2.1

◇经济学释义

通货膨胀目标制

通货膨胀目标制是一些国家中央银行制定的货币政策的一个特定形式。中央银行只关心是否达到某个通货膨胀目标，而不去试图稳定产出。一般来说，通货膨胀的目标利率是相当低的，为每年2%～3%，严谨地说，$\beta=0$。一些重要的执行通货膨胀目标制的中央银行有新西兰银行、英格兰银行和加拿大银行。美联储不是太明确地执行通货膨胀目标制，尽管原主席伯南克主张使用通货膨胀目标制。

◇技术回顾

计算缺口

你可能已听说过产出缺口这个概念，即实际产出和潜在产出之差。宏观经济学中有许多这样的缺口，比如通货膨胀缺口、实际利率缺口、就业缺口等。缺口被定义为一个变量与其目标水平差距的百分比。第一步是确认是否问题中的变量已经表示为百分比形式。如果是的话，比如通货膨胀率，缺口就相当容易计算。假设 x_t 表示变量的百分比形式，x_t^* 为它的目标水平，也是百分比形式，那么变量 x 的缺口 x_t^g 就为 $x_t-x_t^*$。

然而，如果变量不是以比率形式表示，而是像GDP一样的水平值形式，那么你就需要计算变量（x_t）的实际值与其潜在水平（x_t^*）的差，然后将该差表示成潜在水平的百分

比形式。在该例中缺口（x_t^g）的计算公式为

$$x_t^g = \left[\frac{x_t - x_t^*}{x_t^*}\right] \times 100\%$$

◇填空题

1. 美联储通过改变________来控制经济。
2. 美联储遵循的货币政策规则是________。
3. 美联储的目标是稳定________以及________。
4. 利率的下降将会________耐用品的消费。
5. 美联储通过________货币供给来降低利率。

◇判断题

T　F　1. 在长期，美联储不能控制产出。
T　F　2. 泰勒规则是美国在任何情形下都不得不遵循的一个法定规则。
T　F　3. 利率的上升会增加投资。
T　F　4. 利率的上升会使价格水平上升。
T　F　5. 适度的政策调整是基于对政策调整不确定性效果的反应。

◇选择题

1. 美国的关键利率是什么？
   a. 银行贷款利率　　b. 贴现率
   c. 联邦基金利率　　d. 通货膨胀率
2. 下列哪一个不是泰勒规则的一部分？
   a. 货币供给　　b. 实际利率
   c. 通货膨胀　　d. 产出缺口
3. 总需求和利率的关系是________。
   a. 正　　b. 负
   c. 零　　d. 不确定
4. 稳定________不是最优的。
   a. GDP　　b. 实际利率
   c. 通货膨胀　　d. 失业
5. 在长期，美联储只能控制________。
   a. GDP　　b. 实际利率
   c. 通货膨胀　　d. 失业

◇概念题

你赞成在泰勒规则中将稳定通货膨胀的权重设置得比稳定产出的权重更高或更低吗？为什么？

第 10 章 收入与支出

本章要点

- 本章详细介绍：通过考察收入和支出之间的关系，了解商品市场的变化是如何影响总需求的变化的。也就是说，我们使用基本的国民收入恒等式 $Y=C+I+G+NX$ 来分析消费的变化如何影响产出。我们将消费和收入都看作是内生变量。
- 基本结论：自发性支出增加一单位，最终将使产出增加超过一单位。

本章概要

1. 总需求与均衡产出

基本的国民收入核算恒等式 $Y=C+I+G$ 表明：产出的实际水平总是等于所有不同来源的总需求之和。（注意，此处我们忽略净出口；在第 13 章中，我们会将净出口等因素加入模型中进行分析。）不过，很容易想象一种情形：计划产出水平不同于计划消费、投资、政府支出之和。在该种情形中，商品市场不处于均衡之中——产出数量不等于需求数量。此时非计划存货存在，并且发生变化。

这些非计划存货数量的变化会引起厂商增加或减少它们的生产，进而相应地使产出水平上升或下降，最终产出等于需求总量，即商品市场重新回到均衡状态。

2. 消费函数与总需求

收入增加导致消费增加。这个关系可以由如下消费函数进行描述：

$$C=\overline{C}+cY$$

其中，c 是一个 0 到 1 之间的数；$\overline{C}$ 为自发性消费，为正。

每增加一美元收入，消费增加的部分就是 c，它被称为**边际消费倾向**（marginal propensity to consume，*mpc*）；相应地，储蓄增加的部分就是（$1-c$），被称为**边际储蓄倾向**（marginal propensity to save，*mps*）。这两个倾向都小于 1；这意味着增加的消费或者储蓄都不能超过其增加的收入。当收入是零时消费 $\overline{C}$ 为正，因为人们不仅利用收入进行消费，还利用自己具有的财富进行消费。

因为储蓄（$Y-C$）就是收入和消费的差，所以对消费和储蓄不能独立地进行考察。一个特定的消费函数就意味着一个特定的储蓄函数。

如果我们将政府部门也加入该模型中来，这会使个人缴税（TA）并且得到转移支付（TR），此时消费函数会有轻微变动：

$$C=\overline{C}+c(Y-\overline{TA}+\overline{TR})$$

此时消费取决于可支配或税后收入（YD）。如果我们假设投资和政府支出外生给定，就可以将总需求写成如下形式：

$$AD=C+\overline{I}+\overline{G}=\overline{C}+c(Y-\overline{TA}+\overline{TR})+\overline{I}+\overline{G}$$

定义 $\overline{A}=\overline{C}+\overline{I}+\overline{G}-c(\overline{TA}-\overline{TR})$，简化为：

$$AD=\overline{A}+cY$$

通过加入条件 $Y=AD$，我们就可以找到商品市场处于均衡状态时的产出水平（Y_0）。这可以用图形来完成，如图 10-1 所示，即为直线 $Y=AD$ 和直线 $AD=\overline{A}+cY$ 的交点。这也可以通过代数方法完成，求解方程 $Y_0=AD=\overline{A}+cY_0$，得到 $Y_0=\frac{1}{1-c}\overline{A}$。

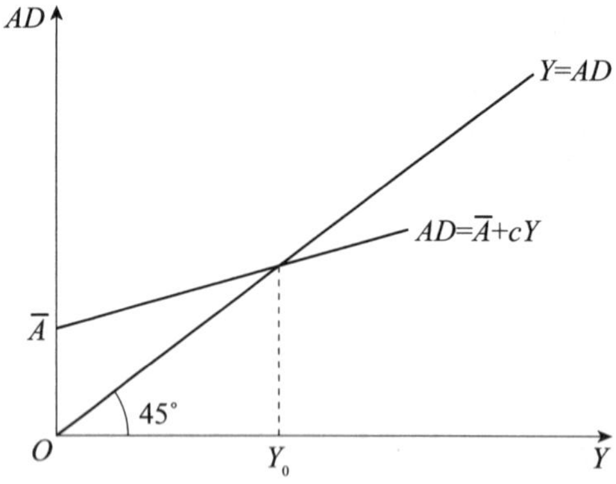

当产出数量等于需求数量，即$Y=AD$时，商品市场处于均衡状态。

图 10-1　商品市场均衡图

我们也可以通过使总储蓄（政府储蓄+个人储蓄）等于计划投资来得到结果。$(\overline{TA}-\overline{TR}-\overline{G})+S=\overline{I}$，其中 $S=Y-C$。

3. 乘数

当自发性支出（$\overline{A}$）增加 1 美元时，一般来说，GDP 会增加超过 1 美元。

让我们继续追踪这 1 美元的支出。它所做的第一件事就是为生产该商品、销售该商品以及为该商品服务的人带来了 1 美元额外的收入。一旦这 1 美元进入这些人的口袋，c 部分将会被花掉，$1-c$ 部分将会被储蓄起来，因此又会有 $c\times1$ 美元被花掉。待 $c\times1$ 美元成为其他人的收入后，其他人又会花掉（$c\times c\times1$），这又会成为另一些其他人的收入。

这个过程反复循环，最终 1 美元的支出将会增加的总收入（或产出）为 $(1+c+c^2+c^3+\cdots)\times1$ 美元，即 $[1/(1-c)]\times1$ 美元，因为**无穷几何数列**（infinite geometric series）$(1+c+c^2+c^3+\cdots)$ 在 $c<1$ 时可以写成 $1/(1-c)$。（见本章的“技术回顾”。）

我们称 $1/(1-c)$ 为**乘数**（multiplier），因为它描述了当有初始 1 美元支出且不断地迭代下去时，最终收入的增加就为该 1 美元乘以 $1/(1-c)$。注意，mpc（变量 c）的增加会使该乘数变大。

4. 政府部门

在该节中，我们将政府部门设置得更复杂。我们假定政府收取一定比例的所得税。每个人将收入的 t 部分以税收形式交给政府，自己留下 $1-t$。所以此时可支配收入变为 $(Y+TR-tY)$。消费函数变为：

$$C=\bar{C}+cTR+c(1-t)Y$$

乘数变为：

$$\alpha_G=\frac{1}{1-c(1-t)}$$

由于这会使乘数变小，自发性支出的冲击对产出和失业的影响变小了，因此所得税被当作自动稳定器。由于转移支付初始增加的总需求只有 $c\,\overline{TR}$（一部分被储蓄起来），所以转移支付乘数较小，只有 $c\alpha_G$。

5. 预算

政府**预算盈余**（budget surplus，BS）被定义为政府的货币收入减去其货币支出：

$$BS=\overline{TA}-\overline{TR}-\bar{G}$$

正如在前面一节中所分析的那样，当收入税固定时，政府财政盈余会通过两种渠道发生变化：一种是政府政策（G，t，TR）的变化，一种是产出水平的变化。因此在经济萧条、产出下降时期，当看到财政预算盈余减小（或者是一个更大的负数）时，不应该感到惊讶。

当财政预算盈余为负时，称为财政**预算赤字**（budget deficit）。

6. 充分就业的预算盈余

充分就业预算盈余（full-employment budget surplus，BS^*）是当经济处于充分就业状态时对财政预算盈余的一个度量。它只对政府政策的变化做出反应，不受产出缺口变化的影响。因此，它可以被当作财政政策的指标。例如，充分就业预算赤字表明财政政策是扩张性的，能增加产出。

◇关键术语

总需求	均衡产出水平	消费函数
边际消费倾向	预算约束	边际储蓄倾向
可支配收入	乘数	财政政策

自动稳定器　　　　　　　　平衡预算乘数　　　　　　　　预算盈余/赤字

充分就业预算盈余

◇绘　图

本绘图题让你证实如下命题：边际消费倾向的上升会增加乘数，因此给定自发性支出（$\overline{A}$）的变化会使 GDP 变化更大。

图 10-2 提供给你两条具有不同 *mpc* 的 *AD* 曲线，还有一条代表商品市场均衡（$Y=AD$）的 45°直线。你的任务就是将这两条 *AD* 曲线分别向上移动固定数量 $\Delta\overline{A}$，然后比较这种移动带来的产出水平的变化效应。

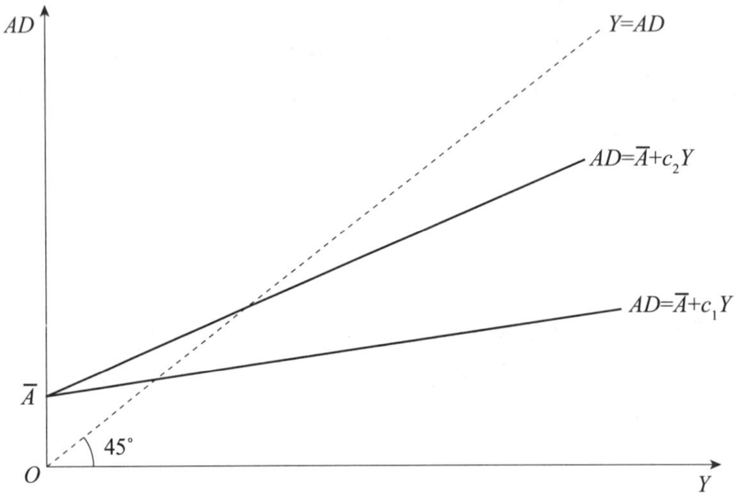

图 10-2

较陡曲线——具有较高 *mpc* 的曲线的改变所引起的产出水平的改变应该比较平缓曲线的改变所引起的产出水平的改变更大。记住：将这两条曲线向上移动相同的数量，否则，便会出现错误。在操作时尽量做出一个大的移动，这样结果会更明显。

◇经济学释义

自发性支出

自发性支出是外生决定的支出——它不受模型中其他变量的影响。在本章中，这意味着它必须独立于收入。在下一章中，我们可以发现它也必须独立于利率。

即使一个变量本身是内生决定的——本章模型中的消费就是一个例子，它也可以有一个外生的或者自发性的组成部分。

◇技术回顾

几何无穷级数

这一节解释几何无穷级数的求解问题。几何无穷级数的和的形式为：

$$S = 1 + c + c^2 + c^3 + c^4 + \cdots$$

其中，c 的指数将一直增加下去。

假设 c 是一个介于 0 与 1 之间的数，那么可以很容易地进行求和。首先对上式两边同时乘以 c，得到：

$$cS = c + c^2 + c^3 + c^4 + c^5 + \cdots$$

然后将第一个等式减去等二个等式，得到：

$$S - cS = 1 + (c - c) + (c^2 - c^2) + (c^3 - c^3) + \cdots$$

经过一系列化简，可以得到：

$$S - cS = 1 + 0 + 0 + 0 + \cdots = 1$$

$$S(1 - c) = 1$$

或者，

$$S = 1/(1 - c)$$

在以下习题中，我们引入政府部门但是不引入外国部门。

◇填字游戏

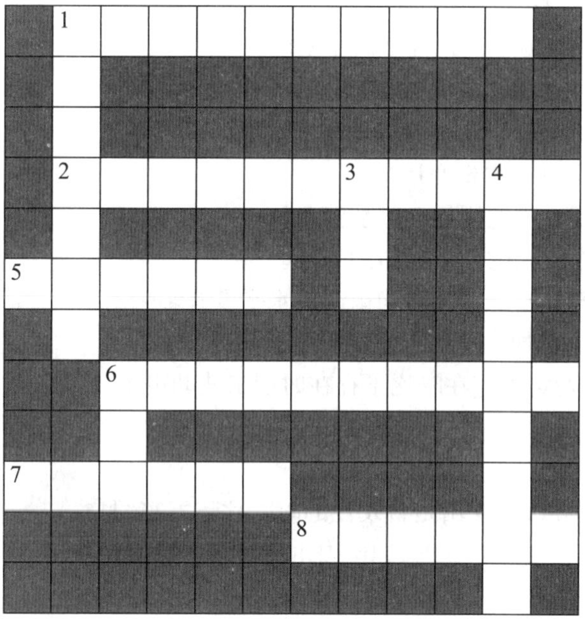

横

1. 税后收入，转移支付
2. 当 $AD \neq Y$ 时，它们会变化
5. 政策，税收和支出是________工具
6. 自发性支出增加 1 美元引起的 GDP 的增加
7. 税收类型，是一个自动稳定器
8. 商品市场均衡条件：$AD=$________

竖

1. 负的预算盈余
3. 平衡预算乘数的值
4. 在本章中，I、G 和 NX 等变量是________变量
6. 消费函数的斜率

◇填空题

1. 当计划支出和实际支出相等时，商品市场处于________。
2. 在本章的总需求模型中，消费是一个________变量。
3. 收入增加 1 美元将会导致消费增加 1 美元乘以________。
4. 在本章中消费被假定为________的函数。
5. 当商品市场不均衡时，就会有________的非意愿变化。
6. 边际消费倾向与________之和为 1。
7. 政府支出与税收之差被称为________。
8. ________，就像失业保险一样，可以在没有政府干预的情况下减少冲击对经济的影响。
9. 如果经济处于充分就业状态，税收和政府支出之差被称为________。
10. 平衡预算乘数总是等于________。

◇判断题

T　F　1. 增加所得税会增加 GDP。

T　F　2. 边际消费倾向的增加会减少 GDP。

T　F　3. *mpc* 的增加会减少储蓄。

T　F　4. *mpc* 的增加会增加投资的均衡水平。

T　F　5. *mpc* 是一个内生变量。

T　F　6. 可支配收入的增加会增加消费。

T　F　7. 可支配收入的增加会增加 *mpc*。

T　F　8. 自发性支出的增加对均衡产出水平没有影响。

T　F　9. *mpc* 的增加会增加自发性支出。

T　F　10. 自动稳定器存在时比不存在时产出波动更小。

◇选择题

1. 当我们说投资和政府支出是自发性的时，意味着它们是________。
   a. 外生变量　　b. 内生变量
   c. 自动稳定器　　d. 以上均不是
2. 当总需求比产出更大时，有未计划到的________。
   a. 存货积累　　b. 存货减少
   c. 储蓄　　d. 消费
3. *mpc* 的增加会________乘数。
   a. 提高　　b. 降低
   c. 不影响　　d. 不确定
4. *mpc* 的增加会________*mps*（边际储蓄倾向）。
   a. 提高　　b. 降低
   c. 不影响　　d. 不确定

5. 征收所得税会________乘数。

a. 提高　　b. 降低

c. 不影响　　d. 不确定

6. 在没有所得税的经济中政府购买比在有所得税的经济中对产出有________的效应。

a. 更大　　b. 更小

c. 取决于税率　　d. 取决于 mpc

7. 如果 $mpc=0.8$ 且没有所得税，乘数是________。

a. 1　　b. 2

c. 5　　d. 10

8. 如果 $mpc=0.8$ 且没有所得税，转移支付的乘数效应是________。

a. 4　　b. 5

c. 6　　d. 8

9. 如果 $mpc=0.8$ 且每 1 美元的所得税为 0.375 美元，此时乘数是________。

a. 1　　b. 2

c. 5　　d. 10

10. 如果 $mpc=0.8$，对于每 1 美元收入征收 0.375 美元税收，政府购买增加 40 美元将会使税收________，使财政预算盈余________。

a. 增加 30 美元；上升　　b. 增加 30 美元；下降

c. 增加 80 美元；上升　　d. 增加 80 美元；下降

◇概念题

1. 哪一个可以使产出增加得更多：政府支出增加 100 万美元还是政府转移支付增加 100 万美元？为什么？

2. 在本章的总需求模型中，下列哪个变量是内生决定的，哪个变量是外生决定的？（见第 2 章的“经济学释义”以复习内生变量和外生变量。）

a）收入；

b）产出；

c）可支配收入；

d）消费；

e）投资；

f）自发性支出。

3. 为什么说政府预算赤字可能是财政政策的一个不好的度量指标？

4. 充分就业预算盈余在哪方面是财政政策的一个更好的度量指标？

◇技术题

1. 从下面的消费函数中找到储蓄函数。（注意：$S=Y-C$。）

$$C = C + cY$$

2. 考虑一个没有所得税的经济，此时 $mpc=0.9$。

a）当有自发性支出时，乘数（α_G）是多少？

b）如果政府支出增加 100 美元，产出将会增加多少？

c）如果政府转移支付增加 100 美元，产出将会增加多少？

3. 现在假设经济中有所得税，且 $t=1/3$。

a）现在的乘数（α_G）是多少？

b）如果政府支出增加 100 美元，产出将会增加多少？

c）这会如何影响政府预算盈余/赤字？

d）这会如何影响充分就业预算盈余？

第 11 章

货币、利息与收入

本章要点

- 本章介绍了短期宏观经济理论的核心——*IS-LM* 模型。
- 第 10 章的简单模型得到了扩展，将商品市场与货币市场的相互影响包含在内，二者共同且唯一地决定了利率及总需求曲线的位置。
- 投资和利率都成为内生变量：投资是利率的函数，利率则由商品市场和货币市场的均衡决定。

本章概要

1. 商品市场与 *IS* 曲线

本节介绍了 *IS* 曲线。*IS* 曲线显示了使商品市场处于均衡状态时的收入水平和利率的各个组合（$Y=AD$）。由于此时总需求取决于利率，因此商品市场与货币市场的均衡也取决于利率。我们设定一个投资函数，表示当利率上升时，投资水平下降。

投资函数如下所示：

$$I=\overline{I}-bi$$

其中，i 是实际利率，$\overline{I}$ 是表示**自发性投资**（autonomous investment）的常数，系数 b 衡量投资支出对利率变动的反应程度。

假设企业通过借贷获取投资资金，可以清楚地看出为何利率会影响企业的投资决策：

实际利率越高，贷款成本越高，投资机会的回报率越低。将投资函数代入总需求，此时总需求也取决于利率：

$$AD = (\bar{C} + cY) + (\bar{I} - bi) + \bar{G}$$

考虑税收和转移支付，

$$\begin{aligned} AD &= (\bar{C} + c[(1-t)Y + TR]) + (\bar{I} - bi) + \bar{G} \\ &= \bar{A} + c(1-t)Y - bi \end{aligned}$$

其中，$\bar{A} = \bar{C} + \bar{I} + \bar{G} + c\,\overline{TR}$。$\bar{A}$ 与前文相同，代表自发性支出。

我们仍然能够像第 10 章中那样通过 $Y = AD$ 确定商品市场处于均衡状态时的产出水平。唯一的不同之处在于，对每一个实际利率 i 都存在一个均衡。当实际利率变动时，可以得到不同均衡状态下 i 和 Y 的组合，从而得到 IS 曲线。图 11－1 描绘了这个过程。同时，它也可以被代数化，如下所示。

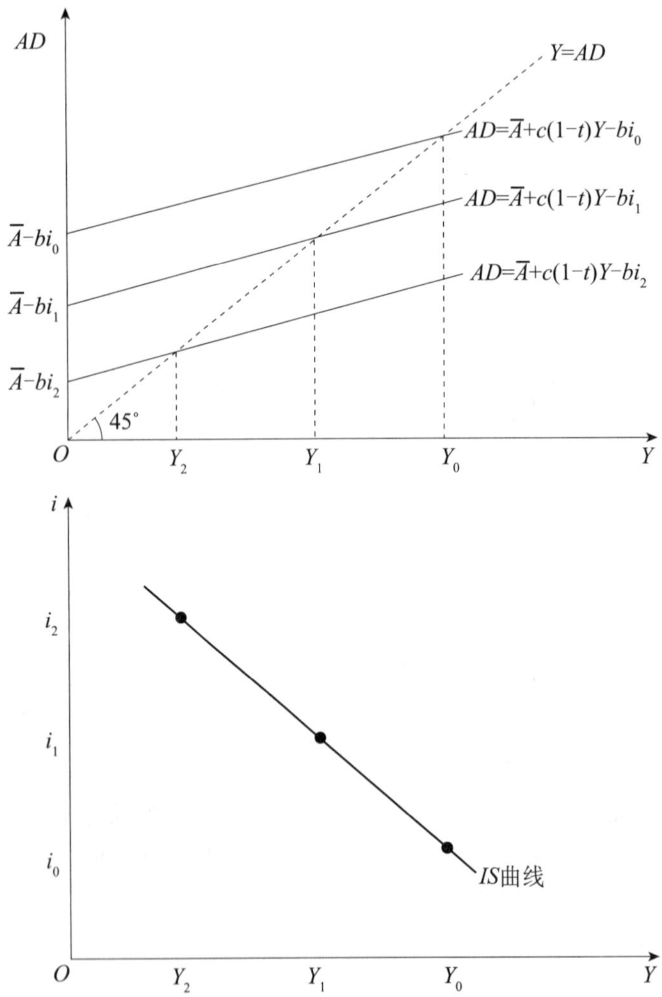

图 11－1　*IS* 曲线的推导

$$Y = \bar{A} + c(1-t)Y - bi$$

$$Y - c(1-t)Y = \bar{A} - bi$$

$$[1-c(1-t)]Y=\overline{A}-bi$$

或者

$$Y=\frac{1}{1-c(1-t)}(\overline{A}-bi)$$

该式表明，IS 曲线的斜率为负。注意到$\frac{1}{1-c(1-t)}$就是上一章中所讲到的乘数，乘数增大（边际消费倾向提高或税率下降）意味着 IS 曲线变得更加平坦。*

与第 10 章中自发性支出变化影响均衡产出相似，这里自发性支出变化将通过改变不同利率下的均衡产出水平来使 IS 曲线移动。自发性支出越高，IS 曲线越向外移动；自发性支出越低，则 IS 曲线越向内移动。

2. 货币市场与 LM 曲线

本节回顾了货币市场均衡的要求，并介绍了 LM 曲线——货币供给与货币需求相等时 i 与 Y 的各个组合（见图 11－2）。

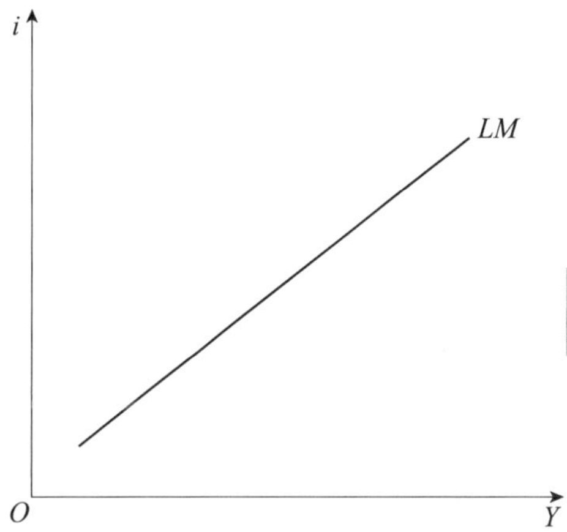

LM曲线显示了当实际货币余额市场达到均衡时所有的实际利率和产出的组合。

图 11－2　LM 曲线

当收入水平上升时，货币需求上升。当利率上升时，货币需求下降。前者的原因非常简单：当我们的收入提高时，我们需要持有更多货币来支付额外购买的商品。当利率下降时持有货币减少的原因则与持有货币的机会成本有关：当我们选择持有货币而不是将其作为生息资产时，我们就失去了获取利息的机会。当实际利率上升时，持有货币的成本上升，人们便会选择持有更少的货币。

货币需求函数如下所示：

$$L=kY-hi$$

其中，系数 k 和 h 分别反映了货币需求对收入和利率变动的反应的敏感程度。函数 L 代表了实际货币余额的需求。它并不表示名义货币余额需求，通货膨胀的影响被排除在外。

---

* IS 曲线的斜率为$-\left(\frac{1-c(1-t)}{b}\right)$或$-\frac{1}{b\alpha_G}$。

可以将 i 写作 Y 的函数进行计算（将利率而不是产出水平作为 Y 轴绘制 IS 曲线）。

实际余额的供给由两个因素决定：货币供给和物价水平。货币供给（M）由一国的中央银行决定（在美国就是联邦储备体系，或称"Fed"）。物价水平，正如我们已经学过的，在长期和短期均由总需求和总供给的变动决定。假设此时货币供给和物价水平不变，实际货币余额供给就处于 $\overline{M}/\overline{P}$ 的水平。

可将货币市场均衡（实际货币余额需求等于实际货币余额供给）写作：

$$\overline{M}/\overline{P}=kY-hi$$

表示成 i 的函数即得 LM 曲线：

$$i=\frac{1}{h}\left(kY-\frac{\overline{M}}{\overline{P}}\right)$$

注意到当系数 k 和 h 为正时，LM 曲线向上倾斜。

同时注意到实际货币余额（$\frac{\overline{M}}{\overline{P}}$）上升将使 LM 曲线向外移动，实际货币余额下降将使 LM 曲线向内移动。

当名义货币余额变动（货币供给变动）或物价水平变动时，实际货币余额都会变化。然而，由于 AD 曲线以 P 和 Y 为变量绘制，物价水平变动将引起沿着 AD 曲线的移动，而不是 AD 曲线的移动。

3. 商品市场与货币市场的均衡

IS 曲线和 LM 曲线相交时的产出水平和利率是唯一能使商品市场和货币市场同时达到均衡的产出和利率组合。

任何一条曲线的变动都将改变 Y 和 i 的均衡组合（见图 11－3）。

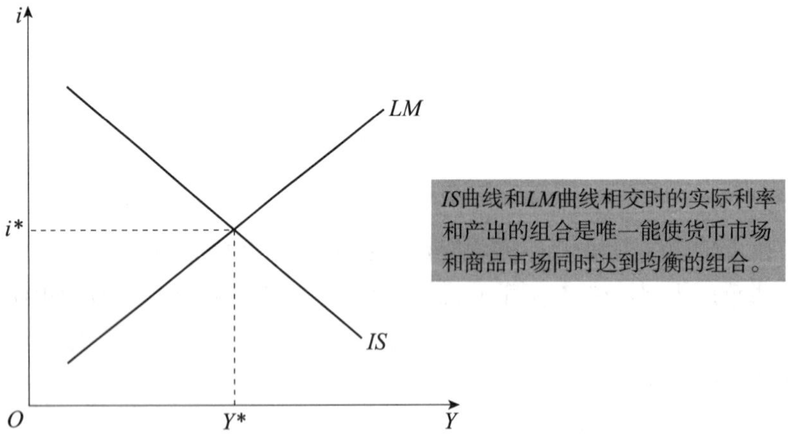

图 11－3　*IS-LM* 均衡

4. 总需求曲线的推导

本节通过改变价格水平并观察 IS-LM 均衡如何变动来推导总需求曲线。P 和 Y 的组合勾勒出向下倾斜的 AD 曲线。

本章后面的绘图题为你观察这个变化提供了机会。当改变价格水平生成 AD 曲线时，注意保持货币供给和自发性支出水平不变。任何这些变量的改变都将引起 AD 曲线的移动：如果使商品和货币市场达到均衡的收入水平下降，则曲线向内移动；如果收入水平上升，则曲线向外移动。

价格水平的变动只引起沿着 AD 曲线的移动。

5. *IS-LM* 模型的规范分析

由于 IS 曲线和 LM 曲线都由线性公式表示，因此可以用代数方法求解公式，得到均衡的产出和利率水平。

将 IS 曲线和 LM 曲线公式联立并解 Y 和 i 得：

$$Y=\frac{h\alpha_G}{h+kb\alpha_G}\overline{A}+\frac{b\alpha_G}{h+kb\alpha_G}\left(\frac{\overline{M}}{\overline{P}}\right)$$

和

$$i=\frac{k\alpha_G}{h+kb\alpha_G}\overline{A}-\frac{1}{h+kb\alpha_G}\left(\frac{\overline{M}}{\overline{P}}\right)$$

分式$\frac{h\alpha_G}{h+kb\alpha_G}$被称为**财政政策乘数**（fiscal policy multiplier），分式$\frac{b\alpha_G}{h+kb\alpha_G}$被称为**货币政策乘数**（monetary policy multiplier）。Y 的公式就是总需求曲线的公式。

◇关键术语

IS-LM 模型	*IS* 曲线	商品市场均衡曲线
LM 曲线	货币市场均衡曲线	实际货币余额
实际余额需求	中央银行	总需求曲线
财政政策乘数	货币政策乘数	

◇绘　图

总需求曲线描述了不同价格水平下的 *IS-LM* 模型的解。这道绘图题要求你表示出价格水平的变动为什么以及如何影响了总需求——例如，为什么总需求曲线向下倾斜。

图 11－4 画出了 *IS-LM* 图和总需求图。图中已经标出了 IS 曲线、P_1价格水平下的 LM 曲线以及均衡收入水平（Y_1^*），它们共同决定了 *IS-LM* 曲线图。我们在图 11－4 的下图 *AS-AD* 图中也标出了同样的收入和价格水平组合 Y_1^* 和 P_1，给出了 AD 曲线上的一个点。

你需要在图 11－4 的上图中再画出两条 LM 曲线——一条以高于 P_1的 P_2作为价格水平，一条以低于 P_1的 P_0作为价格水平，并标出由这两条曲线和 IS 曲线决定的均衡产出水平。

画出垂线，在总需求图中标出点（Y_0^*，P_0）和（Y_2^*，P_2），就得到了 AD 曲线。

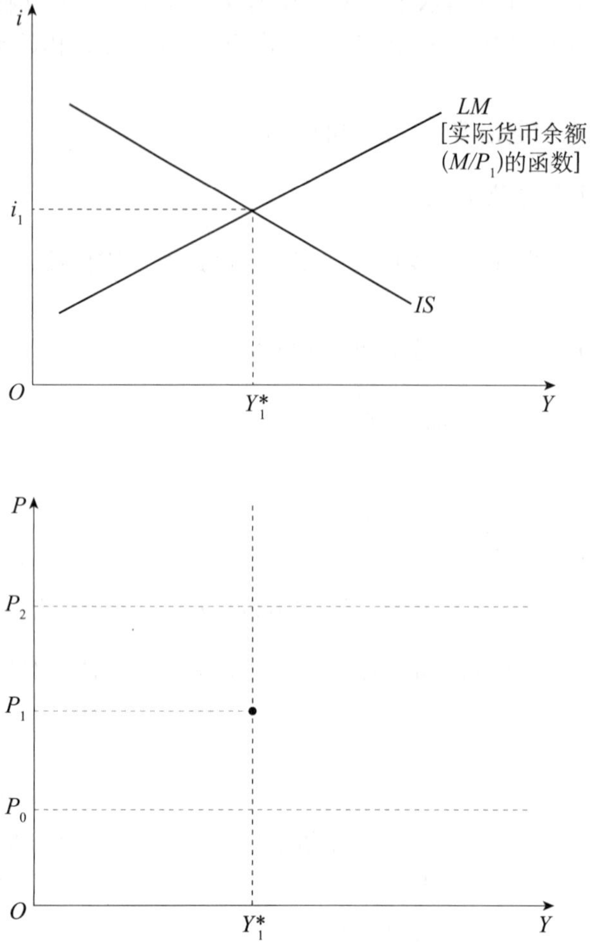

图 11－4　AD 曲线的推导

◇经济学释义

重新认识内生变量

当我们第一次区分内生变量和外生变量时，我们还没有接触两个方程的系统。为了确定在现在接触的更复杂的模型中仍然能够区分这两个概念，我们安排了这个简要的回顾。

你可能还记得，内生变量是在一个模型中被决定的变量。尤其是，一个模型包含的方程越多，它所包含的内生变量就可能越多——它能决定更多的变量。

考虑 *IS-LM* 模型：我们认为价格水平已知（外生给定），求解商品市场和货币市场同时达到均衡时的产出水平和实际利率。产出水平和实际利率是内生决定的，由模型中其他变量的变动决定。除非其他变量中的某一个发生变动，否则它们不会变动。

AS-AD 模型也是一样——价格水平和产出水平由政府支出水平、税收、货币供给决定。它们也由 *AS* 曲线的位置和斜率决定。有趣的是，沿 *AD* 曲线变动的利率也是内生决定的，如果不先改变其他外生变量的值就无法改变利率。消费和投资同样也是内生决

定的。

◇技术回顾

采用图形和代数方法求解两个方程系统

在第5章的技术回顾中，我们学习了如何画线性公式图，而在本章的技术回顾中，我们将讨论如何采用图形和代数方法求解两个线性公式。

考虑以下两个公式：

$$Y = aX + b \text{ 和 } X = -cY + d$$

如果我们要以图形表示这两个公式，我们就需要画出两条曲线，每个公式一条。在这个例子中，由于它们的斜率不同，我们将得到一条向上、一条向下的曲线，它们将保证相交。

用图形方法解这两个公式非常容易，我们只需找到两条曲线都通过的点，以及与该点相对应的 X 和 Y，这就是这两个公式的解。

用代数方法求解也并不复杂：我们假设（或要求）两个公式中 X 和 Y 的值相同。一旦这样假设，则可将 X 的值从一个公式代入另一个公式，并求解另一个变量。例如，可以写成：

$$Y = a(-cY + d) + b = -acY + ad + b$$

并如下求解：

$$Y + (ac)Y = ad + b$$

$$(1 + ac)Y = ad + b$$

$$Y = (ad + b)/(1 + ac)$$

然后将 Y 代入任一公式求 X：

$$X = -c[(ad + b)/(1 + ac)] + d$$

$$X = -c[(ad + b)/(1 + ac)] + d[(1 + ac)/(1 + ac)]$$

$$X = [(-cad - bc) + (d + cad)]/(1 + ac)$$

$$X = (d - bc)/(1 + ac)$$

当求定量解而不是定性解，即求具体数值而不是变量的变动方向时，代数方法尤其有用。

◇填字游戏

横

3. 本章的小节数
4. 政策，使 LM 曲线移动
8. 政策，使 IS 曲线移动
11. 变量类型，如 i 和 Y

纵

1. 银行，决定货币政策
2. IS 曲线表示均衡的市场
5. 变量类型，如 M 和 G
6. 由 IS-LM 均衡决定位置的曲线
7. 它的变动使 LM 曲线而非 IS 曲线移动
9. 与产出相同
10. LM 曲线表示均衡的市场

◇填空题

1. *IS* 曲线描述了________市场均衡时的产出和利率组合。
2. *IS* 曲线向下倾斜，因为当利率下降时，________上升。
3. 边际消费倾向上升及由此引起的乘数 *G* 上升将使 *IS* 曲线________。
4. *LM* 曲线描述了________市场均衡时的产出和利率组合。
5. *LM* 曲线向上倾斜，因为当人们的收入上升时，他们希望持有更多的________。货币需求上升使利率提高。
6. 如果货币需求对利率相对不敏感，*LM* 曲线将________。
7. 如果货币需求对利率很敏感，*LM* 曲线将接近________。
8. ________政策使 *IS* 曲线移动；________政策使 *LM* 曲线移动。
9. 利率和产出水平（假设价格水平不变）由货币市场和商品市场的________决定。
10. 当价格水平不变时，*IS-LM* 模型中均衡收入水平的变动将引起________曲线移动。

◇判断题

T　F　1. 价格水平变动将使 *IS* 曲线移动。

T　F　2. 对于给定的实际货币余额，沿 *LM* 曲线的利率和收入正相关。

T　F　3. 政府支出上升将使 *IS* 曲线向外移动（向上并向右）。

T　F　4. 货币供给上升将使 *LM* 曲线向外移动（向下并向右）。

T　F　5. 货币供给减少使投资上升。

T　F　6. 对给定的产出，当商品市场处于均衡时有不止一个利率。

T F 7. 对给定的产出，当货币市场处于均衡时有不止一个利率。

T F 8. 税率上升使乘数下降。

T F 9. *IS* 曲线的斜率不会受政策影响。

T F 10. 政府购买和转移支付的同等上升将会等量地使 *IS* 曲线移动。

◇选择题

1. 总需求中的哪个成分是货币市场和商品市场的主要关联？
   a. 消费　　b. 投资
   c. 政府支出　　d. 以上都不是
2. 下面哪个变量会使 *IS* 曲线移动？
   a. 价格水平　　b. 货币供给
   c. 政府支出　　d. 以上都不是
3. 税率变动将________。
   a. 使 *IS* 曲线移动　　b. 改变 *IS* 曲线的斜率
   c. a 和 b 都正确　　d. a 和 b 都不正确
4. 价格水平上升将________。
   a. 提高实际货币余额　　b. 降低实际货币余额
   c. 提高名义货币余额　　d. 降低名义货币余额
5. 下面哪个变量将使 *LM* 曲线移动？
   a. 价格水平　　b. 货币供给
   c. 实际货币余额　　d. 以上所有
6. 当价格水平固定时，低货币供给导致________。
   a. 高收入　　b. 高利率
   c. a 和 b 都正确　　d. a 和 b 都不正确
7. 边际消费倾向上升将________。
   a. 使 *IS* 曲线更陡峭　　b. 使 *IS* 曲线更平坦
   c. 使 *IS* 曲线外移　　d. 对 *IS* 曲线无影响
8. 当投资对利率很敏感时，将会有________。
   a. 陡峭的 *IS* 曲线　　b. 平坦的 *IS* 曲线
   c. 陡峭的 *LM* 曲线　　d. 平坦的 *LM* 曲线
9. 货币需求对利率变动越不敏感，货币存量上升就越会________。
   a. 提高总需求　　b. 降低利率
   c. a 和 b 都正确　　d. a 和 b 都不正确
10. 货币市场调整快意味着经济总是在________。
    a. *IS* 曲线上　　b. *LM* 曲线上
    c. a 和 b 都正确　　d. a 和 b 都不正确

◇概念题

1. 列出 AS-AD 模型中的所有内生变量。
2. IS-LM 模型和 AS-AD 模型如何相互关联？
3. 什么决定了 IS 曲线的斜率？在现存的比例所得税下它会更陡峭还是更平坦？
4. 什么决定了 LM 曲线的斜率？

◇技术题

1. 假设下面的公式描述了经济体系：

   $C=100+0.8(Y-\overline{T})$（消费）

   $I=200-1\ 000i$（投资）

   $L=\frac{1}{2}Y-7\ 000i$（实际货币余额需求）

   假设政府支出（G）为 550 美元，税收（T）为 500 美元，实际货币余额（M/P）为 900 美元。

   a）写出 IS 曲线公式。

   （提示：当商品市场处于均衡时，$Y=C+I+G$。）

   b）写出 LM 曲线公式。

   （提示：当货币市场处于均衡时，实际货币余额供给等于实际货币余额需求。）

   c）均衡产出（Y）是多少？实际利率（i）、消费（C）和投资（I）呢？

2. 假设政府征收比例税 ，从而使得：

   $C=100+0.8(Y-tY)$（消费）

   $I=200-1\ 000i$（投资）

   $L=\frac{1}{2}Y-7\ 000i$（实际货币余额需求）

   如果 $t=0.33$（征收 33%的税收），政府购买（G）为 700 美元，实际货币余额供给（M/P）为 500 美元，

   a）IS 曲线公式是什么？

   b）LM 曲线公式是什么？

   c）预算赤字的初始值是多少？

   d）为平衡赤字，货币供给需扩大多少？

   e）为什么说从保持赤字长期平衡来看，这是一个危险的措施？

第 12 章 货币政策与财政政策

本章要点

- 本章运用 *IS-LM* 模型研究应用财政政策和货币政策稳定经济的方式。我们发现货币政策和财政政策的有效程度取决于 *IS* 曲线和 *LM* 曲线的斜率。
- 一个经济中财政政策和货币政策的组合决定了产出的组成和总需求曲线的位置。

本章概要

1. 货币政策

中央银行通过**公开市场业务**（open market operations）——买入和卖出债券实施货币政策。当美联储卖出债券时，它减少了货币供给。人们将钱交给中央银行，这些钱退出了流通；作为回报，他们得到了一张不能花的纸。当美联储买入债券时，它提高了货币供给：人们用这些纸换回了钱。

货币供给的增加最初并没有影响人们的可支配收入或总需求中的自发性支出；它最初的效应是降低了利率。由于利率的降低使投资水平提高，而消费和政府支出没有减少，因此总需求上升。图 12 - 1 用 *IS-LM* 曲线展示了货币扩张的短期效应。

当 *LM* 曲线相对陡峭或实际货币余额需求对利率相对不敏感（货币需求公式中参数 h 较小）时，货币政策更加有效。同时，当投资对利率变动高度敏感（投资函数中参数 b 较大）以及边际消费倾向较小（即 *IS* 曲线相对平坦）时，货币政策也更加有效。

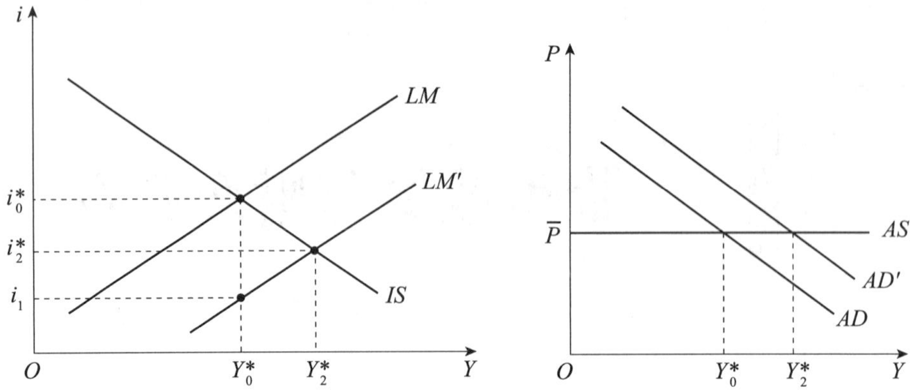

图 12-1　货币扩张降低利率，使 *AD* 曲线外移

有两个极端的情形十分引人注意：第一个称为**流动性陷阱**（liquidity trap），此时人们希望持有所供给的全部货币（货币需求曲线是水平的，实际货币余额供给的提高不影响利率）。当经济处于流动性陷阱中时，*LM* 曲线是完全水平的，货币供给的变动不会使其移动。由于利率不变，投资需求也保持不变，因此总需求水平不受影响。

第二个情形称为**古典情形**（classical case）。在这种情形下，*LM* 曲线是垂直的，货币需求不是利率的函数。此时货币政策最有效，而财政政策对产出水平没有影响。

2. 零利率约束与非常规货币政策

美联储不能把利率降低到零以下，因为投资者更好的方式是简单持有现金。利率的较低限制被称为零利率约束或 *ZLB*。零利率约束限制了货币政策能达到的效果。在什么情况下这个约束会起作用？当名义利率已经很低并需要扩张性的货币政策时。当利率达到了零利率约束时，美联储会转向非常规的货币政策。

在 2007—2009 年大衰退期间，美国的名义利率实际上触及了零利率约束，所以传统的公开市场业务没有进一步操作的空间。由于这场危机，美联储采取了大规模的**量化宽松**（quantitative easing）政策。量化宽松是在短期利率为零时通过购买大规模的金融资产来降低长期利率的一种政策策略。结果，美联储不仅购买国债，同时也购买美国政府机构的其他债券和大量私人抵押贷款支持证券。量化宽松之所以是非常规的而且没有被美联储经常采用，是因为这需要大规模的干预。长期金融资产供给规模太大，以至为了推动均衡价格移动一点点，美联储就需要进行大规模的需求刺激。

3. 财政政策与挤出

财政扩张——税收减少，或政府支出和转移支付提高——直接提高了总需求，尽管可能比我们最初设想的程度小。自发性需求的提高使人们在任何给定的利率下都希望持有更多货币，使 *IS* 曲线向外移动。然而，这种货币需求的上升提高了利率，反过来又会使投资水平下降。即一种力量推高了总需求，另一种力量将其拉回，使总需求的上升幅度并不那么大。图 12-2 阐述了这一过程。

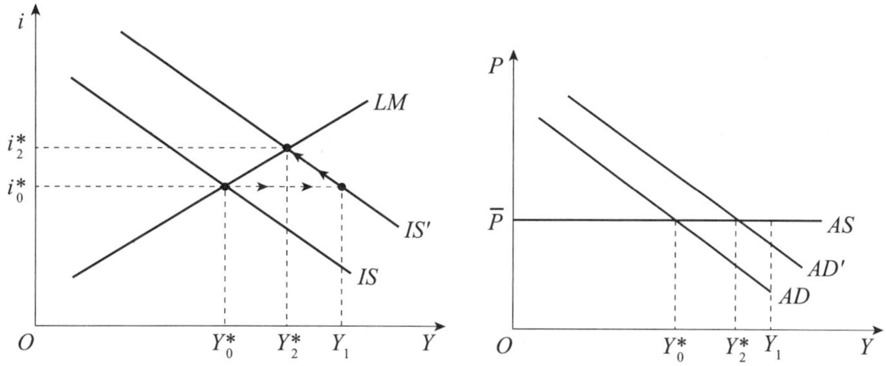

图 12-2　财政扩张提高利率，挤出投资；AD 曲线向外移动，但幅度并不那么大

当财政扩张提高了利率，从而使投资需求降低时，我们称之为**挤出**（crowding out）。在古典情形下（*LM* 曲线垂直），任何自发性支出的提高都将使利率大幅上升，以至由此引起的投资需求下降将使总需求完全不变，这就是**完全挤出**（full crowding out）。财政政策对产出没有影响。

当经济处于流动性陷阱中时，没有挤出效应：自发性支出的提高对利率没有影响，从而不影响投资。如果中央银行通过提高货币供给抵消财政扩张对利率的影响，使利率保持当前水平，也不会有挤出。此时我们称中央银行使财政赤字**货币化**（monetizing）：它用从流通中抽出的货币购买联邦政府用于平衡财政赤字的债券。图 12-3 提供了一个案例。

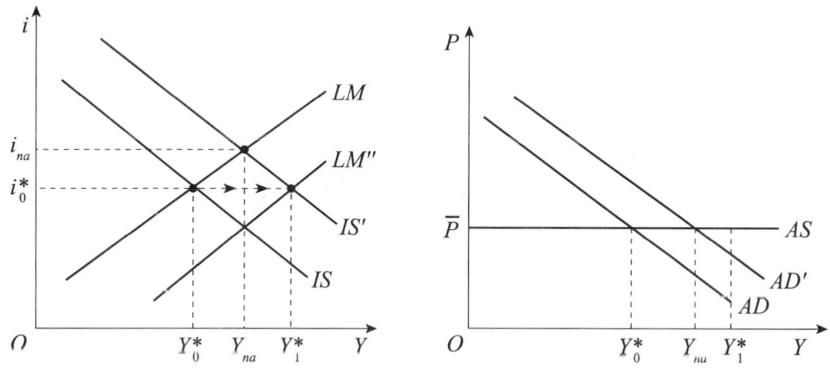

图 12-3　宽松的货币政策防止挤出；总需求曲线按财政政策扩张程度外移

4. 产出构成与政策组合

财政政策和货币政策都可以用来扩大总需求。然而，扩张性财政政策减少了投资，而扩张性货币政策鼓励投资。不同的财政扩张方法对产出的构成造成了不同影响。政策组合选择——尤其是支出政策和税收政策之间的选择——可以在考虑其他政治目标的条件下进行。这就是一个**政治化的经济体**（political economy）的问题。

5. 实践中的政策组合

本节提供了几个有关政策组合决策如何被应用于真实经济世界的案例。本节首先讨论了 20 世纪 80 年代的宽松的财政政策和从紧的货币政策组合，并强调了中央银行打击预期和现有风险的能力。然后在1991年美国经济衰退的案例分析中，讨论了宽松的货币政策和从紧的财政政策的组合。2001年的美国经济衰退则采用了减税（财政政策推动）和降低利率（货币政策反应）的组合。最后，对结束于2009年6月的大衰退的政策反应则是财政扩张（减税及增加财政支出）和利率降低到近乎为零。本节还探讨了政策与现存和预期通胀的关系。同时应注意的是，名义利率和实际利率不同，实际利率等于名义利率减去通货膨胀率。

◇关键术语

公开市场业务　传递机制　资产组合失衡
流动性陷阱　古典情形　货币数量论
挤出　货币调节　预算赤字货币化
投资补贴　投资税减免　量化宽松
零利率约束

◇绘　图

从紧的货币政策会造成失业吗？你可能认为我们通过简单地绘制出失业率对实际货币余额的曲线就可以回答这个问题。这当然是回答一个学术问题的十分危险的方法，它忽略了财政政策对失业率的影响。然而，由于近年来货币政策似乎占据了主导地位，因此我们不妨抛开这些谨慎，就用这种方法来回答。

表12-1提供了1990—2012年的失业率水平、名义货币供给和物价水平的数据。你需要计算实际货币余额。这并不是很难，只涉及用一些衡量名义货币供给的变量（我们用M1）除以另一些衡量物价水平的变量（我们用CPI）。在你计算出实际货币余额之后，你需要对其绘出样本中每年的失业率。我们已经绘出了前三个数据点（见表12-1和图12-4），你需要完成剩下的数据。看上去实际货币供给上升会使失业率下降吗？如果你画出一条与数据点相符的线，它向下倾斜吗？如果是的话，那么你的答案意味着从紧的货币政策与高失业率相关。

表12-1

年份	失业率（%）	M1	CPI	实际货币余额
1990	5.6	810.6	130.7	6.2
1991	6.9	859.0	136.2	6.3
1992	7.5	965.9	140.3	6.9
1993	6.9	1 078.4	144.5	
1994	6.1	1 145.2	148.2	
1995	5.6	1 143.0	152.4	
1996	5.4	1 106.9	156.9	
1997	4.9	1 070.2	160.5	
1998	4.5	1 080.6	163.0	
1999	4.2	1 102.3	166.6	
2000	4.0	1 103.6	172.2	
2001	4.7	1 140.3	177.0	
2002	5.8	1 196.3	179.9	
2003	6.0	1 273.5	184.0	

续前表

年份	失业率（%）	M1	CPI	实际货币余额
2004	5.5	1 344.2	188.9	
2005	5.1	1 371.5	195.3	
2006	4.6	1 374.2	201.6	
2007	4.6	1 372.1	207.3	
2008	5.8	1 432.8	215.2	
2009	9.3	1 634.8	214.5	
2010	9.6	1 740.9	218.1	
2011	8.9	2 006.2	224.9	
2012	8.1	2 309.1	229.6	

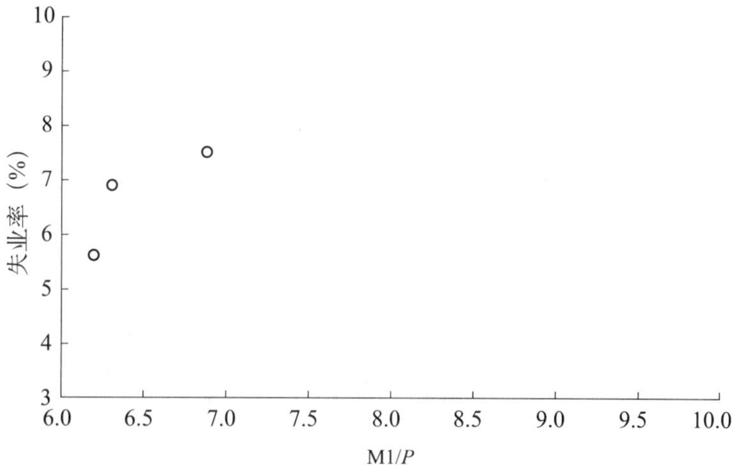

图 12-4

◇经济学释义

稳定性

当经济学家论及“稳定”经济时，通常意味着稳定产出的波动——降低经济衰退和繁荣的幅度，从而使产出长期变动路径更平滑。在 *AS-AD* 框架中，这就意味着采用财政政策和货币政策尽可能地使产出接近潜在产出或充分就业下的产出水平。

◇技术回顾

计算乘数

乘数给出了当一些外生变量变动一单位时，内生变量变动的程度。它可以告诉我们当一个原本保持不变的变量变动一单位时，特定的某条曲线将移动多远。

以第 9 章中的乘数

$$\alpha_G=\frac{1}{1-c(1-t)}$$

为例。第 10 章告诉我们，自发性支出（$\overline{A}$）每增加 1 美元，投资水平不变，产出将上升 $1\times\alpha_G$或$\left(\frac{1}{1-c(1-t)}\right)$美元。

如果我们还记得第 11 章中讲到的只有当利率不变时投资水平才保持不变，我们就可以将这一变动解释为曲线的移动。在每一个可能的利率水平上，自发性需求每增加 1 美元，产出就上升 1 美元，*IS* 曲线向外移动 α_G。

除非经济处于流动性陷阱中，否则 *AD* 曲线不会移动这么远。上述乘数没有考虑增加的需求对利率进而对投资的影响。还存在另外一个考虑了这一效应的乘数——一个将 *IS* 曲线和 *LM* 曲线的斜率都纳入衡量范围的乘数。

这一财政政策乘数（在第 11 章第 5 节中推导出来）并没有告诉我们，作为对自发性支出变动的反应，产出的均衡水平变动了多少。它只显示了 *AD* 曲线移动了多少。

乘数显示出不同曲线的移动方向及移动程度，但它没有显示出这些移动如何影响模型内生变量的均衡。注意不要得出错误的结论。

◇填字游戏

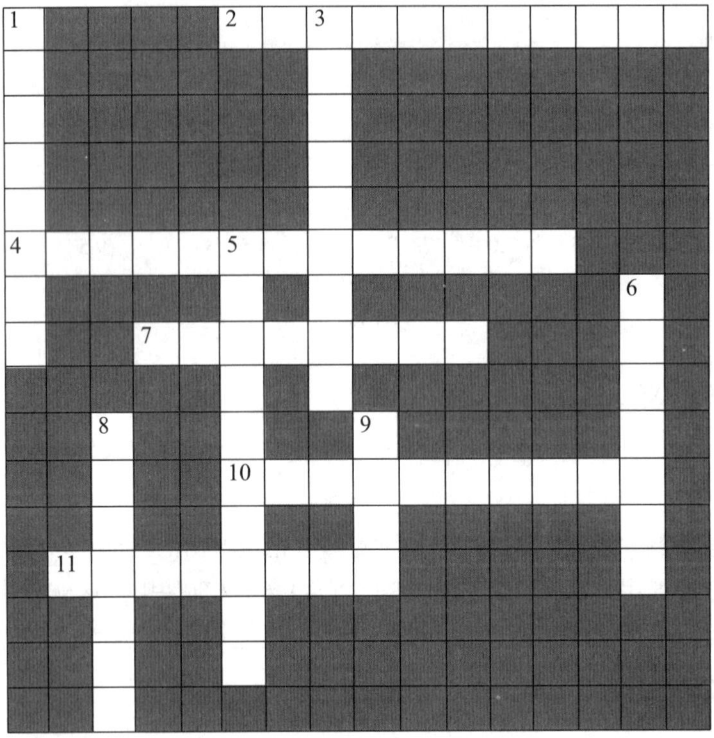

横

2. 它们告诉你曲线移动多远
4. 货币政策类型，能够防止挤出
7. 扩张性政策；降低利率，提高总需求
10. 实行扩张性财政政策时，它下降
11. *LM* 曲线，古典情形

竖

1. 中央银行应该________货币供给，以防止扩张性财政政策推高利率
3. 陷阱，人们将持有所有供给的货币
5. 财政扩张________预算赤字
6. 边际消费倾向上升，*IS* 曲线________

8. 投资需求对利率的敏感程度降低，*IS* 曲线________

9. 在 *IS-LM* 图中使用的利率

◇填空题

1. 当经济处于________中时，货币政策不影响产出或利率水平。
2. 在________下，财政政策引起完全挤出。
3. 当货币需求对利率相对不敏感时，*LM* 曲线________。
4. 当投资对利率非常敏感时，*IS* 曲线________。
   （提示：当投资对利率敏感时，b 是大还是小?）
5. 当扩张性财政政策提高利率、降低投资时，我们说存在________。
6. 中央银行可以通过________防止财政扩张提高实际利率。
7. 实际利率等于________减去________。
8. 一个经济选择的政策组合影响产出的________。
9. 财政扩张________投资。
10. 中央银行可以通过________改变货币供给。

◇判断题

T　F　1. 当 *LM* 曲线相对陡峭时，货币政策更有效。
T　F　2. 当 *LM* 曲线相对平坦时，财政政策更有效。
T　F　3. 货币政策总是比财政政策更有效。
T　F　4. 货币政策的有效程度只依赖于 *LM* 曲线的倾斜程度。
T　F　5. 货币政策首先影响总需求，并且仅仅间接影响利率。
T　F　6. 扩张性货币政策和财政政策对投资的影响不同。
T　F　7. 扩张性货币政策和扩张性财政政策组合可以用来防止挤出。
T　F　8. 转移支付和政府支出同等程度的提高将使 *IS* 曲线以同等距离移动。
T　F　9. 边际消费倾向提高将使 *IS* 曲线更陡峭。
T　F　10. 边际消费倾向提高将使 *IS* 曲线更平坦。

◇选择题

1. 财政政策在________下最有效。
   a. 古典情形　　b. 流动性陷阱
   c. 法国　　d. 长期
2. 货币政策在________下最有效。
   a. 古典情形　　b. 流动性陷阱
   c. 比利时　　d. 新古典增长模型
3. 当________时，财政政策更有效。
   a. 投资对利率相对敏感　　b. 敏感程度对财政政策无影响
   c. 投资对利率相对不敏感　　d. 财政政策从不起作用

4. 当________时，货币政策更有效。

a. IS 曲线陡峭　　b. IS 曲线平坦

c. IS 曲线的倾斜程度对货币政策无影响　　d. 货币政策无效

5. 扩张性财政政策通常________。

a. 鼓励投资　　b. 降低投资

c. 对投资没有影响　　d. 降低利率

6. 扩张性货币政策通常________。

a. 鼓励投资　　b. 降低投资

c. 对投资没有影响　　d. 提高利率

7. 宽松的（扩张性）财政政策和从紧的（紧缩性）货币政策组合________。

a. 提高 Y，降低 i　　b. 提高 i，降低 Y

c. 提高 Y，不影响 i　　d. 提高 i，不影响 Y

8. 紧缩性货币政策过去常被用于打击________。

a. 通货膨胀　　b. 衰退

c. 失业　　d. 饥荒

9. 中央银行可以选择是否________财政扩张。

a. 指明　　b. 阻止

c. 调节　　d. 实行

10. 乘数 $\alpha_G=\frac{1}{1-c(1-t)}$ 告诉我们，作为对自发性支出上升的反应，________曲线移动了多远。

a. IS　　b. LM

c. AS　　d. AD

◇概念题

1. 比例所得税使货币政策更加有效、更加无效还是对货币政策没有影响？
2. 在短期，比例所得税是会提高、降低还是不影响政府支出上升的扩张效应（它使产出提高的量）？
3. 为什么利率不能低于零利率约束？

◇技术题

1. 如果政府支出增加 100 美元，IS 曲线将向什么方向移动？移动多远？
2. 如果政府支出增加 100 美元，总需求曲线将向什么方向移动？移动多远？如果 LM 曲线向上倾斜，总需求曲线的这一移动是会大于还是小于第 1 题中 IS 曲线的移动？
3. 如果货币供给（M）增加 100 美元，LM 曲线将向什么方向移动？移动多远？（假设价格水平不变。）

[提示：用 LM 曲线公式：$\overline{M}/\overline{P}=kY-hi$。如果你保持 i 不变，找出 Y 的变化，就将得到 LM 曲线（水平地）变动了多少。]

4. 如果货币供给（M）增加 100 美元，总需求曲线将向什么方向移动？移动多远？总需求曲线的这一移动是大于还是小于第 3 题中 LM 曲线的移动？
5. 在什么情况下，产出水平会以与总需求相同的程度提高？
6. 在什么情况下，产出水平不会被总需求的变动影响？
7. 假设政府支出不是外生的，如果它根据产出缺口（潜在产出 Y_P 与实际产出 Y 之间的差额）变动，由以下公式：

$$G=\bar{G}+d(Y_P-Y)$$

其中，$d>0$，IS 曲线的斜率如何变动？这将会使货币政策更加有效还是更加无效？

第13章 国际联系

本章要点

- 本章介绍了国际宏观经济学。
- *IS-LM* 模型适用于这个新的、开放的经济体。财政政策和货币政策的效果严重依赖于汇率是固定的还是浮动的，以及资本是否流动（是否能由于利率差别而在国家间流动）。
- 本章解释了固定汇率和浮动汇率的差异，这一差异与实际利率和名义利率的差异相似。

本章概要

1. 国际收支与汇率

国际收支（balance of payments）衡量了进入和离开某国的支付的差异。我们将支付拆分为商品和服务支付——由**经常账户**（current account）记录，以及资产支付——由**资本账户**（capital account）记录。

经常账户包括**贸易余额**（trade balance）——出口商品所得货币收入与进口商品的货币支出之差，包括出口服务价值与进口服务价值之差，以及包括对国外赠与（转移支付）的价值和接受国外赠与（转移支付）的价值之差。当这些交易导致货币流入大于流出时，该国经常账户存在盈余。而当交易导致货币流出大于流入时，该国经常账户出现赤字。

资本账户记录如股票、债券、土地和银行存款等资产的购买和出售。当出售资产所得收益超过购买资产所得收益时，资本账户存在盈余。

私人部门和中央银行都出售资产；中央银行对资产的购买和出售被称为**官方储备交易**（official reserve transactions）。

有一些简单的指导能帮助你理解国际收支账户平衡：

- 任何引起货币流入某国的交易都会使国际收支上升。
- 任何引起货币流出某国的交易都会使国际收支下降。
- 当货币来自商品和服务的出售或购买，或以转移支付的形式表现时，它的变动记录在经常账户中。
- 当货币来自资产的出售或购买时，它的变动记录在资本账户中。

中央银行的官方储备交易必须与国际收支赤字完全相等。当更多货币离开该国时，中央银行必须向其他国家出售外币，交换本国货币。官方储备的减少意味着国际收支赤字，同样地，官方储备的增加意味着国际收支盈余。

中央银行只能根据国际收支赤字规模减少其外汇储备，直到经济正常运行。然而，国际收支赤字是难以为继的。中央银行能够无限制地增加其外汇储备，但它不太愿意这样做；它将不得不印制更多的货币去购买本国货币，使国内实际利率下降，最终产生通货膨胀。在均衡状态下，国际收支为零。

为了理解中央银行如何通过金融手段平衡国际收支盈余和赤字，我们必须首先区分固定汇率和浮动汇率。在**固定汇率**（fixed exchange rate）制下，中央银行有义务将本国货币和其他货币的汇率保持在给定水平。例如，如果日本货币币值相对美国货币币值固定——我们将其设为每美元兑换 120 日元——日本银行（日本的中央银行）就有义务坚持以这一价格出售或购买美元。为防止这一价格改变，日本银行将不得不**干预**（intervene）外汇交易市场——当汇率低于 120 日元/美元（如 119 日元/美元）时买入美元，当其高于 120 日元/美元（如 121 日元/美元）时卖出美元。图 13－1 用一个简单的供给/需求图显示了这一过程。

在**灵活（浮动）汇率**［flexible（floating）exchange rate］制下，中央银行不必维持某一特定汇率。当其选择不干预外汇市场时，我们认为汇率是**清洁浮动**（clean float）的。此时，官方储备交易为零；汇率调整使得经常账户和资本账户之和为零。当中央银行定期干预外汇市场时，我们认为汇率是**有管理的**（managed）或**肮脏浮动**（dirty float）的。在固定汇率制和浮动汇率制下，中央银行都只在其拥有足够的外汇储备时才会干预市场。在上面的例子中，日本银行只能按其外汇储备规模出售美元。当其外汇储备全部售出时，它只能允许日元价格下降（或者说美元价格上升，例如从 120 日元/美元上升至 121 日元/美元）。在浮动汇率制下，某货币价值的下降称为**货币贬值**（depreciation），而其价格上升称为**货币升值**（appreciation）。在固定汇率制下，货币价值下跌称为**法定贬值**（devaluation），其上升称为**法定升值**（revaluation）。

汇率通常被解释为购买一单位本国货币所需的外国货币量（本国货币的价格）。从美国的角度来看，美元和欧元间的汇率应被解释为以欧元表示的美元价格（欧元/美元），美元和日元间的汇率应被解释为以日元表示的美元价格（日元/美元），而美元和英镑间的汇率则应被解释为以英镑表示的美元价格（英镑/美元）。汇率下降使本国货币的价值上升——购买一单位外国货币所需的本国货币减少——而外国货币价值下降。

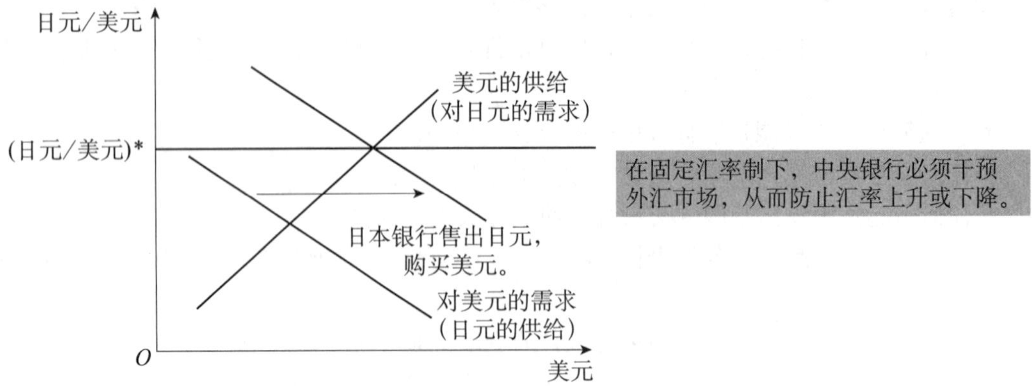

图 13-1　日本银行干预以防止日元价值下跌

2. 长期汇率

在长期，两国之间的汇率取决于两国货币的相对购买力——给定货币量，一国货币所能购买的商品或劳务量。

相对购买力以**实际汇率**（R）衡量，其定义为：

$$R = \frac{eP_f}{P}$$

其中，P 为国内物价水平，P_f 为国外物价水平，e 为名义汇率，以每单位外币所能交换的本币衡量。（注意这是违背一般原则的：一般来说，我们以每单位本币所能交换的外币来衡量名义汇率。）当等量的本国货币能够在国内外购买到同样的一篮子商品时，或当实际汇率等于 1 时，两国货币处于**购买力平价**（purchasing power parity，PPP）上。

我们认为，在长期，为使一国货币的购买力与其他货币的购买力相适应，名义汇率将调整，从而购买力平价将实现。

3. 商品贸易、市场均衡与贸易余额

本节将净出口（NX）加入 IS-LM 模型。国内支出将不再能决定国内产出，而对国内商品的支出——包括国内居民和其他国家居民的支出——能够决定国内产出。

国内居民支出（$A=C+I+G$）包括国内消费者、投资者和政府对进口商品的支出，而不包括出口商品的价值，使我们之前对总需求的度量（$AD=C+I+G$）变得不再正确。要将国内支出转换成对国内商品的支出，我们需要将出口商品的价值包含在内，而排除进口商品的价值。我们通过将净出口（出口－进口）加入总需求公式来实现这一点：

$$AD = C + I + G + NX$$

与第 11 章一样，假设国内居民支出依赖于收入（Y）和实际利率（i）：$A(Y, i) = C(Y-\overline{T}) + I(i) + \overline{G}$。

同时，对出口和进口做出假设：

- 当外国收入（Y_f）上升或本国经历实际货币贬值（实际汇率上升）时，出口（X）提高：$X(Y_f, R)$。
- 当本国收入（Y）上升时进口（Q）提高，当本国经历实际货币贬值（实际汇率上

升）时进口（Q）降低：$Q(Y, R)$。每一单位国内收入上升所导致的进口提高称为**边际进口倾向**（marginal propensity to import）。

根据这些假设可得出结论，当实际利率上升或外国收入上升时，净出口提高；当国内收入上升时，净出口下降：

$$NX(Y,Y_f,R)=X(Y_f,R)-Q(Y,R)$$

现在，我们可以写出更加准确的总需求公式：

$$AD=A(Y,i)+NX(Y,Y_f,i)$$

同时，推导出货币市场均衡的要求，即 IS 曲线：

$$Y=A(Y,i)+NX(Y,Y_f,i)$$

国内收入的一部分用于国外商品购买的事实使与封闭经济相比，乘数 G 下降，IS 曲线更加陡峭。与之前的分析类似，扩张性财政政策将使 IS 曲线向外移动（尽管由于乘数减小，移动幅度小于第 11 章中的幅度）。同时，外国收入的上升和实际货币贬值现在也能引起 IS 曲线的外移（见图 13－2）。

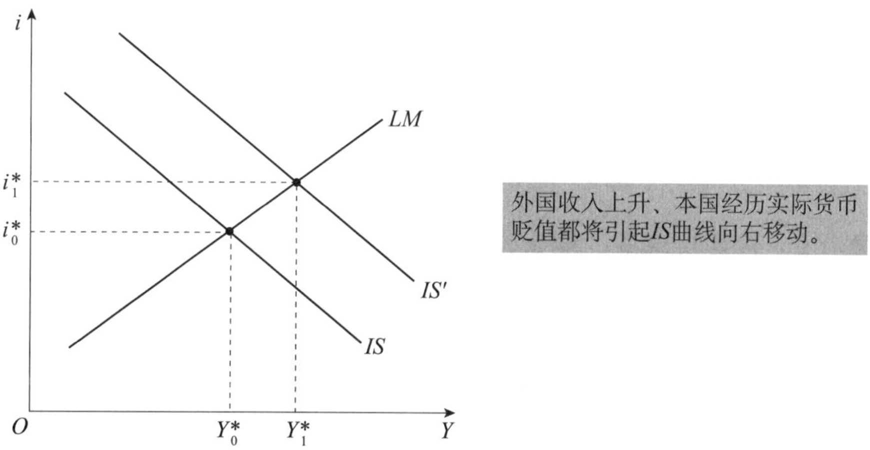

图 13－2

政策可以产生**回响效应**（repercussion effect）——既影响本国收入，也影响外国收入。扩张性财政政策使国内和国外收入均上升：当国内收入上升时，我们从其他国家进口商品，这就导致了其他国家收入的提高。反过来，外国又从我们国家进口商品。每个人都分享了扩张性政策的好处。当实际汇率改变时，情况并不是这样：本国货币的实际贬值使本国收入上升而国外收入下降。

4. 资本流动性

一旦利率根据汇率变动所带来的风险而调整，当资本高度流动（资本能够轻易地在国家间移动）时，具有高度发达的资本市场的不同国家的利率就趋于相等。如果利率相差较大，差异化的利率就为投机者创造了机会，使其能够通过将钱从低利率国家取出投资于高利率国家而获利。由于投资者可得的资金增加，高利率国家的利率下降；而由于本国投资者将资金投资于国外市场，低利率国家的利率上升。

在本章，假设资本**完全流动**（perfectly mobile）——能够以极低的交易成本在不同国家间转移，且数额不受限制。当一国的利率略高于世界利率时，资本就会流入，而当其利率略低于世界利率时，资本就会流出，从而影响资本账户，进而影响国际收支。这对**开放经济体**（open economies）的财政政策和货币政策运用具有显著影响。

当资本可以跨境自由流动时，同样的投资在国内和国外的收益必须非常接近。如果差别较大，投资者就会将投资转移到回报率高的国家。两种回报相等的条件被称为**无抛补利率平价**（uncovered interest parity）。无抛补利率平价要求一国的利率必须等于外国利率加上投资期汇率的预期百分比变化。

注意无抛补利率平价条件隐含一种风险，因为其涉及的预期汇率可能不是最终的实际汇率。大型投资者能通过购买远期或期货合约来锁定其投资期内的汇率水平以降低风险。这个汇率就是**远期汇率**（forward exchange rate），而与当前汇率相对应的则称**即期汇率**（spot exchange rate）。利用远期汇率代替预期汇率来覆盖汇率波动风险产生的条件就是**抛补利率平价**（covered interest parity）。

当国际收支余额为零时，经济处于**外部均衡**（external balance）：

$$BP = NX(Y, Y_f, R) + CF(i - i_f) = 0$$

净出口代表了这个公式中的经常账户盈余。净资本流动（资本流入减去资本流出）代表资本账户盈余。需要注意的是，通过选择恰当的实际利率，可以使资本账户盈余完全抵消经常账户赤字，反之亦然。

当产出处于充分就业水平时，经济处于**内部均衡**（internal balance）。下面两节有助于我们理解财政政策和货币政策在不同的汇率制度下如何被用来维持经济的外部均衡和内部均衡。

5. 蒙代尔-弗莱明模型：固定汇率制下的资本完全流动性

我们已经了解，当资本高度流动时，国内利率和国际利率的微小差别都将引起巨额的资本流动，使利率回到同等水平。蒙代尔-弗莱明模型基于标准的 *IS-LM* 模型框架，假设国际收支余额为零或国内利率固定于世界通行利率水平（见图 13-3）。在实现一国外部均衡的同时，我们可以发现哪些政策也能使该国实现内部均衡——使产出尽可能接近充分就业水平。

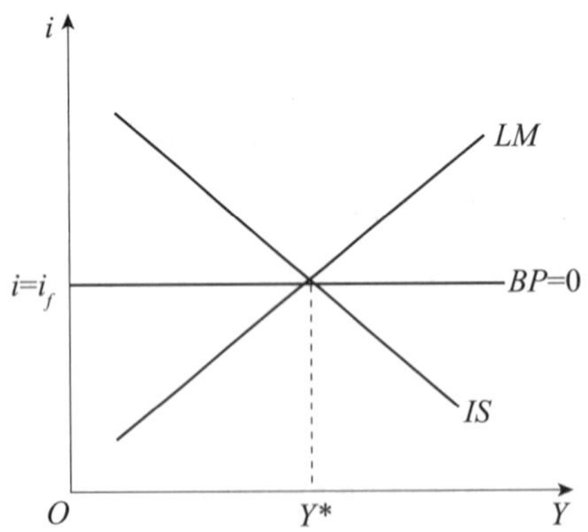

蒙代尔-弗莱明模型在*IS-LM*模型框架下推导出国际收支余额为零或国内利率固定于世界通行利率的条件。

图 13-3　蒙代尔-弗莱明模型

同时注意到，当某国采取固定汇率制时，中央银行必须干预外汇市场，确保汇率保持在既定水平。在一个小型开放经济中，当资本完全流动时，意味着中央银行必须一直将本国利率与世界利率保持在相同水平，从而资本没有流入或流出该国的动机。这一义务使中央银行失去了采用货币政策稳定产出的可能，因为货币政策只能通过改变利率影响产出。

因此，当汇率相对其他国家固定而资本完全流动时，财政政策成为一个小型经济的政府所能采用的使经济达到内部均衡的唯一工具（见图 13－4）。

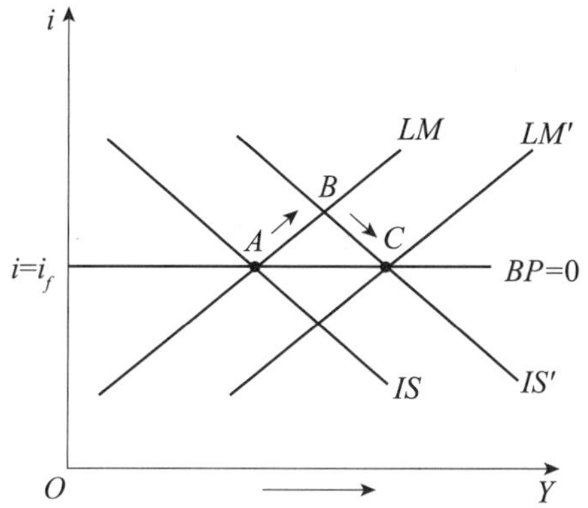

当汇率固定时，由于中央银行有义务维持汇率——采用货币政策将汇率变动效应转化为国内利率变动——财政政策可以影响产出。

图 13－4　固定汇率下的蒙代尔-弗莱明模型

6. 资本完全流动与浮动汇率制

蒙代尔-弗莱明模型在固定和浮动汇率制下都能使用。主要的区别在于，当名义汇率浮动时，中央银行没有义务将国内利率维持在与国外相同的水平。*LM* 曲线不会因维持国际收支余额为零而调整。资本自由进出追逐高利润，当国内实际利率高于国外利率时，使国内货币需求上升；当国内实际利率低于国外利率时，使国内货币需求下降。任何货币需求的变动都将引起名义汇率的变动，这将使净出口变动，从而引起 *IS* 曲线位置的改变。因此，当资本完全流动、汇率浮动时，*IS* 曲线的移动维持了国内利率和国外利率的相等。

让我们通过一个例子来说明。

首先，假设最初某国处于内部和外部均衡，产出等于潜在产出，国际收支余额等于零（$i=i_f$）。汇率灵活，资本完全流动。如果中央银行提高货币供给，*LM* 曲线将向外移动，国内利率低于国外利率。这是不可持续的：资本将立即流出该国，使外币需求上升，本币需求下降，从而本币贬值。对国内居民来说，国外商品变得更加昂贵；对国外居民来说，国内商品变得更加便宜。进口下降，出口上升，*IS* 曲线向外移动。此时产出高于潜在产出，国际收支余额仍然为零（见图 13－5）。

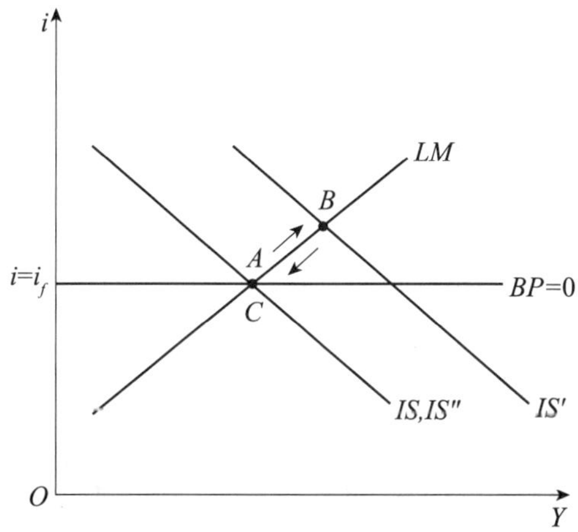

当汇率浮动时，财政政策不影响产出，因为财政政策的使用产生了利差，从而彻底抵消了政策效果。

图 13－5　浮动汇率制下的蒙代尔-弗莱明模型

需要注意的是，当本国净出口上升时，世界其他国家的出口下降，我们以其他人为代价提高了自身的生活标准。从这个意义上说，通过贬值引起产量增长的政策被称为**以邻为壑政策**（beggar-thy-neighbor policy）。

尽管如此，当国家处于经济周期的不同阶段时，这种贬值可以是互惠互利的：如果国内经济衰退，而外国受到通货膨胀压力影响，那么提高国内总需求、降低国外总需求可能并不是一件坏事。

只有当国家处于高度同步的经济周期时，这种贬值才是真正糟糕的，贬值国家对其他国家的总需求造成的紧缩影响是不受欢迎的。这种贬值可能会引起报复——引发一轮**竞争性贬值**（competitive depreciation），使每个国家都为提高本国出口和产出而降低本国货币的价值。

注意到当汇率浮动时，财政政策并不影响产出，除非中央银行选择调整：由于扩张性财政政策提高了本国利率，它将使本国货币升值，净出口下降，使初始的 *IS* 曲线移动，使经济回到其开始的地方（尽管名义汇率已经上升）。

◇关键术语

全球化	开放经济体	贸易
金融	国际收支	经常账户
净投资收入	贸易余额	资本账户
国际收支盈余	固定汇率制	储备
干预	欧洲汇率机制（ERM）	欧洲货币联盟（EMU）
目标区	灵活（浮动）汇率	清洁浮动
有管理的（肮脏）浮动	法定贬值/法定升值	货币贬值
货币升值	购买力平价（PPP）	实际汇率
边际进口倾向	回响效应	资本完全流动
利差	外部均衡	内部均衡
蒙代尔-弗莱明模型	以邻为壑政策	竞争性贬值
汇率	即期汇率	远期汇率
无抛补利率平价	抛补利率平价	

◇绘　图

汇率上升真的减少了出口吗？减少多少？本绘图题可以回答这一问题。

表 13－1 提供了 2000—2012 年美国的实际出口价值和以贸易额加权的美元实际价值。* 你的工作是将这些数据转换为自然对数，然后画出各年度美国出口对数与美元实际价值对数图，完成后将会得到散点图（见图 13－6）。一个点代表一年。

如果美元的实际升值的确导致出口下降，你画出的散点将形成一条向下倾斜的线；这条线的斜率将给出每百分之一的美元价值上升将大致引起百分之多少的出口下降。

---

* 将美元与其他货币的加权平均相比。权数由贸易额决定，从而与美国贸易较频繁、贸易额较大的国家以较大的权数表示出来。

汇率上升真的引起了出口下降吗？你怎么认为？

（注意：我们以对数形式绘图，从而可以以百分比变化衡量相对变动而非绝对变动。本章的“技术回顾”部分给出了对自然对数的详细解释。）

表 13－1

年份	实际出口	实际出口的自然对数	美元的实际价值*	美元的自然对数
2000	1 188.3	7.08	104.7	4.65
2001	1 121.6	7.02	112.2	4.72
2002	1 099.2		110.6	
2003	1 116.8		97.6	
2004	1 222.8		90.6	
2005	1 305.1		90.4	
2006	1 422.0		90.3	
2007	1 554.4		86.1	
2008	1 647.7		83.1	
2009	1 490.7		86.3	
2010	1 665.6		83.8	
2011	1 776.9		79.5	
2012	1 837.3		82.8	

* 1973 年 3 月＝100。

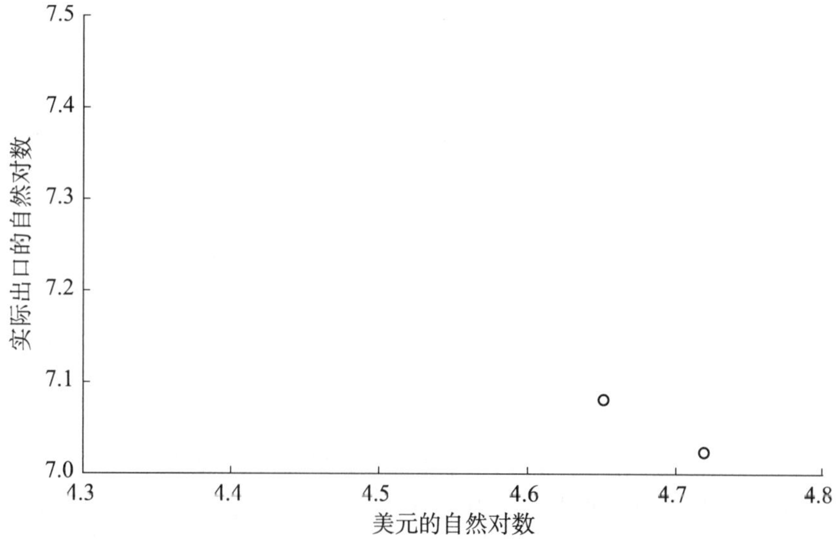

图 13－6

◇经济学释义

包容性

一般来说，当我们认为一个政策具有“包容性”时，意味着它放松了任何防止冲击完全发挥作用的障碍。

扩张性货币和财政政策可以用来包容消极供给冲击——使它们对价格和工资的影响充分显示出来从而在调整期，产出不会偏离潜在产出水平。

货币政策也可以用来包容财政政策。通过提高货币供给防止利率上升，中央银行可以阻止财政政策所引起的挤出。注意到当汇率固定时，中央银行必须能够包容扩张性和紧缩性财政政策，而当汇率浮动时，中央银行可以做出任意选择。

◇技术回顾

解释名义汇率和实际汇率的变化

当名义汇率以简便的方式——每单位本币所能交换的外币量——衡量时，汇率上升使本币价值上升，而外币价值下降。

当汇率上升时，持有本币者可以买入更多外币，而持有外币者所能购买的本币量减少。

考虑下面的例子：在 1985—1986 年间，1 美元所能购买的日元量从 238.47 日元跌至 168.35 日元。这使得美国与日本的汇率下降了 29%，美元贬值。注意，美元价值的下跌同样意味着日元价值的上升，其所能购买的美元量从 0.004 2 美元（=1/238.47）升至 0.005 9 美元（=1/168.35）。一种货币不可能在不引起其他货币升值的情况下贬值。

本书以某种程度上反直观的方式表示汇率：实际汇率等于名义汇率乘以国外价格水平与国内价格水平之比：

$$R=\frac{eP_f}{P}$$

其价值并没有以任何货币的形式表达。实际汇率显示了一篮子国外商品能够交换的国内商品数量。实际汇率上升意味着这一篮子国外商品可以交换更多国内商品，或外币实际上价值更高。外币实际上可以购买更多商品和劳务，而本币实际上更没有价值，并不能购买如此多的商品和劳务。因此，实际汇率的上升就引起了本币的实际贬值和外币的实际升值。

实际汇率和名义汇率可以以不同的形式表示，这一点常令人疑惑，但如果你还记得我们曾对实际汇率和名义汇率使用了不同的规定，你将能理解这一点。让我们把所有东西放在一起来考察：

- 名义利率（传统定义）的上升代表本币的升值和外币的贬值。
- 如果本币和外币的价格水平都是固定的，根据本章的假设，名义汇率的这种上升将使实际利率下降（记住实际汇率的公式使用了名义汇率的非常规形式——以每单位外币所能交换的本币量表示）。

● 本币实际升值，而外币实际贬值。

注意，在实际汇率和名义汇率上，本币和外币的变动是一致的。只有实际汇率和名义汇率的变动方向不一致。

◇填字游戏

横

3. 货币浮动的类型，中央银行干预外汇市场
5. 蒙代尔-弗莱明模型中移动的曲线，当汇率固定时保持本国利率等于外国利率
6. 均衡的类型，经常账户和资本账户相互抵消
7. 蒙代尔 弗莱明模型中移动的曲线，当汇率浮动时保持本国利率等于外国利率
8. 追踪与商品和劳务相关的资本流动的账户
9. 当汇率浮动时，某货币价值的上升
10. 货币浮动的类型，中央银行不干预外汇市场

竖

1. 汇率固定时货币价值的上升
2. 汇率固定时货币价值的下降
3. 汇率浮动时货币价值的下降
4. 本章假设的经济类型
7. 均衡的类型，产出等于潜在产出

◇填空题

1. 在________汇率制下，中央银行有义务干预外汇市场，按需求购买或出售外币，以保持 个特定的汇率。
2. 在________汇率制下，中央银行没有义务这样做。
3. 当 1 美元能交换的比索增加时，比索价值________而美元价值________。

4. 当 1 美元能交换的日元减少时，日元价值________而美元价值________。
5. 在浮动汇率制下，一种货币价值的上升被称为________；而在固定汇率制下，它被称为________。
6. 在浮动汇率制下，一种货币价值的下降被称为________；而在固定汇率制下，它被称为________。
7. 一个通过贬值引起贸易余额变化的政策也被称为________政策。
8. 当一国的实际利率高于世界其他国家水平时，资本将________该国，使该国货币需求________，汇率（以每单位本币所能交换的外币量表示）________。
9. 资本流动防止了国内利率高于或低于国际利率，将国家维持在________。
10. 当一国货币贬值时，我们认为该国进口________而出口________。

◇判断题

T F 1. 当美国进口的商品和劳务多于出口时，经常账户出现赤字。
T F 2. 当经常账户出现赤字、国际收支余额为零时，资本账户存在盈余。
T F 3. 官方储备上升意味着国际收支盈余。
T F 4. 所有使国内产出上升的政策都将使其他国家产出减少。
T F 5. 所有使国内产出上升的政策都将使其他国家产出增加。
T F 6. 使国内产出上升的政策不影响其他国家的产出。
T F 7. 当一国采用固定汇率制且资本完全流动时，货币政策无效（不能用于稳定产出）。
T F 8. 当一国采用固定汇率制且资本完全流动时，财政政策无效（不能用于稳定产出）。
T F 9. 当一国采用浮动汇率制且资本完全流动时，货币政策无效（不能用于稳定产出）。
T F 10. 当一国采用浮动汇率制且资本完全流动时，财政政策无效（不能用于稳定产出）。

◇选择题

1. 在下列哪种情况下，官方储备交易一直为零？
   a. 清洁浮动　　b. 肮脏浮动
   c. 有管理的浮动　　d. 固定汇率
2. 下列哪项不是资本账户的一部分？
   a. 贸易余额　　b. 官方储备交易
   c. 私人部门出售的资产　　d. 中央银行出售的资产
3. 如果相对进口来说，出口更多商品和劳务，则________。
   a. 经常账户出现赤字　　b. 资本账户出现赤字
   c. 经常账户存在盈余　　d. 资本账户存在盈余
4. 下列哪项不是经常账户的一部分？
   a. 贸易余额　　b. 官方储备交易

c. 对其他国家的援助货币　　d. b 和 c

5. 相对购买力由什么衡量？

 a. 官方储备交易　　b. 国际收支

 c. 实际汇率　　d. 名义汇率

6. 在什么情况下，一个经济处于内部均衡？

 a. 国际收支余额为零　　b. 产出等于潜在产出

 c. 国内利率＝国外利率　　d. 经常账户＝ 资本账户

7. 在什么情况下，一个经济处于外部均衡？

 a. 国际收支余额为零　　b. 产出等于潜在产出

 c. 国内利率＝国外利率　　d. 经常账户＝ 资本账户

8. 实际贬值使一国出口________。

 a. 上升　　b. 下降

 c. 无影响　　d. 不确定

9. 国外收入上升将使一国________。

 a. 出口增加　　b. 出口减少

 c. 进口增加　　d. 进口减少

10. 国内收入增加将使一国________。

 a. 出口增加　　b. 出口减少

 c. 进口增加　　d. 进口减少

◇概念题

1. 当汇率固定、资本完全流动时，是货币政策还是财政政策更有利于稳定产出？为什么？
2. 如果是浮动汇率，上一题的答案将如何改变？
3. 为什么一国会选择固定汇率而不是浮动汇率？或为什么它不选择固定汇率而选择浮动汇率？
4. 采用实际贬值方法刺激国内产出具有什么可能的政治和经济风险？在某些情况下它会是一个更好的政策吗？请解释。
5. 说出 5 种货币和使用这些货币的国家。

◇技术题

1. 下列哪种交易将使美国的国际收支上升？哪种将使其下降？标明其将在经常账户还是资本账户中显示。

 a）向希腊出售两架飞机。

 b）从俄罗斯购入 100 罐鱼子酱。

 c）将 3 000 股通用汽车公司（美国汽车制造商）股票出售给海外投资者。

 d）将洛克菲勒中心出售给日本投资者。

 e）将 10 亿美元援助赠送给以色列。

 f）美国购买 100 万英亩巴西热带雨林。

g）一个德国旅行者在美国购买一把剪刀和指甲刀。

2. 如果一个没有比例所得税的国家的边际消费倾向为0.9，假设进口（Q）和出口（X）由下列公式给定：

$$Q=\overline{Q}+0.1(Y-\overline{T}),X=\overline{X}$$

政府支出乘数是多少？（假设汇率固定。）

3. 假设所得税税率为0.25，乘数将如何变化？

4. 考虑一个只有两个国家的世界，两国汇率相对固定。假设A国的边际消费倾向为0.9（如上题一样），进口（Q_A）为：

$$Q_A=\overline{Q}_A+0.1(Y_A-\overline{T}_A)$$

B国的边际消费倾向为0.8，进口（Q_B）为：

$$Q_B=\overline{Q}_B+0.1(Y_B-\overline{T}_B)$$

两者都没有比例税。A国的政府支出乘数为多少？B国呢？

第 14 章 消费与储蓄

本章要点

- 消费是总需求中最重要的组成部分。
- 我们今天的消费并不仅仅依赖于目前的收入，还依赖于我们的健康状况及对未来收入的预期。
- 由于人们希望将资源分散到一生中享用，收入的暂时性变化并不能显著影响消费，而收入的永久性变化会影响消费。

本章概要

1. 消费和储蓄的生命周期-持久性收入理论

生命周期理论和持久性收入理论的原理非常相似，因此在本书中一起介绍这两种理论。二者都基于同一原理，即人们希望在其一生中平滑消费——当收入较低时借入资金，而当收入较高时进行储蓄，以便在长期保持稳定的消费水平。两个理论唯一的不同点在于，它们在这一过程中所使用的决策模型不同。

消费的**生命周期理论**（life-cycle theory）假设消费是财富和一生中平均收入的函数，二者具有不同的边际消费倾向：收入的边际消费倾向较高，而财富由于将用于一生的消费而边际消费倾向较低。该理论强调了储蓄行为的生命周期效应——人们在年轻时由于具有未来收入而倾向于借入资金，而在年老时则倾向于为退休而储蓄，退休后则依赖于储蓄生活。

持久性收入理论（permanent income theory）认为，人们会对其未来一生的收入形成预期，并将此收入预期根据其对自己生命长度的估计分配到各时段，而在某一时段中依据其所分配的收入进行消费。当实际收入低于持久性收入时，借入资金或取出储蓄；当实际收入高于**持久性收入**（permanent income ）时，就进行储蓄。因此，人们收入的暂时性变化并不会对消费产生非常显著的影响，今天所得的偶然性巨额收入将被分配至整个生命期。

有趣的是，在这两个模型中，人们预期的变化——无论是对未来收入的预期还是对生命长度的预期——都会显著影响他们的消费行为。

2. 不确定情况下的消费：现代分析方法

现代消费理论既强调收入的不确定性和消费变动的联系，也采用了比较正规的方法来建立有关人们消费决策的模型。在这里，除非某些因素引起了人们预期的变动，否则消费不会改变。因此，消费的变动是不可预知的。

现代消费理论的实证性预言并没有得到验证。消费似乎对预期收入变动的反响过于强烈，而对未预知的收入变动的反响并不显著，这分别被称为**过度敏感性**（excess sensitivity）和**过度平稳性**（excess smoothness）。

过度敏感性可能来自**流动性约束**（liquidity constraints）——对于人们借入资金弥补现有收入缺口以完成消费目标的能力的约束。它也可能来自**缺乏远见**（myopia）——阻止人们关注未来、形成良好收入预期的短视行为。

过度平稳性可能来自**预防**（precautionary）或**缓冲库存储蓄**（buffer-stock saving）：留给后代继承或留在银行未雨绸缪的储蓄。

3. 消费行为的深层方面

股票市场如何能够解释消费行为？股票价格上升或下降对消费所造成的影响通过消费者的财富来实现（称为财富效应）。股票价格上升（下降）意味着财富的增加（减少），从而意味着消费的增加（减少）。然而，实证研究表明，股票价格变动很难确切决定财富效应的大小。

巴罗-李嘉图等价（Barro-Ricardo equivalence），又称为**李嘉图等价**（Ricardian equivalence），直接源于生命周期-持久性收入理论。根据李嘉图等价，赤字是通过提高税收还是积累债务来弥补并没有影响。债务只是推迟了税收，而在某些严格条件下，债务与当前税收等价。

然而，存在两个反对此命题的理论。第一，人的生命周期有限，没有必要考虑被推迟到远期的税收。第二，人们很可能陷入流动性约束。如果这一情况属实，那么由于人们总是希望消费高于当前收入所允许的程度，则今天的税收减少——尽管人们知道他们将在5年后再次支付税收——对人们会产生收益。需要注意的是，这与我们解释过度敏感性的理论之一是一致的。

美国的家庭储蓄率是工业化国家中最低的几个之一。美国的净储蓄率——对财富的储蓄率——和国民（政府加上私人）储蓄率也非常低。大多数私人储蓄是由企业部门完成的，以留存收益（不付给所有者/股票持有者的收益）的形式存在。为什么？一个人口学方面的原因是：人口老龄化正逐渐加强。美国的金融部门非常发达，这也许使得美国国民能够更加轻易地借入资金进行大量消费，而不必储蓄。这些解释可能并不能完全解释美国的低储蓄，但它们仍有一定意义。

提高储蓄账户利率的政策措施是否有助于提高家庭储蓄，这一问题存在争议。然而，实证研究表明，利率的变动对美国家庭储蓄的影响很小。这也许就是为什么相比之下美国人更加短视，而不喜欢像其他国家的人一样进行储蓄。

◇关键术语

生命周期假说	持久性收入假说	一生的效用
一生的预算约束	边际消费效用	消费的随机游走模型
过度敏感性	过度平稳性	流动性约束
缺乏远见	缓冲库存储蓄	政府储蓄
私人储蓄	企业储蓄	个人储蓄
李嘉图（巴罗-李嘉图）等价	可操作的遗产动机	

◇绘　图

本绘图题可以让你看到以横截面数据（对现有人口进行“切片”观测所得的数据，而不是通过长期追踪某些特定个体所得的数据）估算的边际消费倾向为什么会偏小。

表 14－1 提供了假想的人口截面数据。样本中有 6 个人：其中 3 人有一个特定的永久性收入水平，另外 3 人有另一个永久性收入水平。每个人都在经历好或坏的冲击，因此他们的实际收入并不等于永久性收入。

在图 14－1 中画出例子中的每个点，找出能拟合这组数据的最佳直线。边际消费倾向过小吗？消费函数是否具有正的截距？这是一个被统计人员称为“变量错误”的例子。我们对于边际消费倾向的估计是错误的，因为我们以错误的变量绘出了消费。

根据生命周期-永久性收入理论，我们应该将什么变量置于水平（X）轴上？

表 14－1

永久性收入（YP）（美元）	总收入（Y）（美元）	消费*（$C=cYP$）（美元）
500	400	
500	500	
500	600	
1 000	900	
1 000	1 000	
1 000	1 100	

*假设边际消费倾向为 0.8。

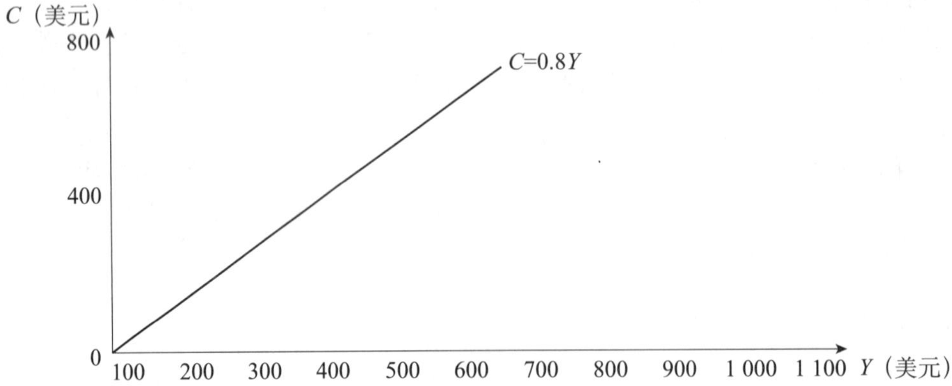

图 14－1

◇经济学释义

理论和假说

所有理论都来自假说——一些想法、提出的关系或对问题的论述。例如，如果你告诉朋友你相信其他星球上有生命，你就可能正在提出一个假说。如果你认为人类可能是由海藻进化而来的，你又提出了另一个假说。

并不是所有的假说都是正确的，也不是所有的假说都能成为理论。理论为世界提供了很好的解释。广义相对论曾经是一个假说；太阳绕着地球转也曾是一个假说。显然，后者现在并不能说是一个“好”的理论。

◇技术回顾

变量错误

“变量错误”是来自统计学的一个术语，用于描述在检验理论和假说过程中所产生的问题。通常来说，我们很难找到对所希望研究的变量的简单估算。例如，并不存在一个被普遍接受的估算折旧率的方法。而如利率、货币供给等变量却有很多方法进行估算，以至我们很难决定到底选择哪种。而当论及对诸如智力、勇气等变量的估算时，更难找到好的方法。

当我们使用一个可以衡量的变量来代替一个更加准确却不能衡量的变量时，例如用实际收入替代永久性收入，用 IQ 测试分数替代智力水平，变量错误就发生了。在这种方法下，替代变量会偏离——引入系统误差——我们的估计。

考虑消费函数：永久性收入假说认为，消费应被准确地表示为永久性收入（YP）的函数：

$$C = cYP$$

当实际收入（Y）由公式 $Y=YP+YT$（其中，YT 是实际收入与永久性收入的暂时性偏差）给出时，如果我们用实际收入替代永久性收入，为估算 c（边际消费倾向），估算值 $\tilde{c}$ 将被低估：

$$C = \tilde{c}Y = \tilde{c}(YP + YT)$$

其中，$\tilde{c}$ 是永久性收入和暂时性收入的加权平均边际消费倾向。由于暂时性收入的边际消费倾向较小，因此该加权平均边际消费倾向偏低。

◇填字游戏

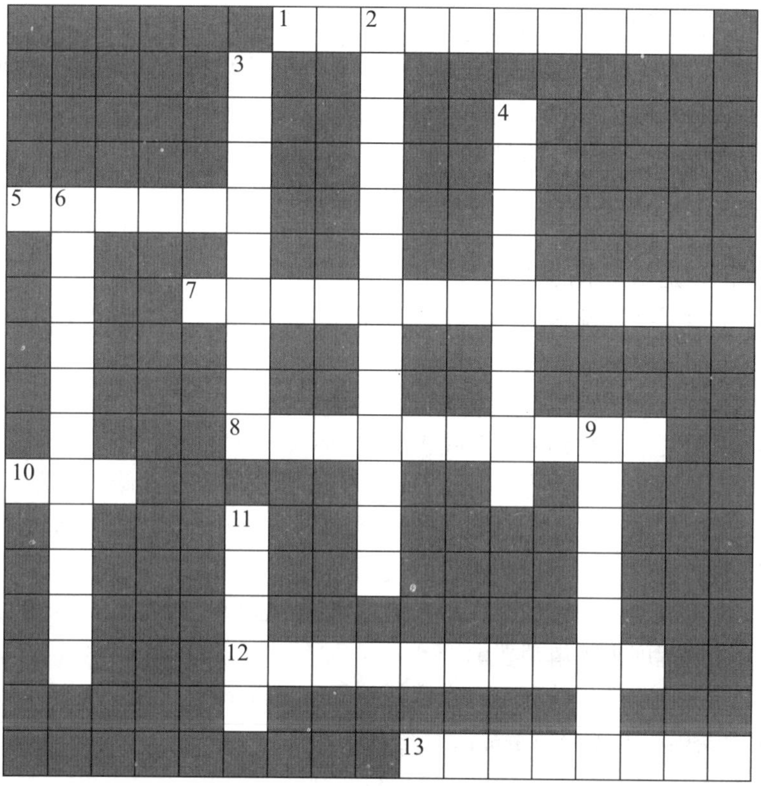

横

1. 一种想法，可能性
5. “走”的类型；现代理论认为其是消费的类型之一
7. 消费过度平滑，对收入的________变化反响较小
8. 收入的类型，边际消费倾向较小
10. 短期高于长期
12. 生命周期假说
13. 永久性收入假说

竖

2. 储蓄的种类，用于未雨绸缪
3. 收入的种类，边际消费倾向大
4. 约束的种类，人们无法借到足够的资金来维持永久性收入水平下的消费水平
6. 当提及消费表现出过分敏感时，指的是消费对收入的该种变动反响过大
9. 收益的种类，不付给所有者
11. 在美国贡献了大部分储蓄的部门

◇填空题

1. 消费的________理论假设人们试图在整个生命周期中平滑消费，并以他们对未来一生的期望收入为基础来进行消费决策。
2. 当人们的实际收入大于永久性收入时，他们________。

3. 永久性收入的边际消费倾向比暂时性收入的边际消费倾向________。
4. 生命周期假说认为，收入的边际消费倾向比财富的边际消费倾向________。
5. 消费的生命周期-永久性收入理论意味着消费应该遵从________。
6. 边际消费倾向取决于与花费在________上的年数相比，花费在________上的年数。
7. ________假说强调了人口变动会影响国民收入。
8. ________购买对利率非常敏感。
9. 永久性收入假说认为，储蓄在经济周期中会略微变动，在________时上升，而在________时下降。
10. 未来有高收入的年轻人将希望________，以提高他们现有的消费水平。

◇判断题

T F 1. 消费是总需求的最重要的组成部分。
T F 2. 生命周期假说和永久性收入假说对人们决策的方式提出了不同的主张。
T F 3. 长期边际消费倾向大于短期。
T F 4. 消费对预期未来收入变动的反响过大。
T F 5. 消费对未预期到的未来收入变动的反响过大。
T F 6. 生命周期理论认为，退休人口比例较大的国家，其储蓄上升。
T F 7. 人们的储蓄可能比生命周期-永久性收入理论所认为的储蓄更多，因为他们希望将储蓄作为遗产留给后代。
T F 8. 由于流动性约束的存在，人们可能并不能以生命周期-永久性收入理论所阐述的程度来平滑消费。
T F 9. 储蓄账户支付的利率对家庭储蓄具有显著影响。
T F 10. 美国的大部分储蓄都由家庭完成。

◇选择题

1. 基于未来一生收入预期所进行的对长期消费机会的估计被称为________收入。
   a. 可支配　　b. 适应性
   c. 永久性　　d. 暂时性
2. 消费的特点，对未来预期收入变动反响过强的消费。
   a. 流动性约束　　b. 过度敏感性
   c. 过度稳定性　　d. 缺乏远见
3. 消费的特点，对未来预期收入变动反响不足的消费。
   a. 流动性约束　　b. 过度敏感性
   c. 过度稳定性　　d. 缺乏远见
4. 对人们在市场利率下借入资金的能力的约束被称为________。
   a. 流动性约束　　b. 预算约束
   c. 缺乏远见　　d. 遗赠
5. 未雨绸缪的储蓄被称为________。
   a. 赠与性储蓄　　b. 缺乏远见的储蓄

c. 缓冲库存储蓄　　d. 过度储蓄

6. 美国的绝大部分储蓄由哪个部门完成？

a. 企业　　b. 家庭

c. 政府　　d. 儿童

7. 消费随股票价格变动而变动，因为________。

a. 缺乏远见　　b. 流动性约束

c. 财富效应　　d. 预算约束

8. 消费的生命周期-永久性收入理论与以下哪项有关？

a. 凯恩斯学派　　b. 货币学派

c. 两者都不　　d. 两者都有关

9. 生命周期假说认为，在人的工作年限中，财富________。

a. 增加　　b. 减少

c. 处于平均值，不变　　d. 全部消耗

10. 下面哪组人的储蓄率最高？

a. 大学生　　b. 儿童

c. 退休者　　d. 接近退休时间的人

◇概念题

1. 为什么现代理论认为，如果生命周期-永久性收入理论是正确的，消费应该遵从随机游走？
2. 你如何看待更长的生命跨度会影响人们的储蓄方式这一说法？解释一下。
3. 为什么利率上升会影响人们的持久性收入？
4. 你被流动性约束了吗？

◇技术题

1. 假设一个典型的城镇居民消费者工作 30 年，退休后生命又延续了 10 年，对劳动收入减税 100 美元会如何影响消费？你的答案依赖于减税是暂时的还是永久的吗？忽略任何乘数效应。
2. 当人们处于流动性约束状态时，扩张性财政政策是更有效还是更无效？证明你的答案。

第15章

投资支出

本章要点

- 投资是总需求中最不稳定的部分，投资的变动导致了大部分GDP的变动。
- 有三种投资：企业固定投资、住宅投资和存货投资。
- 投资是加诸实物资本存量之上的支出流。
- 投资需求是货币政策和总需求之间联系的首要环节。由于资本变得更加昂贵，利率提高可以减少投资。

本章概要

1. 对资本存量的需求和投资流量

企业用机器、设备来生产产出，这些共同构成了**固定资本**（fixed capital）的存量。本节介绍了**合意的资本存量**（desired capital stock）——企业在长期愿意持有的资本——的理论。由于企业订购和安装新的资本需要时间，企业并不总是持有合意的资本存量，而投资——投入资本存量中新设备的流量——弥补了实际资本存量和合意资本存量之间的差。

制造商在决定持有多少资本时，一般考虑三个方面的因素：它们预期能够售出的产量，每多投入一单位资本所能提高的产量（**资本的边际产出**，marginal product of capital），以及使用每一单位资本所耗费的量［**资本成本**（cost of capital）或**租金**（rental）］。

更多的资本总是能够产生更多的产出。每一单位增加的资本消耗等量的成本，但其对产出的贡献却越来越小。这种不变边际成本和递减边际产出的组合意味着存在某个点，在这个点上对公司来说购买更多的资本不再有意义。最终，公司从资本中所得的边际收益将低于边际成本。因此，只要增加的资本的边际收益超过边际成本，企业就会积累资本。当边际收益等于边际成本时，实物资本量将达到最优。

资本的租赁成本略高于预期的实际利率（r）——用自有资金购买资本而不是债券的机会成本。然而，如果企业希望将其所安装的资本保持在较好的工作状态，还有一个成本必须重视，即**资本折旧**（depreciate）。我们将资本的租金成本写作：

$$rc = r + d$$

或根据费雪公式：

$$rc = (i - \pi^e) + d$$

我们用预期实际利率代替实际利率，因为随着时间的推移，有关未来通胀的不确定性会转化为资产所支付的实际利率的不确定性。只有回顾利率时，我们才能准确地知道实际利率水平，才能衡量名义利率和通货膨胀率之间的差。资本被设为以固定的折旧率（d）折旧。

这一租金成本必须经过调整，以考虑税收的效应。当税后资本的边际产出等于税后租金成本时，实物资本将达到真实的最优状态。更高的企业所得税税率使资本的租金成本提高，从而降低了合意的资本存量。**投资税减免**（investment tax credits）则产生相反的效应：由于其允许企业抵扣每年投资支出的一小部分，它将使企业的资本租金成本降低。

因此，财政政策可以通过改变企业所得税税率或实行投资税减免来影响合意的资本存量。财政政策和货币政策都可以通过它们对实际利率的影响来影响合意的资本存量。

投资的 q 理论（q theory of investment）以更易量化的方式重申了边际收益等于边际成本的原则。它指出，由于公司股票代表了公司资本预计未来将产生的现金流，其价格是对资本价值的一种衡量。同样地，为更换公司所有资本所需的货币量也是对公司资本成本的一种衡量。

一个企业的市场价值（企业所发行的股票量乘以这些股票的市场价值）与企业资本的重置成本之比如下：

$$q = \frac{\text{企业市场价值}}{\text{企业资本的重置成本}}$$

下面来考虑边际收益与边际成本之比：q 大于 1 说明获取新的资本的收益大于成本，或企业应该增加投资。q 小于 1 说明获取新的资本的成本大于收益，或企业应该减少投资——使其资本存量减少。q 等于 1 说明企业拥有的资本正好合适，或资本处于合意水平。

投资率依赖于实际资本存量（K）和合意资本存量（K^*）之间的差额。**可变加速数模型**（flexible accelerator model）基于这样的原理：实际资本存量与合意资本存量差额较大的企业的投资应大于实际资本存量接近合意水平的企业。该模型假设企业总是试图缩小实际资本存量与合意资本存量之间的差距：

$$I = K - K_{-1} = \lambda(K^* - K_{-1})$$

其中，K_{-1}代表企业在上一期末所拥有的资本存量。如果你不理解滞后模型，不要着急，本章的技术回顾中会再次论述这一点。

2. 投资的分类——企业固定投资、住宅投资和存货投资

企业固定投资（business fixed investment）是投资的最大部分，也是经济周期波动的

领先指标。它还与企业的**留存收益**（retained earnings）——未支付给股票持有者的收益——密切相关，因为很多企业，尤其是小企业，不能从外界得到其所有的资金。这种不能以现行利率借到资金的现象称为**信用配给**（credit rationing），使企业在进行投资决策时，必须考虑它们所能够利用的资金以及市场利率。

很多类型投资的不可逆性也使事情变得复杂。一旦安装，很多资本就难以拆卸和重新分配，这就使得当企业选择某种特定资产时，会担心其未来及当前的盈利能力。

人们经常会采用**现金流量贴现分析**（discounted cash flow analysis）方法进行决策，使他们的投资决策依赖于对某预期未来利润流的现值的估计。

住宅投资（residential investment）实际上只是增加住房供给，其与实际利率和名义利率相关，并与现有的住房需求相关。特别地，当住宅需求量超过其现有存量时，住宅投资会产生，使购买或租赁住房的价格上升。当利率——尤其是抵押贷款利率——上升或人们的收入减少时，住房需求会下降。因此，住房需求对货币政策非常敏感，并有随经济周期变动的趋势，当经济繁荣时上升，而当经济衰退时下降。

存货投资（inventory investment）是生产中用到的原材料、生产中间环节的半成品以及由企业完成生产并预计出售的商品的累积。它也是投资中最不稳定的类型。当销售意外下滑时，就会产生计划外的存货积累，这是企业减产的信号。而当企业预期其产品需求在近期会上升时，就会有计划地积累存货。计划外的存货积累是衰退的信号，而计划内的存货积累则是企业业绩上升的信号。

为了降低储存存货的成本，很多企业采用了**适时存货管理**（just-in-time inventory management）方法，使产量与销售量更加接近，减少持有的存货，从而使得在整个经济周期中存货波动越来越小。

3. 投资和总供给

投资是总需求的一部分，但它难道没有引起潜在产出的增加吗？在长期，这一问题的答案是肯定的。投资是扩大产能的最有效的方法之一。事实上，那些将其产出中相当大的一部分用于投资的国家，其增长速度快于那些不这样做的国家。但任何类型的投资对供给产生的效应在短期内都很少显现出来，因此在短期内不必将其纳入考虑。

◇关键术语

企业固定投资	住宅投资	存货投资
资本存量	合意的资本存量	资本的边际产出
资本租金（使用者）成本	实际利率	投资的 q 理论
可变加速数模型	信用配给	现金流量贴现分析
加速模型	存货周期	适时存货管理
投资		

◇绘　图

投资是一个较小但变化较大的要素，其变动与大部分总需求的变动有关。本绘图题希望显示出总需求是如何紧随投资的变动而变动的——投资波动与总需求波动之间高度相关。

表 15－1 提供了 GDP 和总投资的数据。你的工作是找出这些变量每年的百分比变化，并在图 15－1 中将这些点各自标出。

表 15－1

年份	实际 GDP	总国内私人投资	实际 GDP 百分比变化（%）	投资百分比变化（%）
1990	8 033.9	993.5		
1991	8 015.1	912.7	−0.23	−8.13
1992	8 287.1	986.7	3.39	8.11
1993	8 523.4	1 074.8		
1994	8 870.7	1 220.9		
1995	9 093.7	1 258.9		
1996	9 433.9	1 370.3		
1997	9 854.3	1 540.8		
1998	10 283.5	1 695.1		
1999	10 779.8	1 844.3		
2000	11 226.0	1 970.3		
2001	11 347.2	1 831.9		
2002	11 553.0	1 807.0		
2003	11 840.7	1 871.6		
2004	12 263.8	2 058.2		
2005	12 638.4	2 172.2		
2006	12 976.2	2 230.4		
2007	13 228.9	2 161.6		
2008	13 228.8	1 957.3		
2009	12 880.6	1 515.7		
2010	13 063.0	1 658.1		
2011	13 299.1	1 744.0		
2012	13 591.1	1 911.1		

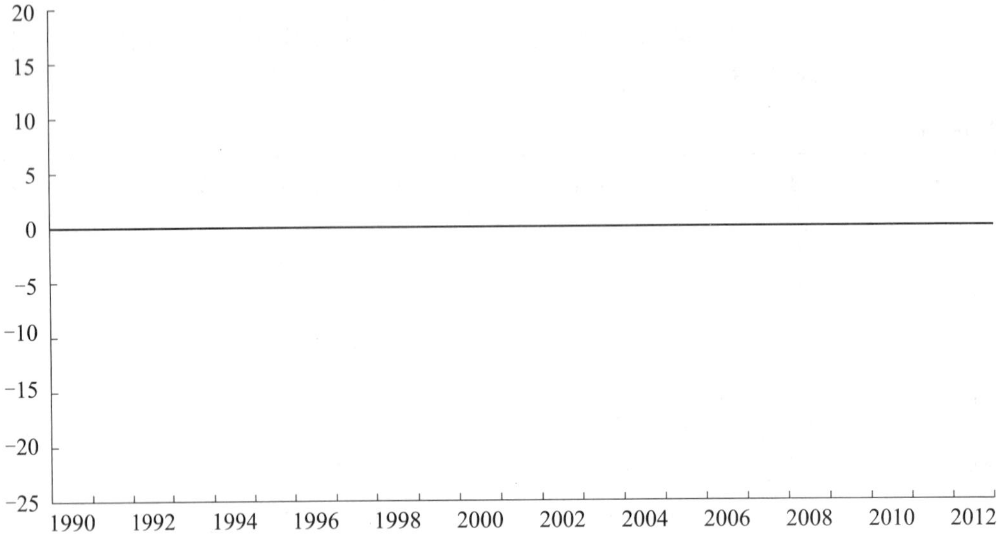

图 15-1

◇经济学释义

投　资

正如宏观经济学中所使用的那样，投资并不是指生息资产的积累，也不是指股票和债券的购买。

投资是实物，有时是人力资本的积累。新的住宅建设、新的机器购买以及存货的积累都属于实物资本的形态。教育和健康的维护都属于人力资本（本章中并没有讨论）的形态。通常来说，人力资本并不能被国民收入账户所衡量。

◇技术回顾

使用滞后变量

当我们将滞后引入模型时，该模型就成为一个动态（加入时间维度）模型。过去的情况会影响变量的现值，而现在的情况将影响变量的未来值。

滞后变量（lagged variable）是取更早期的值的变量。滞后以时间下标表示，例如，上一期的收入可能被表示为 Y_{-1}。“-1”代表一期滞后——用上一期的变量值代替本期的变量值。上一期的资本存量可被表示为 K_{-1}；而上一期资本存量与合意资本存量之间的差额可被表示为 K^*-K_{-1}。

尽管你可能并不知道，你早就已经接触过滞后。通过运用以下公式，你曾经计算过很多变量的变化率：

$$\frac{x-x_{-1}}{x_{-1}}\times 100\%$$

你已经学过随机游走，其特征可用以下公式简单表述：

$$y = y_{-1} + \varepsilon$$

你还曾经使用过一些动态过程，尽管你当时可能并不了解。当推导政府购买乘数时，当在新古典增长模型中考察资本随着时间的积累时，当比较过去和预期未来收入的差距以决定永久性收入时，你都在使用动态模型。

你已经对它非常熟悉了，不存在复习的必要。

◇填字游戏

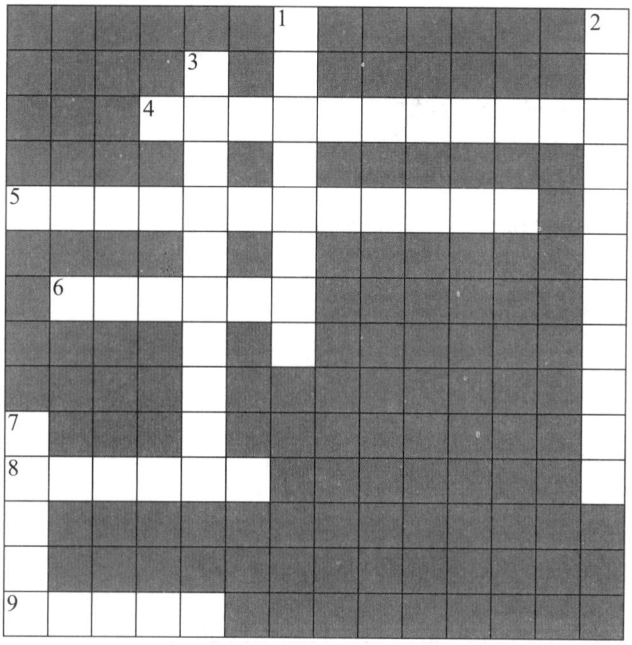

横

4. 在衰退开始时出乎意料地上升，而在繁荣开始时出乎意料地下降
5. 当资本消耗/随时间推移减少时发生
6. 资本成本，实际利率加折旧率
8. 金融________的积累不构成投资
9. 变量的一种类型，如资本

竖

1. 加速模型，假设企业试图弥合其各时期实际资本存量和合意资本存量之间的差距
2. 投资的类型，如住房建设
3. 货币政策和总需求之间的首要联系
7. 当利率上升时，住宅需求________

◇填空题

1. 投资的三种类型是________、________和________。
2. 生产中所用的机器、设备和架构是________的一部分。
3. 资本的租金成本等于实际利率加________率。
4. 资本的租金成本也被称为资本的________成本。
5. ________模型假设企业试图弥合其各时期实际资本存量和合意资本存量之间的差距。

6. ________存货管理减少手头持有的存货，使产量与销量更加贴近。
7. 政府可以通过给予企业________来支持企业投资。
8. 投资的________理论以更加简便的量化方式强调了“边际收益等于边际成本”的原理。
9. ________包括生产中使用的原材料、半成品和企业为未来销售而持有的成品。
10. 由于投资增加了资本存量，其提高了________。

◇判断题

T F 1. 投资是总需求中变动最大的部分。
T F 2. 上升的利率提高了投资。
T F 3. 上升的 GDP 提高了投资。
T F 4. 投资是一个存量。
T F 5. 投资是货币政策和总需求之间的首要联系。
T F 6. 扩张性货币政策提高了投资。
T F 7. 上升的利率减少了投资。
T F 8. 预期之外的高销售量使存货减少。
T F 9. 实际资本存量根据合意资本存量进行调整。
T F 10. 适时存货管理方法的采用使存货随经济周期的波动减小。

◇选择题

1. 企业所得税的增加________投资。
   a. 提高　　b. 降低
   c. 无影响　　d. 以上任何情况都有可能
2. 投资税减免的提高________投资。
   a. 提高　　b. 降低
   c. 无影响　　d. 以上任何情况都有可能
3. 下列哪项不是投资的类型？
   a. 机器购买　　b. 存货积累
   c. 新住房建设　　d. 股票或债券的购买
4. 折旧率上升使资本的租金成本________。
   a. 提高　　b. 降低
   c. 无影响　　d. 不确定
5. 折旧率上升使合意资本存量________。
   a. 提高　　b. 降低
   c. 无影响　　d. 不确定
6. 实际利率上升使资本的租金成本________。
   a. 提高　　b. 降低
   c. 无影响　　d. 以上任何情况都有可能
7. 实际利率上升使合意资本存量________。

a. 提高　　　　　　　　b. 降低
c. 无影响　　　　　　　d. 以上任何情况都有可能

8. 下列哪项衡量了获取资本的企业的收益？
a. 企业的市场价值　　　b. 资本重置成本
c. 资本使用成本　　　　d. 折旧率

9. 扩张性货币政策________投资。
a. 提高　　　　　　　　b. 降低
c. 无影响　　　　　　　d. 不确定

10. 扩张性财政政策________投资。
a. 提高　　　　　　　　b. 降低
c. 无影响　　　　　　　d. 不确定

◇概念题

1. 为什么实际利率上升使合意资本存量下降？
2. 为什么资本折旧率上升使合意资本存量下降？
3. 为什么在资本的租金成本公式中，我们使用实际利率而不是名义利率？

◇技术题

1. 如果合意的资本存量为 20 000 美元，目前的资本存量为 12 000 美元，某公司希望弥合二者差距的一半，可变加速数模型显示的下一期的投资水平是多少？再下一期的投资水平呢？
2. 假设合意资本存量由公式 $K^* = 0.25Y/rc$ 决定。名义利率为 12%。通货膨胀率为 6%。资本折旧率为每年 10%。
   a）如果收入为 16 000 美元，合意资本存量是多少？
   b）如果收入加倍，合意资本存量是多少？
   c）如果资本的租金成本加倍，合意资本存量是多少？
3. 考虑一个拥有 100 万股普通股的公司，每股价格为 35 美元。如果该公司资本存量的重置成本是 5 000 万美元，它应该增加资本存量吗？为什么？如果该公司股票的价格升至每股 80 美元，你的答案会如何变化？

第 16 章 货币需求

本章要点

- 我们都会持有货币——或以现金形式，或置于口袋里，或以银行存款形式。在学习货币需求的过程中，我们试图研究人们为什么会持有货币，以及哪些因素决定了人们持有的货币量。
- 我们的主要目标是找到某个函数，这一函数能显示在已知的收入水平和利率水平下人们所持有的货币量。毫无疑问，我们必须以此构建 *LM* 曲线。
- 理论和实证研究都指出，收入增加会使人们希望持有更多的货币，而利率上升将使人们希望持有的货币量减少。

本章概要

1. 货币存量的构成

货币包含以现金、支票账户和其他形式（与资产密切相关，但不包括财富和收入）存在的存量资产。共有四种对货币供给的衡量方法：M1、M2、M3 和 L。M1 包含了**流动性**（liquidity）最强的资产——最容易被用来对商品和劳务进行支付。L 包含了流动性最差的资产，但其仍然能够转化为债权人能够接受的形式。每种货币衡量方式的组成如下：

M1：通货、活期存款、旅行支票和其他支票存款。

M2：M1 加上货币市场共同基金、货币市场存款账户、储蓄存款和小额定期存款。

M3：M2 加上回购协议、欧洲美元、大额定期存款及机构持有的货币市场共同基金。

L：M3 加上储蓄债券、银行承兑汇票、商业票据和国库券。

2. 货币的职能

货币通常被认为具有四种职能：

交换媒介。货币被用于商品和劳务的购买，并能避免以物易物的经济中只有双方都达成合意才能开展交易的现象。

价值贮藏。随着时间的推移，货币可以保值。我们今天收到的货币可以放在床垫下或置于支票账户中，用于以后的商品和劳务的购买。

价值尺度，又称核算单位。价格用美元和美分而不是鸡肉、牛油果或看牙医的次数衡量。

延期支付的标准。货币被用于长期交易。例如，你可以从朋友处借入 100 美元，并承诺稍后偿还 105 美元。

关于货币的最重要一点是：货币是被人们普遍接受的作为商品和劳务支付手段的任何物品。因此，它可以具有很多形式。

3. 货币需求：理论

为什么我们会选择持有货币而不是其他一些生息资产？要点在于以下三个动机：

交易动机。我们希望在每次购买时都能够避免换成其他的资产（想想看那会多么麻烦）。

预防性动机。“以防万一”。我们永远都不能确切地知道自己的支出需求，当你的股票经纪人在打高尔夫或不能清算资产时，万一你突然想买个圣代冰激凌，持有一些额外的货币有助于你实现这一需求。

投机性动机。虽然货币的回报率不是很高，但它的风险低于其他资产。货币的投机性需求实际上是对安全性资产的需求。

无论持有货币的动机如何，其他资产回报率的上升都会减少货币需求。而当货币需求基于预防性动机时，关于未来支出的不确定性的上升会使货币需求上升。

在这里，我们建立关于实际货币余额而不是名义货币余额的模型（M/P 而不是 M）。由于人们为保持购买力而持有货币，他们不关注其所持有的名义货币量，因此人们没有**货币幻觉**（money illusion）——相信名义工资和名义价格的变动是有意义的。

4. 经验证据

实证研究解决了关于货币需求的四个关键点：

（1）当实际利率上升时，实际货币余额需求下降。

（2）当收入上升时，货币需求也上升。

（3）货币需求随着收入和利率的变动充分调整需要时间。

（4）如果价格水平和名义货币需求都加倍，实际货币需求不受影响，不存在货币幻觉。

高通货膨胀也会诱使人们持有更少的货币。在足够高的通货膨胀率下，人们可能根本不想持有金融资产，转而持有食物和其他商品。这种现象被称为**货币外逃**（flight out of money)。

5. 货币的收入流通速度

货币的收入流通速度（income velocity of money）指为满足所有购买需求，存量货币在一年中流转或再使用的次数。如果某年中人们购买了 100 万美元的商品和劳务，（名义）货币供给为 100 万美元，则货币的流通速度为 1，每美元平均被使用了一次。如果某年中人们购买了 100 万美元的商品和劳务，（名义）货币供给为 50 万美元，则货币流通速度为 2，每美元平均被使用了两次。

货币的收入流通速度定义为：

$$V=\frac{P\times Y}{M}=\frac{Y}{M/P}$$

货币数量论（quantity theory of money）用这一定义解释物价水平和货币存量为什么以及如何联系在一起：

$$M\times V=P\times Y$$

这一理论的经典形式假设 V 和 Y 都是固定的，基于这一假设，该理论认为任何货币供给的变动都将引起价格水平的同比例变动。

附　录

货币交易需求的鲍莫尔-托宾公式如下：

$$M^*=\sqrt{\frac{tcy}{2i}}$$

我们使用基本的直觉和少量数学工具构建了有关人们为购买商品和劳务所持有的货币量的公式。

首先，注意到在给定时期内，某人共分若干次（n）将其他资产转化为货币（如从储蓄账户中提款），其所持有的平均货币余额（M）等于其 n 次支出的货币量：

$$M=\frac{Y}{2n}$$

下面，观察到持有货币的机会成本等于次优机会的价值——其他资产所支付的利率（i）。假设每次资产转换的成本为 tc。

持有平均余额$\frac{Y}{2n}$的总成本为：

$$(n\times tc)+\frac{iY}{2n}$$

交易的最优次数即为使总成本最小化的量，该最优解（n^*）由以下方程给出：

$$n^*=\sqrt{\frac{iY}{2tc}}$$

将其代入最初的公式 $M=\frac{Y}{2n}$，得到最优的平均货币余额：

$$M^*=\sqrt{\frac{tcY}{2i}}$$

◇关键术语

货币	M1	M2
M3	流动性	交换媒介
价值贮藏	价值尺度	延期支付的标准
实际余额	货币幻觉	交易动机
预防性动机	投机性动机	资产组合
风险资产	利率弹性	收入弹性
货币外逃	货币的收入流通速度	货币数量论
数量方程	古典数量理论	

◇绘　图

本绘图题通过在图 16－1 中描绘出某些波动来证明预防性货币需求的基本原理。

预防性货币需求背后的逻辑在于：人们希望持有足够的货币，而不需频繁地去银行提取现金，然而由于持有货币有机会成本，人们并不愿意持有过多的货币。我们已经在图 16－1中画出了代表某一现金需求的波动线。假设在该图所代表的时期内，我们为提取现金而出门的次数不超过两次。用直尺画一条尽可能低的虚线，波动线超过该虚线的次数不超过两次。实线显示了预防性货币需求。

你的工作是画出一条现金需求波动线，该现金需求的波峰较高。然后用直尺画出货币需求线，该线与你在图 16－1 中所代表的时期内不想为现金出门超过两次一致。

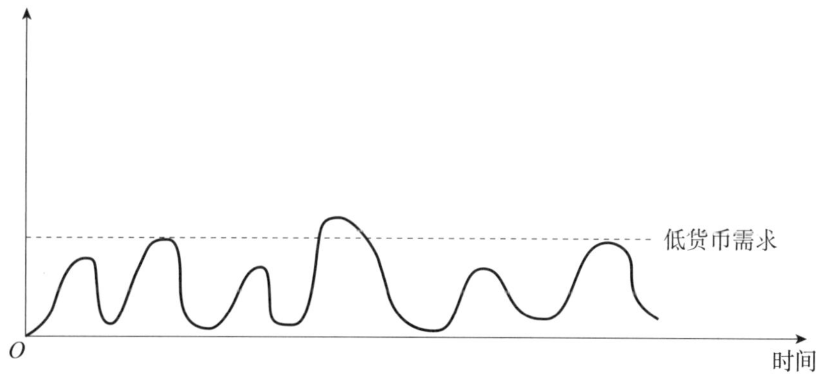

图 16－1

◇经济学释义

流动性

当资产能够轻易地转化为商品和劳务，其风险又很低时，该资产是流动的。现金是流动性最强的资产，在任何情况下，它都能直接用于交换商品和劳务。支票账户或“活期存款”的流动性也很强。

股票和债券的流动性稍差。它们都需要一定的时间才能售出，因此不能如现金一样轻易地被用于商品和劳务的购买。股票和债券的价格也是波动的。想象一下，每次你想剪头发或购买一些小杂货时，你都必须卖出一些股票，为了满足购物的需求，你很可能会以较低的价格卖出。频繁地将这些资产转化成商品和劳务会引发相当大的风险。

具有讽刺意味的是，流动性最差的资产是装满水的湖泊。湖泊在短期内不可能轻易地售出。

◇技术回顾

自然对数

在计算器产生之前，对数表主要用于使计算速度加快。而到了今天，对数表已经失去了这一功用，几乎没有人会用手进行计算。

然而，自然对数仍然是非常有用的，因为其与百分比变化紧密相连：某变量自然对数的变化与该变量的百分比变化几乎相等。这在绘制某一变量与另一变量的相对变化图时非常有用。例如，如果你绘出了 y 的自然对数（$\ln y$）相对 x 的自然对数（$\ln x$）的图，该线的斜率会告诉你当 x 提高百分之一时，y 的百分比变化。

自然对数通常被定义如下：

$$X=\ln Y\text{，当且仅当 }Y=e^{x}\text{ 时}$$

其中，e 是接近 2.718 28 的无理数（无限延续）。对 e^x 取自然对数得到 x，对 e 取指数 $\ln x$ 也会得到 x（e^x 和 $\ln x$ 是反函数）。

下面是一些有关自然对数的法则：

（1）$\ln(xy)=\ln x+\ln y$。

（2）$\ln(x/y)=\ln x-\ln y$。

（3）$\ln(x^y)=y\times\ln x$。

（4）$\ln(1+x)\simeq x$（符号$\simeq$指“约等于”）。

◇填字游戏

横

2. 持有货币的动机，人们不想在每次购买时都需要将资产转换成货币
5. 货币的职能，________媒介
7. 持有货币的动机，以防万一
9. 储蓄的类型，包含在 M2 中，但不包含在 M1 中

竖

1. 包含在 M1 中
3. 持有货币的动机，减少资产组合风险
4. 衡量一年中美元的平均转手次数
6. 货币的职能，价值尺度，又称________单位
8. 货币的职能，________贮藏

◇填空题

1. 组成 M1 的资产比组成 M2 的资产的流动性________。
2. 储蓄存款比国库券的流动性________。
3. 为降低资产组合的风险而持有货币是货币的________动机的例子。
4. 因为担心某些物品可能需要支付而持有货币是货币的________动机的例子。

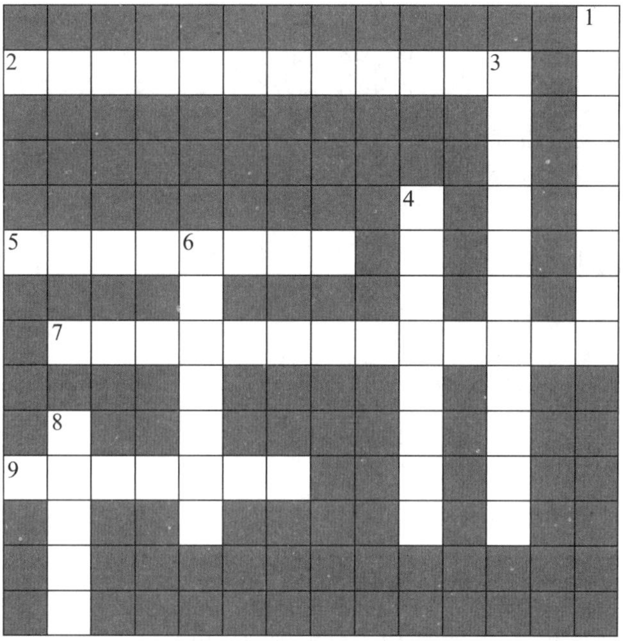

5. 为购买商品和劳务而持有货币是货币的________动机的例子。

6. 冰块可能并不是一个好的货币存在的形式，因为其________作用很差。

7. 巨型石板也不是好的货币存在形式，因为其不是方便的________。

8. 当高通货膨胀使人们更愿意持有商品而不是货币时，我们称之为________。

9. 方程 $M \times V = P \times Y$ 被称为________方程。

10. 货币的________衡量了各年度该货币的平均转手次数。

◇判断题

T F 1. 现金是所有资产中流动性最强的资产。

T F 2. 股票是所有资产中流动性最强的资产。

T F 3. 收入上升提高了货币需求。

T F 4. 货币需求可以立即根据收入和利率的变动进行调整。

T F 5. M1 比 M3 流动性强。

T F 6. M3 比 L 流动性强。

T F 7. 人们会尽可能多地持有他们所能得到的货币。

T F 8. 持有的货币总是越多越好。

T F 9. 如果货币供给增长比产出增长快，就会引起通货膨胀。

T F 10. 当实际利率提高时，实际货币余额需求下降。

◇选择题

1. 通货被包含在________中。

   a. M1　　b. M2

   c. M3　　d. 以上所有

2. T 债券（3 月期国库券）被包含在________中。

a. M1　　b. M2

c. M3　　d. 以上所有

3. 下列哪项是流动性最强的？

a. M1　　b. M2

c. M3　　d. L

4. 下列哪项是流动性最差的？

a. M1　　b. M2

c. M3　　d. L

5. 下列哪项最常用来衡量货币？

a. M1　　b. M2

c. M3　　d. L

6. 下列哪项不是货币的职能？

a. 交换媒介　　b. 价值尺度

c. 价值贮藏　　d. 贪婪的衡量

7. 在下列哪种情况下，人们会希望持有更少的货币？

a. 高通货膨胀　　b. 低利率

c. 货币幻觉　　d. 以上所有

8. 在长期，货币供给的上升将引起________。

a. 高实际利率　　b. 高产出

c. 通货膨胀　　d. 以上所有

9. 货币是________。

a. 纸币和硬币　　b. 纸币、硬币和银行账户

c. 人们可用来交换商品和劳务的任何东西

10. 在古典数量论中________。

a. 产出固定　　b. 流通速度固定

c. 价格水平可变　　d. 以上所有

◇概念题

1. 你为什么持有货币？(你持有货币的动机是什么？)
2. 除了纸币和硬币以外，你还知道哪些物品曾被用作货币？

◇技术题

1. 如果名义 GDP 为 1 000 000 美元，货币供给（以 M2 衡量）为 500 000 美元，货币的收入流通速度是多少？
2. 如果产出以每年 3%的速度增长，货币供给以每年 8%的速度增长，通货膨胀率是多少？
3. 如果你每年赚 100 000 美元，你为从银行账户中提款需支付 1.50 美元费用，利率为 6%。根据鲍莫尔-托宾模型，你为交易而持有的货币将是多少？

第 17 章

美联储、货币与信用

本章要点

- 本章提出了部分准备金银行制度的概念，并考察了联邦储备体系控制货币供给的方式。

本章概要

1. 货币存量的决定：货币乘数

货币供给中相当大的一部分来自各金融机构中的存款，而美联储无法对其进行直接控制。然而，金融机构将其所持有的部分货币存储于美联储账户中，并偶尔向美联储借入资金。美联储可以决定银行必须持有多少储蓄，可以决定其向银行借出的资金的利率水平［称为**贴现率**（discount rate）］，还可以控制经济中流通的纸币和硬币的数量。因此，美联储有一系列**工具**（instruments）来控制货币供给。

经济中流通的通货（纸币和硬币）以及美联储为银行保有的储蓄存款构成了**基础货币**（monetary base），也称为**高能货币**（high-powered money）。公众手中所持有的现金是货币供给的一部分，而银行所持有的准备金则不是。

货币乘数（money multiplier，mm）指货币供给与高能货币存量（基础货币）之比，由以下公式给出：

$$mm = \frac{1 + cu}{re + cu}$$

其中，cu 是**通货-存款比率**（currency-deposit ratio）——通货与银行存款之比，而 re 是**准备金比率**（reserve ratio）——银行准备金与其储蓄之比。

因此，货币供给（M）由以下公式给出：

$$M=\left(\frac{1+cu}{re+cu}\right)H$$

其中，H 是高能货币存量。准备金比率提高使货币乘数变小，使在给定的货币供给水平下所需的高能货币增加。通货-存款比率提高使货币乘数增大，使给定的高能货币存量所产生的货币供给增加。

银行通常会持有比法定准备金更高的准备金——它们所贷出的款项小于其所能贷出的最大值。由于准备金不能赚取利息，银行通常会最小化其所持有的**超额准备金**（excess reserves）。当利率较高时，它们尤其会这样做，从某种程度上来说，利率的上升会降低准备金率而扩大货币乘数。

联邦存款保险公司（Federal Deposit Insurance Corporation，FDIC）为银行存款做保证，从而即使银行倒闭，公众的存款也能得到支付。**银行挤兑**（bank runs）——由于每个存款人都相信别人也会提款而引发的提款浪潮——会使通货-存款比率下降，从而货币供给减少。

2. 控制货币的工具

美联储通常使用**公开市场业务**（open market operations）——政府债券的购买和出售——来增加或减少基础货币，从而影响货币供给。通过用自身负债购买资产并支付，美联储可以任意创造货币。

它也可以通过降低**法定准备金比率**（required reserve ratio）——银行被要求以准备金形式保有的存款占比，或降低**贴现率**（discount rate）——会使银行减少其所持有的超额准备金——来增加货币供给。银行没有必要只是从美联储借入准备金，它们也可以从其他银行借入超额准备金。这个市场被称为联邦基金市场，其利率被称为联邦基金利率。所有这种市场都是短期借贷市场。毫无疑问，在这些市场中利率的变动是非常相似的，否则一个银行就可以在低利率的市场中借入资金而在高利率的市场中贷出以获取收益。

美联储一般不印制钞票，它也不必通过购买债券来帮助政府弥补财政赤字。

3. 货币乘数与银行贷款

本节主要介绍了货币乘数是如何将基础货币的变动转化为货币供给的变动的。

公开市场购买的上升使货币从美联储转移到个人手中，个人可以将其作为现金持有，也可以将其存入金融机构。如果这笔资金被存入金融机构，该机构的准备金就会以与资金规模相等的量增加，这就使银行有了更多的超额准备金，其准备金比率上升。为了降低超额准备金，银行会贷出更多的货币，贷款者或将其存入银行，或将其再转给别人，而此人也会将这笔款项的部分或全部存入银行。现在，货币供给的提高大于公开市场购买的量。银行的准备金因存款而增加，其超额准备金再次增加，又会贷出更多的货币以减少超额准备金。这一过程一再重复，直到所有银行都持有其所愿意持有的准备金量，每次重复都会使货币供给增加。当然，银行准备金的增加会反映存款的增加，而准备金比率却不变。

货币乘数反映了在此过程中创造出来的总的货币供给扩张，它显示了1美元基础货币的增加所创造出的总货币供给的增加。

4. 货币存量控制与利率控制

美联储可以用货币政策达到一个特定的利率或特定的货币供给目标，但除非巧合，否则难以同时达到这两个目标。货币需求函数决定了与每一实际货币余额相联系的实际利率。

相比于货币供给，美联储可以更加精确地控制利率。

5. 货币存量目标与利率目标

如果对产出的大部分冲击来自意料之外的 *IS* 曲线的变动，美联储在短期内能够通过更加有效地维持货币供给而不是利率来稳定产出。

而如果对产出的大部分冲击来自意料之外的 *LM* 曲线的变动，美联储在短期内能够通过更加有效地维持利率来稳定产出。

货币主义者认为，由于货币存量的提高最终将导致物价水平的上升，以利率而不是货币作为目标是错误的。在长期内避免通货膨胀的唯一方法，就是使货币供给保持温和上升。

在实践中，美联储以联邦基金利率为目标，它每六个星期召开一次会议，以决定是否改变目标利率水平。

6. 货币、信用与利率

除了货币存量目标和利率目标外，美联储还可以有信用目标。它可以通过货币政策使非金融部门的债务达到一个特定的水平。与货币相比，债务似乎与 GDP 的联系更加紧密。

支持信用目标的人认为，当出现信用配给时，即当人们不能在现有利率水平下借到其所希望借到的资金额度时，利率并不是一个反映经济状况的可靠的预测指标。

7. 哪些目标适合美联储?

有两类目标：**最终目标**（ultimate targets）（美联储最终所关注的那些变量的行为）和**中间目标**（intermediate targets）（与最终目标有联系的变量的行为）。美联储只能试图实现其中间目标，因为这些目标的实现有利于其政策更加精确地作用于最终目标。

理想的中间目标是美联储能够精确地控制并与最终目标具有已知的、可行的关系的一个变量。

◇关键术语

信用	部分准备金银行制度	高能货币
基础货币	货币乘数	通货-存款比率
准备金比率	银行挤兑	去中介化
联邦存款保险公司（FDIC）	法定准备金	超额准备金
公开市场业务	贴现率	法定准备金比率

外汇市场干预　　联邦基金利率　　信用目标
信用配给　　最终目标　　中间目标
工具　　基础货币目标　　通货膨胀目标
名义 GDP 目标

◇绘　图

本绘图题主要用资产负债表来阐述在部分准备金银行制度中，存款的乘数扩张效应。为使问题简化，假设只有一个银行和一个人，那个人的名字叫 Fred。

Fred 开始时存入了 200 美元存款，银行开始时有 200 美元准备金。假设法定准备金比率为 10%，且银行不愿意持有超额准备金。表 17－1 给出了此时银行的资产负债表。

表 17－1　　**资产负债表 1**　　单位：美元

Fred				银行			
资产		负债		资产		负债	
存款	200	无		准备金	200	存款	200
				（法定	20）		
				（超额	20）		
		净资产	200				
	200		200		200		200

后来，Fred 决定向银行借款 180 美元，他想用这笔钱去钓鱼。作为一个非常好的银行（大部分银行都不会因为这样一个无聊的理由而贷款），该银行同意给 Fred 全额贷款。Fred 签订了贷款协议书，而银行向他的账户贷出了 180 美元。将这笔新的交易填入表 17－2 中。

表 17－2　　**资产负债表 2**　　单位：美元

Fred				银行			
资产		负债		资产		负债	
存款	____	贷款	180	准备金	200	存款	____
				（法定	____）		
				（超额	____）		
		净资产	____				
	____		____		____		____

由于钓鱼是一项耗资很大的运动，Fred 决定再次贷款！这个荒谬的银行同意将其所有超额准备金都贷给他。Fred 签署了协议书，银行又向他的账户拨付了贷款。为反映每一方的资产和负债，请填写表 17－3。

表 17-3　　资产负债表 3　　单位：美元

Fred				银行			
资产		负债		资产		负债	
存款	____	贷款	____	准备金	____	存款	____
				（法定	____）		
				（超额	____）		
		净资产	____	贷款	____		
	____		____		____		____

非常明显，这个过程可以永远进行下去。用我们所学过的关于货币乘数的理论填写表 17-4，该表反映了最终储蓄的乘数扩张效应以及超额准备金为 0 的状况。

表 17-4　　资产负债表 4　　单位：美元

Fred				银行			
资产		负债		资产		负债	
存款	____	贷款	____	准备金	____	存款	____
				（法定	____）		
				（超额	0）		
		净资产	____	贷款	____		
	____		____		____		____

◇经济学释义

美联储

“美联储”实际上是联邦储备体系的简称，该体系由 12 个区域性银行（负责监督和规范金融机构，并向成员银行和联邦政府提供银行服务）和政府机构（负责监督的联邦储备理事会）组成。

联邦储备理事会包括 7 名成员，由总统提名并由参议院批准，任期为 14 年。其主席和副主席——7 名成员中的 2 名——任期为 4 年，可以连任。联邦储备理事会拥有对法定准备金的绝对权威，并负责批准区域性联邦储备银行所做出的关于贴现率变动的任何决策。它还成立了一个联邦公开市场委员会（FOMC），负责监督公开市场业务。联邦公开市场委员会包括理事会的 7 名成员、纽约联邦储备银行行长和 4 名其他地区联邦储备银行行长，这 4 个席位由其他 11 个地区联邦储备银行行长轮流担任。在实践中，美联储主席对美国的货币政策几乎拥有全部决定权。

在以下网站中，可以得到更多关于联邦储备的信息：http://www.federalreserve.gov。

◇技术回顾

阅读资产负债表

不论在日常生活还是在经济学的学习中，阅读资产负债表都是十分重要的。资产负债表反映了经济中部门的资产和负债，能够使读者考虑交易中的每一个元素，因此在实践中非常有用。通过完整地写出所有资产负债表的变动，人们可以进行两种特殊检验——一个纵向平衡，一个横向平衡。

在纵向平衡中，一个给定的资产负债表中的所有变动都必须相同。或者资产和负债以等量变动，或者一种资产（负债）增加，另一种资产（负债）等量减少。

在横向平衡中，某一特定资产在经济的所有资产负债表中的变动之和为零。这是因为一个人的资产是另一个人的负债。在检查横向平衡时必须谨慎：例如，如果某人从银行中提款，银行中的货币总量会降低。该提款者资产的减少会与银行负债的降低相适应。

每一笔交易或每一个交易组合都必须具有纵向和横向平衡。本章绘图题中的表 17－1、表17－2 和表 17－3 就是简单资产负债表的例子。

◇填字游戏

横

2. 公开市场业务，贴现率，法定准备金比率

4. 为银行存款提供保险的机构（缩写）

6. ________货币，由通货储备加银行存款构成

7. 目标的类型，如基础货币
9. 美联储的一部分，负责确定目标，指导货币政策（缩写）
11. 美联储的前任主席

3. 比率，银行存款用作准备金的量
5. 认为债务与产出的联系比货币更显著的人支持这类目标
8. 美联储向银行短期贷款的利率
10. 联邦储备体系的简称

竖

1. 目标的类型，如通货膨胀和产出

◇填空题

1. 银行准备金由________准备金和________准备金组成。
2. 美联储向成员银行收取的利率被称为________。
3. 银行向其他银行借入超额准备金时所支付的利率被称为________。
4. 货币供给与基础货币之比被称为________。
5. 基础货币又被称为________。
6. 通货与银行存款之比被称为________。
7. 银行准备金与银行存款之比被称为________。
8. ________保障了银行存款，即使银行倒闭，存款者也能得到支付。
9. 美联储通常采用________控制货币供给。
10. 当美联储购买债券时，由于________银行制度，货币供给的增加超过基础货币的增加。

◇判断题

T F 1. 高能货币增加使货币供给上升。
T F 2. 公众持有通货而不是存款的意愿的加强使货币供给上升。
T F 3. 法定准备金比率提高使货币供给上升。
T F 4. 银行持有的超额准备金的提高使货币供给上升。
T F 5. 收入上升使货币供给上升。
T F 6. 贴现率上升使货币供给上升。
T F 7. 美联储对债券的公开市场购买使货币供给上升。
T F 8. 当美联储买入外汇时，货币供给上升。
T F 9. 通货膨胀使货币供给上升。
T F 10. 减税使货币供给上升。

◇选择题

1. 下列哪项是最终目标的例子？
   a. 基础货币　　b. 信用
   c. 产出　　d. 以上都不是
2. 下列哪项是中间目标的例子？
   a. 通货膨胀　　b. 产出
   c. 信用　　d. 以上都不是
3. 货币乘数为________。

a. 0　　b. 1

c. 大于 1　　d. 以上都有可能

4. 如果通货-存款比率为 1/2，准备金-存款比率为 1/4，则货币乘数为________。

a. 0.75　　b. 0.25

c. 1　　d. 2

5. 货币政策由下列哪个机构决定？

a. 联邦存款保险公司　　b. 联邦公开市场委员会

c. 美国证券交易委员会　　d. 美国环境保护署

6. 联邦储备理事会的前任主席是________。

a. 艾伦·格林斯潘　　b. 米尔顿·弗里德曼

c. 保罗·萨缪尔森　　d. 约翰·梅纳德·凯恩斯

7. 美联储首要的货币控制手段是 ________。

a. 贴现率　　b. 法定准备金比率

c. 公开市场业务　　d. 外汇干预

8. 下列哪项美联储可以控制得最为精确？

a. 利率　　b. 基础货币

c. 产出　　d. 通货膨胀

9. 下列哪项是美联储最不常用的货币控制工具？

a. 贴现率　　b. 法定准备金比率

c. 公开市场业务　　d. 差不多

10. 在下列哪种情况下，利率是货币政策的不可靠的预测指标？

a. 货币幻觉　　b. 通货膨胀目标

c. 信用配给　　d. 非中介化

◇概念题

1. 为什么银行会愿意持有超额准备金？
2. 美联储如何增加货币供给？
3. 为什么货币主义者认为以利率而不是基础货币为目标是错误的？
4. 你认为哪个是美联储应该使用的目标，是利率还是基础货币？为什么？

*5. 你能说出 3 个美联储前主席的名字吗？评价他们的表现。如果可能的话，讨论他们离职的原因。

◇技术题

1. 如果公众开始怀疑银行系统，希望以现金形式持有更多的货币，基础货币会如何变动？利率呢？短期产出呢？
2. 当产出的大部分变动来自 *LM* 曲线的意料之外的变动时，美联储以基础货币还是利率为目标会更好地稳定产出？用 *IS-LM* 分析展示。
3. 如果通货-存款比率为 0.2，准备金比率为 0.1，1 美元基础货币的增加会提高多少货币供给？

第 18 章 政　策

本章要点

- 本章着重阐述了制定政策时的三个关键困难：时滞、预期和不确定性，也涉及制定特殊政策时目标和实施策略的选择。

本章概要

1. 政策作用的时滞

以实践经验来说，用政策来稳定产出是非常困难的。首先，判断一个扰动是短暂性的还是永久性的（或者是否持久）是必要的步骤。如果是短暂扰动，最好的方法是什么都不做——特别是在使用财政政策的时候。时间上的滞后性致使扰动失效，从而很可能使随后的宏观经济政策产生事与愿违的结果。

现实中存在很多使政策失效的**时滞**（lags），或者说是延误。首先，政策制定者意识到制定政策是需要花费时间的——政策制定者必须认识到他们需要采取行动。这一阶段所花费的时间被称为**认识时滞**（recognition lag）。认识到需要采取行动之后，政策制定者需要更长的时间来决定政策决策的内容，这一阶段的时滞被称为**决策时滞**（decision lag）。接下来，如果实施政策也需要花费时间，那么会存在**行动时滞**（action lag）。认识时滞、决策时滞和行动时滞统称为**内部时滞**（inside lag），即从扰动产生到政策实施所花费的时间。政策的内部时滞是一种**甄别时滞**（discrete lag），即一段相对固定的时间。相比之下，**外部时滞**（outside lag）通常是一种分布时滞，即一旦采取行动，它对经济的作用扩展到无法增加的地步时所需要花费的时间。这些政策效应是一点点累积起来的，会逐步地贯穿整个经济运行周期。

货币政策具有较短的内部时滞。得益于美联储的现有结构，货币政策的决策时滞很短暂，而行动时滞几乎为零。例如，公开市场业务几乎可以在做出决定之后马上得以实施。财政政策则具有一个相当长的内部时滞（想象一下国会讨论稳定政策是否该通过的场景）。因此，在稳定经济上，货币政策比财政政策使用得更为频繁。但是从另一方面看，货币政策的外部时滞相较于财政政策要长。

面对给定的政策目标，政策制定者可以在**渐进式**（gradualist）政策和**冷火鸡式**（cold-turkey）政策之间做出选择。两者各有优劣。

渐进式政策会缓慢地将经济移向目标。如果速度过快，则会产生缺陷，但是它可以使政策制定者在政策运行时观察到政策效应，也可以使他们获取新信息从而对政策做出微调。紧缩性政策往往也会在其缓慢实施的过程中减少经济衰退的负面效应，因为紧缩的效应会在相当长的一段时间内扩散开去。不同的是，渐进式政策会减少其可信度，它们通常运行缓慢，感觉像是政府没有采取任何措施。并且，我们已得知，民众的预期对判断政策的成功与否有很大影响力。

冷火鸡式政策常常用来解决可信度问题，但是它们会产生负面的边际效应，所以政府在有选择余地的情况下通常会舍弃冷火鸡式政策。

2. 预期与反应

政策制定者不知道准确的乘数值，因而他们不清楚政策产生了何种程度的效果。他们同样不知道民众具有何种预期：消费者会理解“长久”的减税政策其实是短暂的吗？会相信短暂的减税政策持续的时间比预期长吗？

可信性对于政策制定者来说是一个棘手的问题。如果消费者不相信政府做出的决定，他们的预期不受影响，因而他们对政策变动的反应将不同于政策制定者的预期。

更为糟糕的是，政策的实施可能会自动影响预期。卢卡斯在他的**计量经济政策评估批判**（econometric policy evaluation critique）（通常简称为卢卡斯批判）中断言，许多现存的宏观经济模型并不能用于研究政策变动的效应，因为人们对变动的反应取决于政策自身。

3. 不确定性与经济政策

稳定性政策可能会失败，原因在于诸如自然灾害或消费者偏好变动之类的不可预见的事情的发生。也可能是因为政策制定者使用了错误的模型来分析政策效应，或者是因为模型正确但参数估计错误。我们不可能充分了解经济的实际结构和运行过程，并准确可信地预测出政策的全部效应。

当我们面对不同的政策而不能确定乘数的范围时，可以使用政策工具的组合，例如采用比较弱的货币和财政政策的做法。如果运气不错，两种政策的未预期效应会相互抵消。

不确定性越大，采取积极性政策的可能性就越小。由于缺乏信息，很积极的政策组合可能会造成引起经济不必要波动的大风险。

4. 目标、工具与指标：一种分类

在政策讨论中，政策制定者会将变量分成不同的类别：目标，即一系列具体的数值（例如4%的实际利率，或2%的通胀率）；**工具**（instrument），即政策制定者直接操作的手段（例如名义货币余额）；指标，即发出信号以便我们能判断政策成功与否的变量。例如，一个特殊的变量——名义利率，可以供政策制定者调整战略，有时可以作为指标使用，有时也可以作为目标使用。

目标可被划分为两类：最终目标和中间目标。最终目标的表面意思为，我们希望通过政策实施以达到的目标（例如，2%的通胀率，或5%的产出增长）。中间目标比较棘手，因为有时最终目标很难达到，而中间目标不那么重要却更加容易实现（例如，2%的货币年增长率是与2%的通胀率这一最终目标相对应的中间目标）。

5. 积极性政策

积极性政策的支持者认为，我们应采取货币和财政政策来共同减缓经济运行中的波动，但是也有一些经济学家反对整体使用积极性政策。笔者认为，只要政策制定者能够判断出其中的不确定性，考虑到政策的时滞，并采取适当的措施减缓波动的影响，积极性政策就是合适的。

积极性货币政策的批判者认为，货币当局应当运用规则而不是运用政策的斟酌使用方法。需要注意的是，美联储前主席艾伦·格林斯潘是积极性政策的绝对拥护者，积极性货币政策的反对者或许会与他的管理方式发生严重分歧。

6. 哪个目标？——一个实际的应用

假定我们有两个政策目标：首先，将实际GDP保持在接近潜在GDP水平；其次，保持低通货膨胀率。我们该选择哪一个目标？

实际GDP目标。如果我们正好达到潜在GDP，那么实际GDP目标就是最优的。我们可以直接设定一个低至零的产出差距，并保证以低通胀率为基准。如果没有对于潜在GDP的适当估计，可能会高估或低估实际GDP。假定潜在GDP的增长速度只有2%，而我们高估至4%，那么政策制定者会推高经济发展速度，产生不可取的通胀。

名义GDP目标。名义GDP目标会更为稳健，因为它能从产出和通胀两方面控制政策效应。假设我们高估了潜在产出的增长速度，我们可以采取4%的名义GDP目标来限制潜在通胀的负面效应，即使是低至零的潜在产出增长率也不可能在长期内产生高于4%的通胀率。（名义GDP的增长率大致可分为实际GDP的增长率和通胀率。）这并不完美——特别是在我们低估了潜在产出的水平或增长速度的时候——但这是安全的。

通货膨胀目标。你需要完全放弃第一个基本目标，并保证第二个目标运行完美。一些经济学家认为这是可行的，但其他人对此持怀疑态度。

7. 动态不一致、规则与相机抉择

在这一节的争论中，当政策制定者斟酌积极性政策的使用时，他们在短期内的行动会与长期目标不一致。例如，假设政策制定者对低通胀有一个可信的承诺。人们对通货膨胀预期的下降会导致短期菲利普斯曲线下移，降低扩张性政策使用时的通胀效应。这样会改变政策制定者在产出和通胀目标之间的权衡，可能会允许小幅的通胀以促进短期内产出的增长和失业率的降低。

理性的政策制定者发现，偏离他们承诺的政策（例如低通货膨胀）反而是最佳的，我们将这种政策称为**动态不一致**（dynamically inconsistent）政策。显然，政策制定者不能频繁地采取动态不一致政策，因为这会令他们的可信度受损；如果缺乏可信性，政策不可能起作用。

◇关键术语

内部时滞	外部时滞	认识时滞
决策时滞	行动时滞	甄别时滞
分布时滞	经济计量模型	可信性
目标	工具	指标
实际 GDP 目标	通货膨胀目标	卢卡斯（计量经济政策评估）批判
乘数的不确定性	政策工具组合（多样化）	损失函数
边际损失函数	积极性政策	微调
规则与相机抉择	积极性规则	动态不一致
动态规划		

◇绘　图

本绘图题可让你了解近几十年来美国的货币政策趋势。表 18-1 提供了 1990—2012 年美国实际货币余额的数据（现金和活期存款，或称为 M2，除以 CPI）。其中，正数表示扩张性政策，负数表示货币供给紧缩。将数据在图 18-1 中描述出来。

请解释为什么美联储在不同的年份选择不同的政策。

表 18-1

年份	实际货币余额的百分比变化（%）	年份	实际货币余额的百分比变化（%）
1990	0.1	2002	5.9
1991	−0.5	2003	4.5
1992	−1.2	2004	2.0
1993	−1.9	2005	0.9
1994	−1.2	2006	2.0
1995	−0.7	2007	3.4
1996	1.8	2008	3.2
1997	2.6	2009	8.2
1998	5.5	2010	2.5
1999	5.1	2011	7.3
2000	2.5	2012	8.5
2001	5.8		

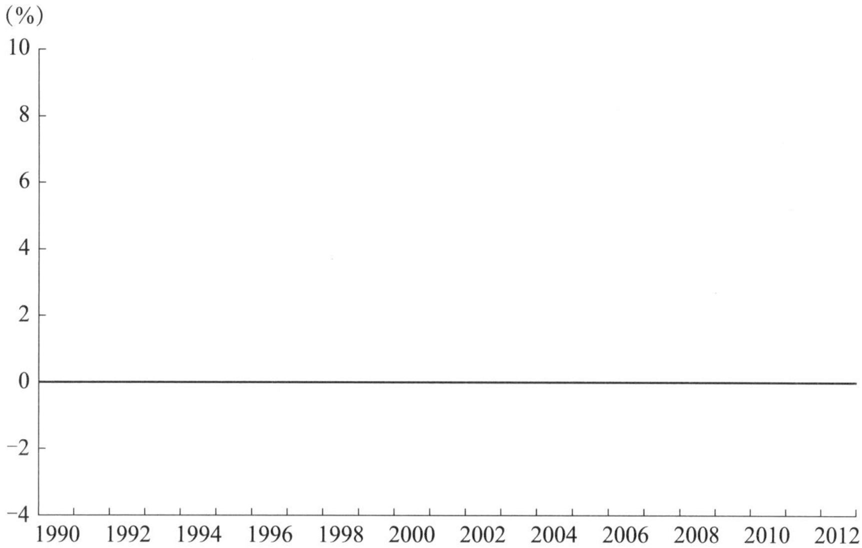

图 18 - 1

◇经济学释义

熊市与牛市

熊市和牛市这两个词汇被媒体频繁地使用，但也经常被混淆。大多数人都知道的是，它们其中之一与升市相连，另一个与跌市相连，但也有很多人分不清楚。阅读下面的文字，你会了解到它们各自的概念，幸运的话，还可以找出区分二者的方法。

熊市表示股市处于跌市状态，牛市表示股市处于升市状态。投资分析者有时在特定股市中会分别称它们为“看涨”和“看跌”。这取决于他们的乐观程度，即他们是否认为股市会上涨。如果投资者认为行情看涨，他们会买进。如果投资者认为行情看跌，他们会暂时停止交易以等待股市恢复。

行情看涨者对股市更乐观，牛市为这种乐观提供了基础；行情看跌者则更为悲观，在一个跌市中，他们会是那群抱有最合理期望的人。

◇技术回顾

货币增长与产出增长的关联

由货币数量论可知 $M\times V=P\times Y$，或长期内 $M\times V=P\times Y^*$，该式描述了构成它的变量 M、V、P、Y 的关系，同时也暗含了四个变量的增长率之间的关系。关于这个等式，有几种推导方法：可以用积分方法，但笔者不推荐使用这种方法，也可以运用自然对数进行巧妙的推导（自然对数的相关理论见第 15 章的技术回顾）。

这里会用到对数的两个相关性质：

第一，两变量的乘积的自然对数是它们各自的自然对数之和：$\ln xy=\ln x+\ln y$。

第二，一个变量的百分比变化约等于其自然对数的变化：$\%\Delta x \approx \Delta \ln x$。

使用上述性质，我们可以得到等式 $\ln M + \ln V = \ln P + \ln Y$，然后由 $\Delta \ln M + \Delta \ln V = \Delta \ln P + \Delta \ln Y$，即可得到：

$$\%\Delta M + \%\Delta V = \%\Delta P + \%\Delta Y$$

在长期内则有：

$$\%\Delta M + \%\Delta V = \%\Delta P + \%\Delta Y^*$$

我们假定流通速度不变，则两等式都可去掉$\%\Delta V$。这是个相当不错的假设，我们可以得到两个非常简单的方程，并且在大多数情况下有效：

$$\%\Delta M = \%\Delta P + \%\Delta Y \text{ 和 } \%\Delta M = \%\Delta P + \%\Delta Y^*$$

根据当产出高于潜在产出时会出现通货膨胀的压力这个信息，上述等式可以帮助我们定量分析目标。

举个例子，一项货币政策使得实际货币余额保持在 6%的年增长率水平。假设物价水平对扰动的反应是滞后的，那么第一个等式表明，产出会增长 6%。但是，在长期，我们又知道实际产出的增长速度不可能比潜在产出快；假设潜在产出增长 4%，那么货币 6%的增长在长期会导致实际产出 4%的年增长，然后导致通货膨胀 2%的增长。这个政策扩张性太强，经济整体无法完全消化。另外，如果潜在产出增长 8%，实际产出也会增长 8%，使得通货膨胀下降 2%，或者实际产出被限制在 6%的增长水平，使得通货膨胀不受影响。此时，6%的货币增长规则是**紧缩性的**（contractionary）。

名义 GDP 目标与此类似。假设我们选择 6%的名义 GDP 增长率，如果潜在产出的年增长率为 4%，这个目标将会导致通货膨胀增长 2%。如果潜在产出的年增长率为 6%，那么通货膨胀将不受影响。如果潜在产出增长 8%，我们的政策又会产生紧缩效果，降低了通货膨胀，或许也会导致短期内的经济衰退。

在长期内，名义 GDP 目标可以通过一个恒定的货币增长规则实现，但当名义 GDP 降至 6%以下时增加货币供应增长，当它超过 6%时降低货币供应增长，那么名义 GDP 目标的实现会更积极。显然我们会发现这种目标的安全性，只要我们知道潜在产出的增长状况，就不会导致过大的通货膨胀的增加。当然，这也是存在风险的，即我们有可能错误估计了潜在产出的增长率。

现在我们来考虑实际 GDP 目标：同样假设我们选择 6%的实际 GDP 增长目标，我们会将货币供应量增加 6%。一开始，实际 GDP 也增长 6%。在长期内，实际产出的增长同样会被潜在产出的增长所限制，货币供应扩张的剩余效果将会导致通胀。如果潜在产出的增长率低于我们的目标，实际产出的增长将会变得缓慢，我们不得不再次增加货币供应量。如此循环下去，通货膨胀将会螺旋增长。如果我们错误估计了潜在产出的增长率，情形将会更危险。

以上我们已了解如何运用货币数量论分析不同政策目标的影响。同样地，我们发现了一些值得注意的地方：增加货币供应量的政策并不必然是扩张性的。如果货币增长速度小于潜在产出的速度，那么实际上会产生紧缩的效果。在以后的学习中我们要牢记这个规律。

你可以回到刚刚完成的绘图题中，画一条代表 4%潜在产出增长率（估计值）的水平线。只有高于水平线的点才代表扩张性政策，低于水平线的点则是相对紧缩性的。

◇填字游戏

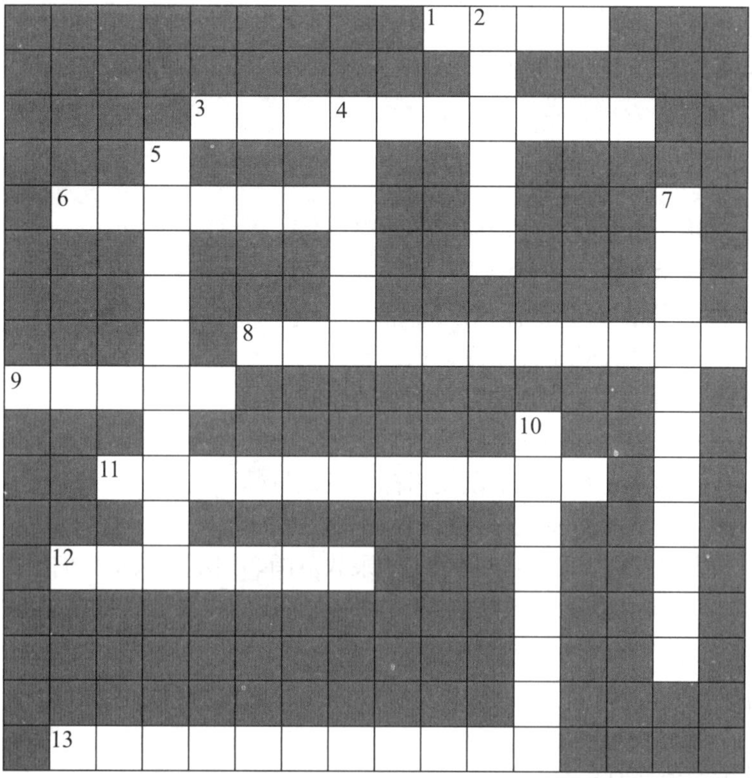

横

1. 对政策时机的选择造成困难
3. 告诉你与政策目标的距离
6. 政策目标
8. 麻烦或许会迫使你使用冷火鸡式政策
9. 具有计量经济政策评估批判
11. 时滞的类型，逐步取消
12. 政策实施与产生全部影响之间的时滞
13. 时滞，意识到扰动已冲击到经济所需的时间

竖

2. 实施政策所需的时间
4. 扰动和政策反应之间的时滞
5. 推动经济缓慢朝目标运行的政策
7. 使用它来实施政策
10. 时滞，做出适当的政策反应所需的时间

◇填空题

1. 政策制定者意识到政策需求，实施政策以抵消经济扰动的影响，这段时间被称为________时滞。
2. 政策产生全部影响所花费的时间被称为________时滞。
3. 制定政策时的三个困难是________、________和________。
4. 政策制定者评价并选择政策来应对经济扰动所花费的时间被称为________时滞。
5. 没有斟酌行动的反周期政策被称为________。

6. 对于________时滞来说，财政政策比货币政策长。

7. 对于________时滞来说，财政政策比货币政策短。

8. ________认为，政策实施本身也可以影响预期。

9. 升市又称________，跌市又称________。

10. ________比________更加乐观。

◇判断题

T F 1. 使用货币和财政政策稳定产出很容易。

T F 2. 现实世界比经济模型要复杂得多。

T F 3. 设定实际 GDP 目标总是最优的。

T F 4. 渐进式政策总是优于冷火鸡式政策。

T F 5. 预测政策的准确影响是很困难的。

T F 6. 没有积极性规则这样的事物。

T F 7. 一个经济变量不可能既是指标，又是目标。

T F 8. 政策的实施本身也可以影响人们的预期。

T F 9. 如果我们不确定不同政策下的乘数范围，则不应该将它们组合起来。

T F 10. 即使是很努力的政策制定者，他所采取的积极性政策在短期内的运行路径也会与长期目标和经济整体的利益不一致。

◇选择题

1. 货币政策的外部时滞是________。
   - a. 甄别的
   - b. 分布的
   - c. 多元化的
   - d. 积极的
2. 财政政策的外部时滞是________。
   - a. 甄别的
   - b. 分布的
   - c. 多元化的
   - d. 积极的
3. 下面哪些不是内部时滞?
   - a. 实施
   - b. 认识
   - c. 行动
   - d. 决策
4. 总是最优目标的是________。
   - a. 实际 GDP
   - b. 名义 GDP
   - c. 通货膨胀
   - d. 人们对最优目标有不同意见
5. 政策制定者可能会选择冷火鸡式政策，因为________。
   - a. 内部时滞较短
   - b. 他或她有可信度问题
   - c. 能减少乘数的不确定性
   - d. 指标更可靠
6. 当你对潜在产出增长率没有一个很好的估计时，最安全的目标选择是________。
   - a. 实际 GDP
   - b. 名义 GDP
   - c. 人均 GDP
   - d. 无所谓

7. 下列哪项能影响政策的效应?

a. 可信性　　b. 时滞

c. 对预期的影响　　d. 以上三项都是

8. 下列哪项不会导致政策制定者使用财政政策稳定产出变得困难?

a. 长的内部时滞　　b. 短的外部时滞

c. 乘数的不确定性　　d. 长的决策时滞

9. 当政策制定者认为刺激是下列哪项时，他更愿意采取行动?

a. 短暂的　　b. 甄别的

c. 长久的　　d. 紧缩的

10. 下列哪项不确定性会阻碍有效政策的实施?

a. 乘数的不确定性　　b. 不确定刺激是否持久

c. 模型的不确定性　　d. 以上三项都是

◇概念题

1. 你如何看待有关“规则与斟酌”的辩论?你倾向于规则还是斟酌呢?
2. 你认为政策制定者应该对经济进行微调吗?为什么?

第 19 章 金融市场与资产价格

本章要点

- 金融市场将宏观经济直接与人们的日常生活联系起来，股票市场的波动会直接影响人们的收入和财富，而利率的变化影响我们购买房产或汽车的筹资能力。
- 在这一章，我们考察三种金融市场：债券市场、股票市场与外汇市场。
- 所有市场都是**前瞻性的**（forward-looking），资产的价格反映了人们对于未来回报的预期。因此，资产价格的变化是不可预测的。

本章概要

1. 利率：长期与短期

经济中有不止一种利率，特别是不同期限的债券具有不同的利率。不同期限利率之间的关系叫作**利率的期限结构**（term structure of interest）。

长期利率通常高于短期利率，因为持有一种长期债券相当于持有一系列短期债券，长期利率等于当前短期利率与预期未来短期利率的平均值再加期限升水，期限升水反映持有长期债券比持有短期债券所具有的较高风险性。由于长期债券的价格波动（价格上的变化）大，它们通常被认为比短期债券的风险高。

期限结构的预期理论（expectations theory of the term structure）给出了人们对于未来短期利率的预期影响当期长期利率的途径。据观察，期限升水随时间变化。

收益率曲线（yield curve）给出了不同期限的利率之间的关系。由于长期利率通常高于短期利率，收益率曲线一般向上倾斜。向下倾斜的收益率曲线则意味着，人们认为未来短期利率低于当前短期利率，这有时是市场衰退的信号。

本章给出了计算收益发生于未来的净资产现值的方法，并讨论了债券**息票**（coupon）加面值的**净现值**（net present values）与债券价格的关系。利率的上升会导致债券价格的下降，特别是长期债券的价格。

2. 股票价格的随机游走

在一个高效的市场中，股票价格基于人们所获得的全部信息，而这些信息来自公司的获利机会，因此，只有当新信息出现时，付给股东的股息数才会变化。因而，股票价格的变动应该是完全不可预测的，股票价格是**随机游走**（random walk）的。即使股票市场不是100%地高效，变动也确实不可预测。随机游走模型似乎能很好地描述股票价格的变动。

需要注意的是，股票和债券是替代品，提升利率会导致股票价格下跌。在20世纪90年代末，美联储曾经通过升息来遏制股票市场的泡沫。2006年利率的上升导致了房产泡沫的破灭。

3. 汇率与利率

在第13章我们已得知，汇率受不同国家的利率差异影响。对于一个国家来说，如果与世界其他地方的可比风险资产的可实现利率相比这个国家的税后实际利率更高，那么资金将会流入这个国家，导致这个国家的货币过热。

无抛补利率平价表明，国内利率超过国外利率的部分，由本币贬值的金额估算，即：

$$\frac{e_{t+1}-e}{e}=i-i^*$$

其中，i 代表国内利率，i^* 代表国外利率，e 代表名义汇率，由本币/单位外币得出，因此 e 的上升意味着本币的贬值。

◇关键术语

债券的期限	利率的期限结构	套利
期限升水	期限结构的预期理论	收益率曲线
净现值	息票	面值
统一公债（永久性公债）	随机游走	无抛补利率平价

◇绘　图

本绘图题需要你在图19－1中画出一系列假想资产的收益率曲线，资产状况由表19－1给出。人们对未来利率的走势具有何种期望？

表 19-1　　不同期限的债券的假想收益率

期限	利率（%）
3 个月	5.6
1 年	7.1
5 年	9.5
10 年	12.4

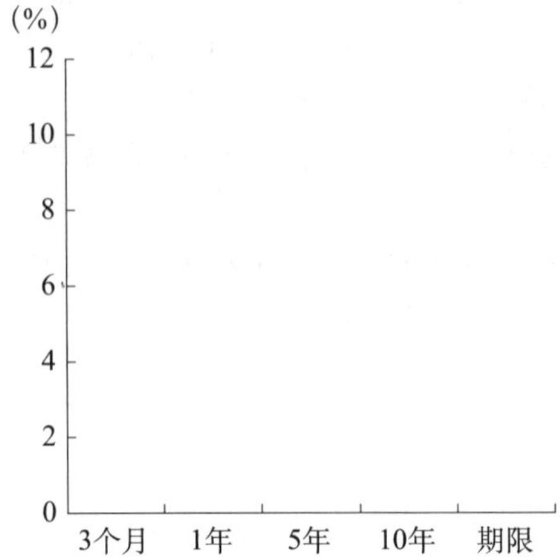

图 19-1

◇经济学释义

套　利

进行套利的人们，会通过在不同市场同时买卖一种资产来进行无风险交易，即低价买进，高价卖出。这种套利行为与那种缩小不同市场上的资产价格差异的行为很相像。

套利行为发生在所有市场，有些市场的例子很典型，汇率市场的套利就是其中之一。假设美元在某地的标价为 125 日元，在另一地的标价为 130 日元。一个套利者可以在第一个地方买进美元并在第二个地方卖出。通过把价格归整这样看似公共服务的行为，套利者可以得到一个无风险获利机会。由于这种美元套利行为会导致第一个市场的需求上升，那里的美元价格会上涨。又由于套利者在第二个市场卖出美元，那里的供给上升，美元价格会下跌。一段时间后，两个市场的美元价格趋于相同，套利机会（采取这种无风险交易的机会）会逐步消失。

上述套利过程在超市会更容易观察到：人们会舍弃收银台前的长队伍，转而排到短队伍的后面，使得结账的所有队伍长度差不多相同。

◇技术回顾

复　利

当一笔债务的利息可以累积时，利息产生利息，利息再产生新的利息，债务的规模会迅速变大。任何在信用卡上保持出色平衡的人都很了解这个规律。

在储蓄账户中，你能够得到的利息按以下方式计算：如果开始时有 P 美元，以 t 的利率水平存上 t 年，利息不断累积，假设最后你会得到 FV 的总金额，则：

$$FV = P(1+r)^t$$

如果你想知道自己的存款过多长时间能翻一番，有一个很好用的规则，称为“72 规则”：用数字 72 除以利率，即可得到在复利条件下将一笔投资翻倍大约需要的年数。例如，当利率为 10%时，只需 7 年多你的资金就可以翻倍。

◇填字游戏

横

2. 曲线，显示不同期限的资产的利率关系
4. 永不过期的债券（永久持续）
7. 利率的上升导致股票价格的________
9. 股票和债券是________
10. 股票价格的变化遵循这种途径

竖

1. 利率的上升________债券价格
3. 当股票市场是________时股票价格的变化是不可预测的
5. 股票到期之前的剩余时间
6. 定期给债券持有者的付款
8. 升水，对债券持有者持有长期债券而非短期债券所具有的风险的补偿

◇填空题

1. 不同期限债券的利率关系被称为________。
2. 长期债券通常被视为比短期债券________，因为它们的价格变动更大。
3. ________曲线给出了不同期限资产的利率关系。
4. 债券持有者的固定收益被称为________收益。
5. 到期时债券付给其持有者的资金被称为它的________。

6. 股票价格的变动应当是完全________。
7. 在本章里，汇率与利率差异的关系被称为________。
8. 只有在本币预计会________时，国内利率才会超过国外利率。
9. 债券到期之前所需的时间被称为________。
10. ________包括在不同的市场，以不同的价格同时买卖一种资产。

◇判断题

T F 1. 期限升水会随着时间的推移而变化。
T F 2. 收益率曲线通常是向下倾斜的。
T F 3. 当利率上涨时，债券价格也会上涨。
T F 4. 当利率上涨时，股票价格也会上涨。
T F 5. 金融市场很有趣但是与宏观经济没有任何关联。
T F 6. 股票和债券的波动不会对人们的定期收入产生任何影响。
T F 7. 资产价格的变动很容易预测到。
T F 8. 资产价格影响人们对于未来收益的预期，只有新信息会改变它们。
T F 9. 当长期债券利率比短期债券利率低时，这有时是市场衰退的信号。
T F 10. 人们对于未来短期利率的预期会影响当期长期利率。

◇选择题

1. 下列哪项是对债券持有者持有长期债券而不是短期债券的风险的补偿？
   a. 收益率曲线　　b. 息票
   c. 永久性　　d. 期限升水
2. 永远不会到期的债券被称为________。
   a. 统一公债　　b. 永久性债券
   c. 息票　　d. a 和 b
3. 债券到期时偿付的资金被称为________。
   a. 息票　　b. 面值
   c. 回报　　d. b 和 c
4. 债券的到期时间又被称为________。
   a. 期限　　b. 息票
   c. 面值　　d. 回报
5. 收益率曲线通常是________。
   a. 向上倾斜的　　b. 向下倾斜的
   c. 平坦的　　d. 没有惯常的倾斜度
6. 向下倾斜的收益率曲线________是一个市场衰退的信号。
   a. 有时　　b. 从不
   c. 通常　　d. 其实是市场扩张的信号
7. 股票价格应该遵循________。
   a. 分布时滞　　b. 随机游走

c. 可预测的线路　　　　d. 周期循环

8. 如果国内利率超过了国外利率，无抛补利率平价理论认为，人们一定期望本币________。

a. 贬值　　　　b. 升值

c. 崩溃　　　　d. 以上都不是

9. 长期债券比短期债券更有风险，因为它们有________

a. 不同的息票　　　　b. 不可预测的面值

c. 更大的价格波动　　　　d. 期限升水

10. 下列哪项妨碍了资产价格的差异（即一种资产具有很多不同的定价）？

a. 货币政策　　　　b. 复利

c. 净现值　　　　d. 套利

◇概念题

1. 为什么一条向下倾斜的收益率曲线有时会是市场衰退的信号？
2. 为什么一条向下倾斜的收益率曲线通常不是市场衰退的信号？
3. 为什么资产的价格不可预测？
4. 你认为利率的上升会对股票价格产生何种影响？请解释。

◇技术题

1. 如果一只 3 个月期国库券的当期利率为 6%，并预期每季度（每 3 个月）平均上升 1/2，那么，1 年期国库券的利率是多少？(假定期限升水为零。)
2. 如果 1 年期国库券的当期利率为 8%，并且 3 个月期国库券的利率预期将会保持在 6%的水平，那么 1 年期国库券的期限升水是多少？
3. 如果美元对日元预计贬值 2%，那么根据无抛补利率平价，美国与日本之间的利率差异是多少？

第 20 章 国家债务

本章要点

- 本章重点讨论国家债务。我们描述了持有大规模国债存在的问题，并讨论了如何测度国债的影响。
- 我们也讨论了大衰退后，高负债水平如何成了导致欧洲经济危机的重要因素。

本章概要

1. 债务的机制

国家债务是政府过去未付账单的累积总和。今年债务的方程是上一年的债务加上今年的预算赤字。

$$DEBT_{t+1} = DEBT_t + BD_t$$

相应地，预算赤字可写成**基本（非利息）预算赤字**［primary (non-interest) budget deficit］和公共债务利息支付的和。

总赤字＝基本赤字＋利息支付

将上述方程代入债务等式中，可以得到：

$$DEBT_{t+1} = DEBT_t + 基本赤字_t + i * DEBT_t$$

基本赤字（或盈余）是所有的政府支出，除利息支付外，减去所有的政府收入。基本赤字也被称为非利息赤字。

需要记住的是，至关重要的不是债务的绝对规模，而是债务与 GDP 的相对规模。因此，我们不讨论债务规模，而是讨论**债务/GDP 比率**（debt-to-GDP ratio）。我们可以把债务/GDP 比率的变化写成：

$$\%\Delta \frac{DEBT}{Y} = \%\Delta DEBT - \%\Delta Y$$

所以，即使相对于债务总规模来说很小的预算赤字，也能带来债务/GDP 比率的下降。

2. 谁背负债务？

持有美国国家债务的有三个群体：美国公众、国际投资者以及美国政府自己。国家债务中非政府持有的部分被称为公众持有的债务。这是我们有必要担心的部分。经常引起关注的债务部分是由外国政府、外国中央银行以及国际私人投资者持有的很大比例的债务。这部分债务的利息支付将离开美国而不能被美国人所花销。

3. 什么时候债务演变成危机？政治学与经济学

政府可以发行主权债务。这意味着，因为政府是最高的规则制定者，政府可以决定不支付债务。原则上，其他国家毫无办法来阻止一个国家的主权债务违约。但是，一旦有国家出现债务违约，其他国家将不愿意在将来向该国提供贷款，这种被排除在国际借贷市场之外的结果将激励该国政府避免发生违约。

导致债务危机的原因是债权人对一个国家不能或不愿偿还债务的信念，而不是该国债务/GDP 比率达到事先预定的临界水平。在一些情况下较高的债务/GDP 比率是可以的，只要市场对该国能偿还所有债务有信心。相反，在发展中国家，如果国际市场怀疑一国的经济发展能力，一个相对较低的债务/GDP 比率也可能会导致经济危机。

在大衰退后期，许多国家同时面临高负债水平和低产出水平的两难问题。在两个问题中选择一个首要问题时，许多欧洲国家会选择首先处理债务问题。由此产生的削减政府支出或增加税收的政策被称为**紧缩**（austerity）政策。紧缩政策带来的问题是当经济已处于低谷时仍要削减经济活动。结果是 GDP 的下滑使得大部分欧洲人生活更加艰难。

4. 国际债务

在 21 世纪的第一个十年末和第二个十年初，欧洲“债务危机”的新闻报道占据了各大媒体的显著位置。这主要是大衰退以及欧元区国家使用同一货币（欧元）造成的结果。同一货币产生了固定汇率，但是这限制了一国应对经济危机的政策选择。欧元区国家无法通过货币贬值来降低出口成本，刺激总需求。

◇关键术语

紧缩	公众持有的债务	债务/GDP 比率
欧元区	基本预算赤字	主权债务

◇经济学释义

债务与赤字

债务和赤字经常容易混淆，两者似乎处于同一水平，且看起来似乎是一个问题。它们之间有什么区别？它们之间有何联系？

主要的区别是债务是存量，而赤字是基于这个存量的流量。预算赤字在没有被货币化的条件下直接增加到债务上。预算盈余减少了债务，因为政府没有支出的所有资金都可以被用来回购财政部发行的债券。

考察债务-收入比率比考察债务的绝对规模更有用。例如，虽然美国国债的绝对规模比意大利的国债大，但它只占产出的一小部分。如果两个国家都要彻底还清债务，美国会觉得负担比较小：1996 年美国国债占 GDP 的 69.2%，而意大利约占 121%。

◇绘　图

在本绘图题中，你要将美国债务总额与公众持有的债务进行比较。表 20－1 给出了 1980—2012 年债务总额、公众持有的债务和 GDP 的数据。你要计算债务/GDP 比率以及相应的公众持有的债务/GDP 比率，并在图 20－1 中画出两个系列数据。

表 20－1

年份	债务总额（10 亿美元）	公众持有的债务（10 亿美元）	GDP（10 亿美元）	债务/GDP 比率	公众持有的债务/GDP 比率
1980	909	699	2 724	0.33	0.26
1981	995	790	3 057		
1982	1 137	910	3 224		
1983	1 372	1 112	3 441		
1984	1 565	1 290	3 844		
1985	1 817	1 495	4 146		
1986	2 121	1 718	4 404		
1987	2 346	1 889	4 651		
1988	2 601	2 039	5 009		
1989	2 868	2 175	5 400		
1990	3 206	2 418	5 735		
1991	3 598	2 705	5 931		
1992	4 002	3 018	6 242		
1993	4 351	3 279	6 587		
1994	4 643	3 475	6 977		
1995	4 921	3 645	7 341		
1996	5 182	3 777	7 718		
1997	5 369	3 835	8 212		
1998	5 478	3 803	8 663		
1999	5 606	3 716	9 208		

续前表

年份	债务总额（10 亿美元）	公众持有的债务（10 亿美元）	GDP（10 亿美元）	债务/GDP 比率	公众持有的债务/GDP 比率
2000	5 629	3 509	9 821		
2001	5 770	3 360	10 225		
2002	6 198	3 527	10 544		
2003	6 760	3 874	10 980		
2004	7 355	4 276	11 676		
2005	7 905	4 604	12 429		
2006	8 451	4 854	13 207		
2007	8 951	5 046	13 861		
2008	9 986	5 701	14 334		
2009	11 876	7 345	13 961		
2010	13 529	8 839	14 348		
2011	14 764	9 997	14 929		
2012	16 051	11 215	15 547		

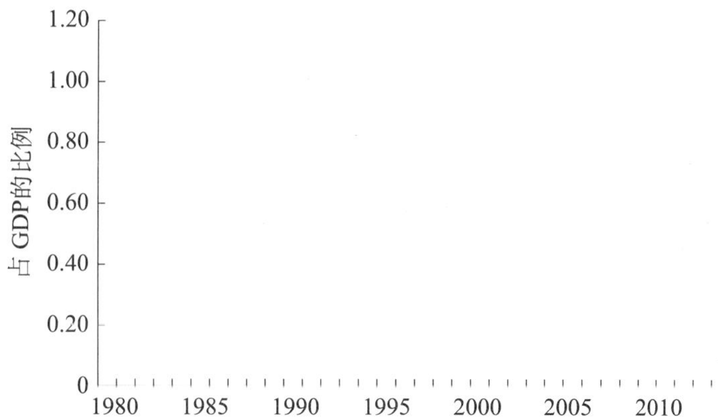

图 20－1

◇填空题

1. ________赤字扣除了受通胀影响的国家债务的利息支付。
2. 相对于国债的绝对规模，我们更关心债务的________规模。
3. 国债中不是由政府自身持有的部分是________。
4. 当出现预算________时，债务的绝对规模增大。
5. 在大衰退后期，许多欧元区国家试图通过________政策降低国家债务。
6. 当其他国家拒绝为一国提供额外贷款时，则该国处于债务________。

◇判断题

T F 1. 美国是世界上有着最大债务-收入比的国家之一。

T F 2. 如果预算出现赤字（而不是盈余），债务/GDP 比率必然上升。

T F 3. 一个国家决定对其主权债务违约不会产生任何影响。

T F 4. 中国持有美国大部分的国债。

T F 5. 导致债务危机的债务/GDP 比率因国而异。

T F 6. 大衰退之后的紧缩政策进一步削弱了经济活动。

T F 7. 21 世纪早期，欧元区的统一货币有利于欧元区国家应对经济危机。

◇选择题

1. 下列哪一项导致了 21 世纪初欧元区债务危机？
   a. 高通货膨胀　　b. 政治动荡
   c. 长期失业　　d. 货币不能贬值
2. 如果债务一年增加了 2%，GDP 也增加了 3%，债务/GDP 比率的百分比变化是多少？
   a. 0.67%　　b. 1.5%
   c. −1%　　d. 1%
3. 下列属于紧缩政策的是________。
   a. 增加税收和支出　　b. 增加税收和削减支出
   c. 减少税收和支出　　d. 减少税收和增加支出
4. 今年债务的定义是________。
   a. 现有债务和上一年预算赤字的和
   b. 现有债务、基本预算赤字和现有债务的利息支付的和
   c. 现有债务加上政府支出减去税收
   d. 以上都对

◇概念题

你认为美国的国家债务负担重吗？高水平的债务风险会触发恶性通货膨胀吗？

第21章 衰退与萧条

本章要点

- 在本章，我们会重温形成了现代宏观经济学的时代：大萧条。我们将会考察在大萧条初始、持续恶化及复苏期间货币政策和财政政策的作用。
- 从20世纪80年代到2007年，是宏观经济稳定发展的时期，所以这段时期被称为“大稳健”时期。2007—2009年的大衰退彻底结束了大稳健发展时期。吸取大萧条的教训有助于阻止大衰退的进一步恶化。

本章概要

1. 大稳健

从20世纪80年代早期开始，经济周期波动减弱，这种状态从20世纪80年代早期持续到2007年，这段时期被称为“大稳健”时期。更加稳健的经济周期要归功于更加温和的经济冲击以及更加有效的经济政策，这些政策来自大萧条的教训。在此期间通货膨胀得到了有效控制。2007年大衰退突然宣告了经济大稳健时代的结束。

2. 大衰退：泡沫与破灭

2007—2009年的大衰退是房地产市场崩溃的结果。这也导致了几乎所有类型的信贷市场的暂时冻结。美国的房价从20世纪90年代末以来一直在稳步上升，部分原因是不当房屋贷款融资行为超出了借款人的能力。贷款证券化，即出售银行持有的抵押贷款，是将经济衰退扩展到房地产市场之外以及美国边界之外的一个主要因素。资产证券化在资产所涉及的风险被合理评估和定价时是发挥作用的。然而，美国房地产市场似乎不是这样。住房抵押贷款资产的风险评估失误，导致押注于房地产（及其他资产）市场的衍生品市场也崩溃了。冰岛、爱尔兰和其他欧洲国家也受到打击。股票市场在全球范围内暴跌，这种下降很快反映到商品市场和劳动力市场。这场经济衰退的广度和深度使各国难以通过为国际市场生产而恢复。

3. 大萧条：事实

大萧条是在 1929 年 9 月臭名昭著的股市崩盘之前开始的，并在大规模的银行倒闭引发的货币供应量大幅下降的推动下，一直持续到 1941 年年底，当时美国进入了第二次世界大战。1930—1941 年间，失业率平均为 18.8%，在 1933 年达到高点 24.9%。1931—1935 年的净投资为负。1929—1933 年产出下降了近 30%。消费价格指数下跌近 25%。股市在 1929 年 9 月至 1932 年 6 月的崩盘中暴跌了 85%。

因为在 20 世纪 30 年代中期，联邦政府担心要平衡预算，联邦、州和地方的财政政策在 1932—1934 年实际上是紧缩的，与所需要的政策完全相反。罗斯福总统的“新政”通常被认为是把美国从大萧条中拉出来的一剂良药，实际上新政根本就不是扩张性的。

在罗斯福的第一个任期实行了大量的制度变革：建立联邦存款保险公司（FDIC）来监管银行以及为银行存款提供保险；建立证券交易委员会（SEC）来监管证券业；建立社会保障局，让老年人不必依赖储蓄来维持退休后的生活。这些变革都被视为潜在的稳定政策，所有这些都保持到了今天。然而，许多经济学家认为珍珠港的轰炸以及随后美国进入第二次世界大战是美国最终战胜大萧条的原因。

由于国际金融体系的崩溃和“以邻为壑”贸易政策的广泛采用，大萧条实际上是一个世界性的现象。许多国家的境况比美国要好得多，也许是因为它们更愿意采取扩张性的财政政策。

4. 大萧条：问题与构想

早期的凯恩斯主义者认为，大萧条是紧缩性财政政策的后果，并认为唯一有效的补救措施是财政扩张。他们很少重视货币因素，声称扩张性货币政策不会带动经济复苏，因为美国经济正处于流动性陷阱中。利率接近于零，他们相信任何货币扩张都会被吸收但却不会显著改善经济。

货币主义者，尤其是米尔顿·弗里德曼和安娜·施瓦茨有不同的看法。他们认为，美联储未能救助陷入困境的银行并防止国内货币存量下降，是造成经济萧条严重的原因。他们提出了颇有说服力的论点。

值得注意的是，1989 年 10 月 19 日的股市崩盘比 1929 年 9 月 29 日的股市暴跌更严重。然而，与“大萧条”开始时的崩溃不同的是，“黑色星期一”甚至没有引起温和的衰退。美联储立即采取行动，大幅下调联邦基金利率。几天之后，经济恢复正常。

◇关键术语

大衰退　　大稳健　　大萧条

新政　　　　　　　　凯恩斯革命

◇绘　图

本绘图题给出了大萧条时期产出的变化，表 21－1 给出了 1929—1942 年美国实际 GDP 的数据。你的任务是找到并在图 21－1 中标出每年产出的百分比变化，你也可以在另一个图中画出产出水平线。

表 21－1

年份	GDP	与前一年相比的百分比变化（%）
1929	790.9	—
1930	719.7	—9.0
1931	674.0	
1932	584.3	
1933	577.3	
1934	641.1	
1935	698.4	
1936	790.0	
1937	831.5	
1938	801.2	
1939	866.5	
1940	941.2	
1941	1 101.8	
1942	1 308.9	

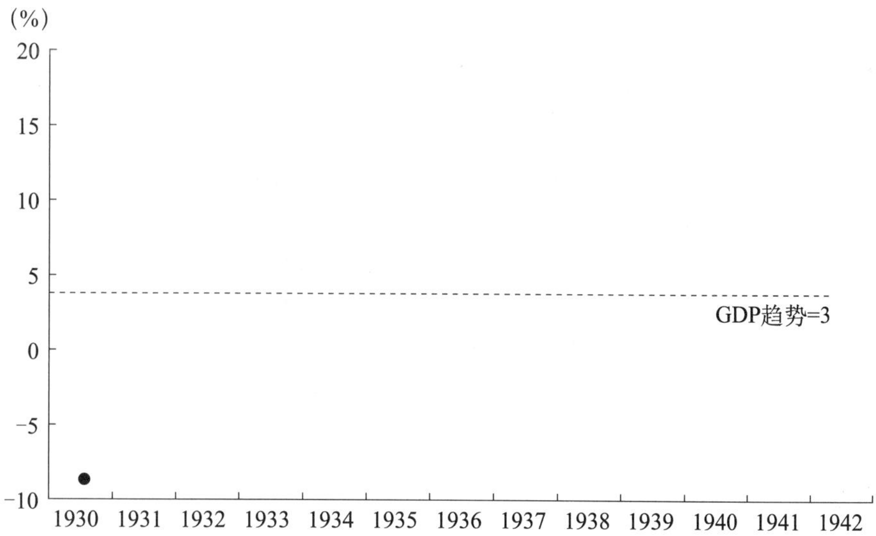

图 21－1

◇填空题

1. 在大稳健时期，通货膨胀是________。

2. 现代宏观经济学来源于________的教训。
3. 在大稳健时期，人们相信我们驯服了________周期。
4. 大衰退的特点是________失业空前上升。
5. 大稳健要归因于________经济冲击。
6. 凯恩斯革命强调逆周期的________政策。

◇判断题

T F 1. 大萧条只是美国独有的现象，其余国家都表现得很好。
T F 2. 大萧条的产生可归因于错误的财政政策和错误的货币政策。
T F 3. 大萧条早期的货币政策是扩张性的。
T F 4. 新政早期的财政政策显然是扩张性的。
T F 5. 1989 年 10 月的股票市场暴跌并不如 1929 年那样严重。
T F 6. 到 2012 年，大衰退后的三年，长期失业率已恢复到正常的低水平。

◇选择题

1. 大萧条的长度和严重性归因于________。
   a. 货币政策　b. 财政政策　c. 两个都不是　d. 两个都是
2. 20 世纪 30 年代的大萧条是一个________现象。
   a. 美国　b. 北美　c. 西方　d. 全球
3. 大衰退于________年开始于美国。
   a. 2007　b. 2009　c. 1933　d. 1929
4. 大萧条于________年结束于美国。
   a. 1935　b. 1939　c. 1941　d. 1945
5. 结束美国大萧条的功劳归于________。
   a. 货币当局　b. 新政
   c. 美国加入第二次世界大战　d. 股票市场的恢复
6. 下列哪个机构不是因罗斯福的“新政”而建立的?
   a. FDIC　b. FOMC
   c. SEC　d. 社会保障局
7. 20 世纪 60 年代的凯恩斯主义被称为________。
   a. 新经济主义　b. 新政
   c. 大萧条　d. “beez-neez”

◇概念题

你认为为何 1989 年 10 月的美国股市暴跌没有导致另一场萧条？是由于幸运，还是那时人们采取了一些正确的做法?

第22章 通货膨胀与恶性通货膨胀

本章要点

- 在本章，我们会研究在常规经济周期和恶性通货膨胀两种情况下，货币增长与通货膨胀的关系。
- 我们会回顾一系列应对恶性通货膨胀的政策措施。
- 在恶性通货膨胀条件下，稳定政府预算赤字是必要的。

本章概要

1. 常规经济周期中的货币与通货膨胀

在长期内，货币增长与通货膨胀的关联并不如短期内紧密，在某种程度上是因为货币的增长会影响短期内的产出，也是因为低水平的通货膨胀既是财政现象，也是货币现象。为了解释长期内的货币和通货膨胀理论，我们需要回顾一下货币数量论：

$$MV = PY$$

其中，M 是货币存量，V 是流通速度，P 是价格水平，Y 是产出。上述等式写成增长率的形式为：

$$m + v = \pi + y$$

其中，m 是货币增长率，v 是流通速度的变化，π 是通货膨胀率，y 是产出增长率。由于长期内的产出增长率维持稳定（3%的水平），长期内的流通速度也是稳定的，货币增长率一对一地反映了通货膨胀率。这与货币主义者的观点一致，即长期内所有通胀都是由货币增长引起的。

因此，恶性通货膨胀显然是过度货币增长的后果。不幸的是，引起恶性通货膨胀要比阻止它容易得多。

2. 恶性通货膨胀

尽管对构成恶性通货膨胀的现象学术界没有达成共识，但普遍的定义是通货膨胀的年增长率超过1 000%的程度。发生恶性通货膨胀的国家都会经历大规模的政府预算赤字和高速的货币增长。由于通货膨胀提高了赤字的衡量标准，经济学家通常用**经通货膨胀调整的赤字**（inflation-adjusted deficit）来替代：

总赤字－(通货膨胀率×国债数量)

对通货膨胀的调整去掉了与通货膨胀直接相关的国债付息部分。

非正统的稳定方法（heterodox approach to stabilization）将货币、财政、汇率政策与收入政策结合在一起，构成了对通货膨胀的协调一致的打击，并且有可能防止市场衰退的发生。但是这种方法必须是**可信的**（credible），不像其他政策通过影响人们的预期起作用。有些国家受债务影响产生恶性通货膨胀，那么就需要做出大力偿还债务的坚定承诺。只有当关键问题得到解决之后，人们才会开始相信政府。

在反通货膨胀的斗争中，还需要提到的一个事实就是**牺牲率**（sacrifice ratio），即产出损失的累计百分比与实际实现的通货膨胀的降低量之间的比率，能够通过可信的政策得到减弱。中央银行的可信性可以作为一个强大的工具使用。

3. 赤字、货币增长与通货膨胀税

政府可以通过两条渠道弥补预算赤字：它既可以发行债券，也可以迫使中央银行增加高能货币存量。当美联储通过公开市场购买财政部出售的部分债券时，赤字因为货币被"印刷"出来而得以弥补。如果政府不这样做，赤字下的财政扩张会促使利率升高；反之，则产生了通货膨胀的风险。对于美联储是否应该在一定程度上通过"印刷"货币弥补政府赤字，存在不同的观点和证据。

创造高能货币可以替代税收。通过创造高能货币获得的收入被称为**铸币税**（seigniorage）。政府通过铸币税可以获得的总收入如下：

通货膨胀税收入＝通货膨胀率×实际基础货币

当货币增长率变得很大时，实际货币存量会降至零，政府不可能仅仅通过印刷货币就能筹集任意大规模的税收收入。通货膨胀税在工业化国家显得很低，这些国家的实际基础货币相对于整个经济来说要小得多。在一些银行体系不发达的国家，民众倾向于持有大量现金，这些国家可以通过印刷货币来获得更多的通货膨胀税收入。

◇关键术语

货币数量论	货币流通速度	恶性通货膨胀
经通货膨胀调整的赤字	非正统的稳定方法	可信的政策
信任奖励	通货膨胀惯性	牺牲率
政府预算约束	货币化	铸币税

通货膨胀税

◇绘　图

本绘图题提供给你一个考察美国财政政策和货币政策关系的机会。当预算赤字上升时，美联储会允许货币增速也上升吗？表 22－1 给出了 1980—2012 年美国预算赤字和基础货币占 GDP 的比例数据。你的任务是找到并在图 22－1 中标出每年基础货币和赤字的变化情况，并画出 1980—2007 年的曲线。在图 22－2 中，画出 1980—2012 年的曲线。

表 22－1

年份	预算赤字占 GDP 的比例（%）	基础货币占 GDP 的比例（%）	预算赤字的变化	基础货币的变化
1980	1.71	4.91		
1981	1.57	4.65	−0.14	−0.26
1982	4.23	4.75		
1983	4.85	4.79		
1984	3.75	4.63		
1985	3.71	4.64		
1986	3.90	4.77		
1987	2.90	4.90		
1988	2.38	4.89		
1989	2.08	4.78		
1990	2.94	4.84		
1991	3.74	5.13		
1992	4.79	5.26		
1993	4.22	5.55		
1994	2.99	5.72		
1995	2.66	5.79		
1996	1.60	5.63		
1997	0.29	5.57		
1998	−0.92	5.63		
1999	−1.50	5.81		
2000	−2.28	5.81		
2001	−0.24	5.93		
2002	2.88	6.23		
2003	3.73	6.32		
2004	3.27	6.25		
2005	2.04	6.12		
2006	1.14	6.00		
2007	1.66	5.85		
2008	4.80	6.86		
2009	9.61	12.67		
2010	9.64	13.84		
2011	8.88	16.67		
2012		16.83		

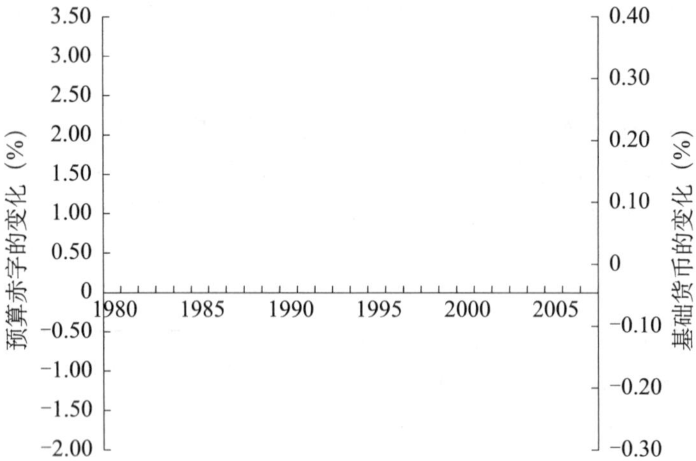

图 22－1

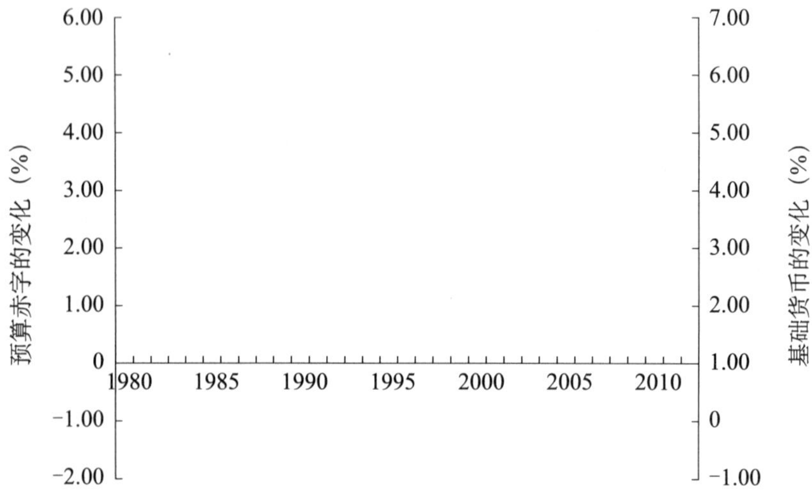

图 22－2

◇技术回顾

动态预期

当预期决定于当前或滞后变量时，它们会随着时间的推移而变化，反映了新信息的影响。这里我们用一个简单的模型来讨论动态预期。

假定永久收入由下面的式子给出：

$$YP = Y^e$$

其中，Y^e是你预期的未来每年的年均收入。又假定，你关于年均收入的预期由下面的式子给定：

$$Y^e = \frac{1}{2}(Y + Y_{-1})$$

又有，消费、投资和政府支出如下：

$$C=\frac{1}{2}YP=\frac{1}{2}Y^{e}=\frac{1}{4}(Y+Y_{-1})$$

$$I=1\ 000$$

$$G=0$$

表 22－2 给出了在一段时间内，预期调整的过程及其对消费的影响。我们使用国民收入核算恒等式 $Y=C+I+G$，或者更为精确地，

$$Y=\frac{1}{2}(Y+Y_{-1})+100$$

来描述收入随时间的变化轨迹。

人们对于未来收入的预期变动是怎样影响他们的消费路径的？

表 22－2

时期	Y	Y_{-1}	Y^e	C	I	G
0	1 400.00	1 000.00	1 200.00	600.00	1 000.00	0
1	1 600.00	1 400.00	1 500.00	750.00	1 000.00	0
2	1 750.00	1 600.00	1 675.00	837.50	1 000.00	0
3	1 837.50	1 750.00	1 793.75	896.88	1 000.00	0

说明：我们用来代表预期的式子并不是真实的。如果我们设立一个更为精确的模型，我们会将人们的预期设定得更为理性，即将经济体系中的全部有用信息都包含在内。

◇填空题

1. 恶性通货膨胀在历史上往往发生在________时期。
2. 工资和价格控制被称为________。
3. 通过印刷货币获取的收入被称为________。
4. 通过增加高能货币存量来提高的政府收入被称为________。
5. 当美联储通过购买财政部销售的部分或全部债券来弥补赤字时，它们被认为是在________赤字。
6. ________的稳定方法包括财政、货币、汇率政策和收入政策的结合。
7. 政府可以通过两种方式来弥补预算赤字，包括________和________。
8. 发生恶性通货膨胀的国家通常具有庞大而持久的________。

◇判断题

T　F　1. 短期内货币与通胀之间的关联要比长期内紧密。

T　F　2. 工资和价格控制是反通胀的有效方法。

T　F　3. 非正统的稳定方法提供了一条反通货膨胀但不会使市场衰退的途径。

T　F　4. 政策的可信性对于牺牲率无影响。

T　F　5. 在长期，通货膨胀和产出没有此消彼长的关系。

◇选择题

1. 下列哪项通货膨胀率可以被称为恶性通货膨胀？

a. 10%　　　b. 100%

c. 1 000%　　　d. b 和 c

2. 货币增长率和名义通货膨胀率在________有很大关联。

a. 长期　　　b. 短期

c. 稳态　　　d. 没有区别

3. 恶性通货膨胀通常通过________结束。

a. 货币改革　　　b. 减少预算赤字

c. 紧缩性货币政策　　　d. 以上三项都是

4. 货币主义者声称通货膨胀主要由________造成。

a. 货币流通速度的变化　　　b. 基础货币的变化

c. GDP 的变化　　　d. 以上三项都是

5. 在大衰退时期，货币增长与通货膨胀是________的。

a. 正相关　　　b. 负相关

c. 不相关　　　d. 非常低

◇概念题

1. 请解释下列各种状况为何会造成恶性通货膨胀。你能想出一些类似的历史性例子吗?

a）政府无法履行债务负担（没有足够的收入以支付利息）。

b）一个国家评估了使其政府拥有巨大预算赤字的战争赔款。

c）一个国家缺乏征收税收的权力或必要的基础设施。

2. 高能货币的创造是怎样增加政府收入的?

◇技术题

1. 如果一个国家的实际基础货币为 1 000 美元，通货膨胀率为 1 000%，那么通货膨胀税收入为多少?

2. 如果一个国家的实际基础货币为 500 美元，通货膨胀率为 1 000%，那么通货膨胀税收入为多少?

3. 随着时间的推移，当货币增长率变大时，实际基础货币将如何变化? 有鉴于此，你认为铸币税是创收的好方法吗?

第23章 国际调整与相互依存

本章要点

- 本章对第13章的开放经济分析进行了扩展，将国内价格水平变成变量。在此前提下，我们将更为深入地探讨汇率制度干预的方法和途径。

本章概要

1. 固定汇率制下的调整

在第13章关于固定汇率制的探讨中，我们假定中央银行会采取阻碍措施来保证国际收支平衡问题不会发生。在现实的经济运行中，这有点理想化。中央银行可以，也确实弥补了临时收支失衡的资金。而本节将要讨论的是，如果这些失衡比中央银行预期的更为持久将发生什么。

为了给收支失衡融资，中央银行必须定期干预货币市场，买卖外汇。在国际收支赤字中，对外币的需求超过供给，中央银行必须逐步弥补这种差距。其间，中央银行因受到自身储备的限制而不能永久保持这种做法，最终，只能让本币贬值。但中央银行可以选择不这么做，有一个自动调节机制能起到同样的作用：中央银行对本币市场的干预导致储备的下降，逐渐侵蚀其高能货币存量，并减少总需求。只要中央银行不打算购买国债来转移影响（即消除干预），这种干预最终就会修复收支失衡。如果收支失衡发生在产出持平或低于潜在产出时，工资和价格水平的下降也会把经济拖回内部均衡。这将会降低实际汇率（由于名义汇率固定不变），并通过增加净出口提升总需求。这种缓慢恢复内部或外部均衡的现象被称为**古典调整过程**（classical adjustment process）（见图 23-1）。

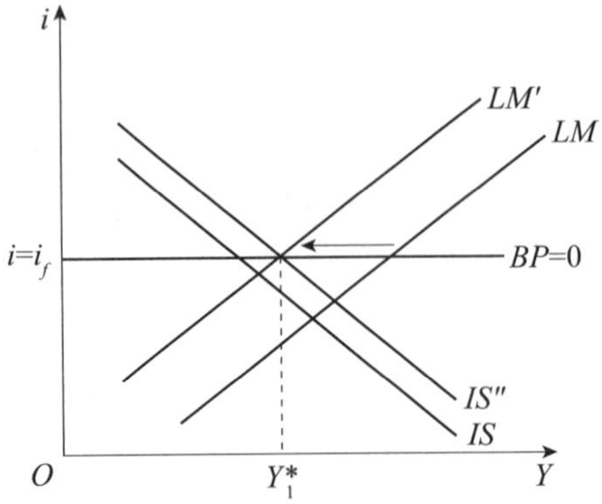

教材提供的是一个不同的图形；这里我们从另一种途径展示这个调整过程。

图 23-1　蒙代尔-弗莱明模型下的收支失衡的调整途径

支出转换政策（expenditure switching policies）的组合（在国内产品和进口产品之间转换需求的政策）以及**支出削减政策**（expenditure reducing policies）［或**支出增加政策**（expenditure increasing policies）］［减少（或增加）总需求的政策］可以同时快速地达到内部均衡和外部均衡这两个目标，并且比古典调整过程少了很多痛苦。我们已经知道贬值可能改善收支失衡（由于净出口的上升，*IS* 曲线外移）；紧缩性货币政策也能起到相同的效果。这两种组合都可以快速达到内部均衡和外部均衡的目标，并且比古典调整过程少了很多痛苦。进口税可以替代或与贬值组合起来达到提高净出口的目标。

一些经常受货币贬值威胁的国家发现，固定它们的实际汇率比固定名义汇率要容易得多。它们会采纳**爬行钉住**（crawling peg）政策，即定期降低名义汇率以弥补其与贸易伙伴之间的价格变化。汇率会大致按照本国与其贸易伙伴间的通货膨胀差的比率进行贬值。

2. 汇率变动与贸易调整：经验问题

为了使名义汇率贬值成功，即解决收支失衡问题，则需要实现真正的贬值，即实际汇率的下降。这意味着国内外价格水平不会发生变化，否定了名义贬值的效果。本章试图讨论名义贬值是否经常与实际贬值相连，以及国内产品相对价格的下降是否会提升贸易余额。

第一个问题有一个相当简单的答案：只要货币当局抵抗住物价上涨的压力，名义贬值似乎确实会导致实际贬值。

第二个问题的答案则有些复杂：因为消费者和生产者需要时间来适应相对价格的变化，实际贬值的最初效果只是增加了花费在进口产品上的钱。只是在后来，国内相对价格的下降才会提升贸易余额。

教材最后提出了关于被高估货币的一个观点：如果一种货币被长时间高估，它将会长久地减弱国内企业在国际市场上的竞争力。国内企业或许会丢失国外市场份额，甚至被排挤出市场。贸易格局会发生长久的改变。

3. 国际收支的货币分析法

应对收支平衡问题的货币政策是建立在如下条件基础上的，即大多数国际收支赤字是货币过度增长造成的。冲销操作或许能终止自动调整过程，因为它们能阻止货币紧缩以及由于中央银行保持过高外汇比率而导致的利率上升。当然，过高的实际利率会吸引国外资本，增加经常账户盈余，降低国际收支赤字。

货币主义者认为贬值只能在短期内减少国际收支赤字，由贬值造成的净出口增加会导致货币扩张，总需求增加，物价水平随之上涨，从而造成货币的真实高估，将经济拉回到初始的运行状态。

本书的编者并不完全赞同这种观点。他们指出，当货币由于连续不断的赤字和过高的失业率而被高估时，货币贬值或许会加快调整过程。

值得注意的还有，即使名义贬值只在短期内起作用，鉴于前一节已讨论过的持久性影响，它对一个国家竞争地位的影响总是长久的。

4. 弹性汇率、货币与价格

这一节提出了一个相当清晰的观点：货币政策只能在短期内影响产出。最终，物价调整会将经济带回原来的内部均衡。实际货币余额或升或降，最后回到初始水平，实际汇率也同样如此。进出口不受影响。

由于物价和汇率不以同样的速度变化，在调整过程中会出现一些有趣的现象。其中一种现象被称为**汇率超调**（exchange rate overshooting），即汇率的变化超出了长期均衡点，然后逐渐恢复。想象有一根橡皮筋，你向外拉它，即将它拖离原有均衡，然后放手，它会自动弹回去。玩过橡皮筋的人都知道，如果向后拉得太远，橡皮筋会被拉断。就像汇率一样，超调的结果会令控制它的人很沮丧。

5. 利率差异与汇率预期

我们已知道，资本流动会阻止利率差的扩大，那么，接下来要讨论的问题是：为什么不同国家的税后实际利率和风险调整后的实际利率有差异？

答案是显然的：实际利率不是资产回报的唯一组成部分，由于资产持有者最终关心的是以他的货币衡量的资产回报，因而也必须考虑到汇率的变动。

外国资产的总收益等于：以外国货币衡量的利率（i_f），加上货币价值的变化（$-\Delta e/e$）*。预期收益则等于：同样的利率（i_f），加上预期国外货币的价值变动（ $\Delta e/e$）。当资本完全流动时，我们有：

$$i = i_f - \Delta e/e$$

由于汇率的预期变化，不同国家的利率有所不同。这表明，预期汇率由于它们影响国际资本以及实际汇率的方式，实际上是自我调整的。如果有足够多的人预期英镑贬值，在较高的预期回报的驱使下，资本会流出英国，导致英镑的实际贬值。

6. 汇率波动与相互依存

大多数国家的汇率制度是**肮脏浮动**（dirty floating）的。中央银行会时不时地进行干预以影响汇率。大多数观点认为，政府理应在外汇市场进行干预以平滑短暂波动。不幸的是，在大多数情况下人们分辨不出波动到底是短暂的还是长久的。

对外汇市场的干预即便没能影响汇率，也可以通过影响人们的预期来产生效果，即通过政府推出新政策的承诺。这种预期下的影响或许是冲销能影响汇率的唯一原因，因为冲销会阻碍外汇市场对国内利率产生影响，因而有很多人质疑它影响汇率的能力。

溢出效应来自国际资本流动和贸易失衡影响不同国家物价的途径。笔者发现，如果国家之间能够更好地协调政策，许多问题都会得到解决，但也发现很多国家并不愿意放弃自己的货币政策自主权。

7. 汇率制度的选择

这一节给出了固定汇率制度的几种选择。你已经了解了爬行钉住，即以固定比率升值或贬值以弥补贸易伙伴之间通货膨胀差距的一种汇率。**目标区**（target zone）则是允许汇率在有限的区间内浮动。政府为了提高公信力，会使用货币局制度，即国内货币 100%由外汇储备支持，并且有对其他国家货币的公然放任［我们称之为**美元化**（dollarization），尽管使用的货币不一定是美元］。除此之外，还有另一个选择，就是采取灵活的汇率制度，当它远离其相应的价值，即最终的肮脏浮动汇率之时，可以被构造成特定的**联合干预**（joint intervention）。

◇关键术语

自动调节机制	古典调整过程	支出转换政策
支出削减（增加）政策	内部和外部均衡	关税
世界贸易组织（WTO）	国际货币基金组织（IMF）	贬值
实际贬值	爬动钉住	工资-价格螺旋
黏性实际工资	J 曲线效应	滞后效应
货币分析法	国内信贷	国内信贷上限
货币中性	汇率超调	购买力平价（PPP）
自我实现的预期	外汇市场干预	冲销/未冲销的干预
溢出（相互依存）效应	投机泡沫	

◇绘　图

在本绘图题中，你要找出当美元升值时，美国的进口是否上升了。但是，并不需要画图。你可以用电脑检验 1967—1979 年间美国实际进口额、实际 GDP 以及名义多边贸易加权值的关系。数据可从相关经济学网站 http://research.stlouisfed.org/fred2/上搜集。

估算下列三个等式：

进口 = 常数 $+ aY$

进口 = 常数 $+ (b \times$ 美元价值$)$

进口 = 常数 $+ aY + (b \times$ 美元价值$)$

你能否解出 a 和 b？当考虑了收入和汇率时，回归中的估计是否会发生变化？

（如果你没有电脑，或者没学过计量经济学课程，则可参见本绘图题的“参考答案”。）

◇经济学释义

冲　销

中央银行如何在外汇市场进行冲销，如何对国内货币供应量的影响进行对冲？答案很简单：进行公开市场购买或发行债券。

例如，货币当局如果在外汇市场将外币换成本币，则必须进行公开市场交易以阻止货币供应量的下降。要对此进行冲销干预，可以购买债券。

◇技术回顾

衡量单位

在没有参照单位的情况下，可以大体写出所需的公式和变量。但需要注意的是，变量的单位必须一致。例如，考虑用于计算实际汇率的公式：

$$R=\frac{eP_f}{P}$$

已知 e 代表名义汇率，P 和 P_f 分别代表国内和国外价格水平。我们如何得出名义利率的衡量单位是什么以及汇率的衡量单位是什么？

让我们按如下步骤进行：P_f 是以国外货币单位衡量的。如果我们用物价指数衡量它，它的单位则是每德国一篮子商品和服务。P 的单位是国外货币，比如美元。当它用物价指数例如 CPI 衡量时，它的单位是美元/美国一篮子商品和服务。如果名义利率的测量单位与国内外物价一致，e 的单位则是国内货币/国外货币。

观察等式中的单位是如何被约掉的：

$$\frac{(\text{国内单位货币}/\text{国外单位货币})\times(\text{国外单位货币}/\text{国外一篮子商品和服务})}{\text{国内单位货币}/\text{国内一篮子商品和服务}}$$

$$=\frac{\text{国内一篮子商品和服务}}{\text{国外一篮子商品和服务}}$$

实际汇率并不是用货币计算的，它衡量的是国外一篮子商品可以交换的国内商品的篮子数。它的上升表示一篮子国外商品可以换到更多的国内篮子，从而意味着贸易条件的改善。前提是对变量的单位有所了解。

单位容易混淆的变量首推利率。我们可以把利率写作 5%，或 0.05，甚至是 500 个基点（一个基点代表一个百分点的 1/100）。但不管怎样，共识是利率为每年 5%。显然，只要单位一致，使用哪种单位并不重要。另外，像“利率上升 10%”这样的说法也会令人困惑。它至少不表示“利率上升 10 个百分点”，即在我们的例子中是从 5%上升到 15%。利率上升 10%的结果会小得多，即 0.5%，因此利率上升 10%意味着从 5%上升到 5.5%。不要将百分比变化和变化百分比混淆。

网上练习

本章不再做填字游戏，请登录下面的国际货币网 http://fx.sauder.ubc.ca/currency_table.html。你的任务是找出世界上重要的货币的名称。四种最重要的货币为美元、欧元、英镑和日元（也被称为“坚挺”货币）。其余比较重要的货币有加拿大、墨西哥、俄罗斯、中国和巴西的货币。

◇填空题

1. 国际收支的货币分析法的支持者认为________是国际收支赤字的主要原因。
2. 中央银行可以通过________对冲外汇市场对国内货币供应量的干预影响。
3. 当政府的内部均衡和外部均衡目标之间有冲突时，存在着________。
4. ________可以提高相互依存国家的业绩。
5. 随着时间的推移，________给出了进口对货币贬值的反应。
6. ________是对贸易均衡的一种测量方式。
7. 不同国家之间的经济关联可以造成________或________效应。
8. 一项政策可以鼓励国内产品的消费而阻碍国外产品的消费，这种政策被称为________政策。
9. 旨在降低总需求的政策被称为支出________政策。
10. 名义汇率贬值只有在其________的时候才是有效的。

◇判断题

T F 1. 名义汇率为了阻碍进口产品和国内产品相对价格的变化而进行调整。
T F 2. 国内货币贬值会降低总需求。
T F 3. 国外价格的上升会提高总需求。
T F 4. 世界利率的上升会导致国内利率的升高。
T F 5. 当资本完全流动时，GDP 必定等于潜在 GDP。
T F 6. 如果两国的购买力平价维持稳定，它们汇率的变化会直接抵消通货膨胀率的差异。
T F 7. 在足够长的时间内，没有任何政府干预，开放经济也能自动达到充分就业和国际收支的均衡。
T F 8. 相对于上一题，政府干预可以更快、更好地达到相同的结果。
T F 9. 关税和贬值都属于支出转换政策。
T F 10. 紧缩性货币和财政政策属于支出削减政策。

◇选择题

1. 政府可以通过下列哪项来固定实际汇率而不是名义汇率？
   a. 货币政策　　b. 爬行钉住
   c. 清洁浮动　　d. J 曲线效应
2. 下列哪项表明贸易条件在长期内应该保持大体不变？
   a. 货币政策　　b. 爬行钉住
   c. PPP　　d. 滞后
3. 下列哪项指出了贸易结构能被货币高估持久影响的可能性？
   a. 货币政策　　b. J 曲线效应

c. PPP　　　　　　　　d. 滞后

4. 关于国际收支平衡的________的支持者认为，货币贬值只能在短期内减少或消除收支赤字。

 a. 货币分析法　　　　　b. 财政分析法

 c. 国际分析法　　　　　d. 货币、财政的同步分析法

5. 实证证据表明，贬值后进口值________。

 a. 先升后降　　　　　　b. 先降后升

 c. 迅速下降　　　　　　d. 保持不变

6. 一国利率根据汇率的预期变化做出调整后，________外国利率时，资本会流入这个国家。

 a. 相同于　　　　　　　b. 低于

 c. 高于　　　　　　　　d. 与利率无关

◇概念题

1. 实际汇率由下式给出：

$$R=\frac{eP_f}{P}$$

 当它上升时，国内货币会发生实际升值或贬值吗？净出口是上升还是下降？

2. 为什么长期的货币高估能够持久地影响贸易结构？

3. J 曲线效应是什么？

◇技术题

1. 如果中央银行通过出售外币阻止本币的贬值，应该怎样对它进行冲销？

2. 名义货币贬值会导致实际贬值吗？有什么证据？

3. 如果美国的利率比德国的利率高 3 个百分点，人们对未来美元的预期是怎样的？

第24章 前沿课题

本章要点

- 本章给出了五种使宏观经济产生革命性变化的新观点：理性预期模型、GDP的随机游走理论、实际经济周期理论、新凯恩斯主义价格黏性模型和动态随机一般均衡模型（DSGE）。这些理论并不都是相互适用的，事实上，一些观点是相互冲突的。
- 本章的很多技术性内容是选学的，你不必学会推导它们。第9章和第18章提供了对这些观点的概述，可以参考阅读。

本章概要

1. 新宏观经济学综述

本节给出了5种理论的简单介绍：理性预期模型、GDP的随机游走理论、实际经济周期理论、新凯恩斯主义价格黏性模型和动态随机一般均衡模型（DSGE）。我们会对每种理论进行讨论，并了解它们与传统总供给-总需求模型的关联。

理性预期模型（卢卡斯模型）试图解释在缺少价格缓慢调整的前提下，产出如何偏离潜在产出以及失业如何偏离自然失业率。

我们对第6章第3节的模型进行初步、非技术性的探讨。你或许能回忆起下面的信息：在卢卡斯模型中，人们不能直接观察价格水平，只能预期。当预期错误时，人们对于实际工资的估计也是错误的，导致他们提供“过多”或“过少”的劳动力，即高于或低于当他们知道实际工资时愿意提供的劳动力。在此模型中，劳动力市场出清，总供给假设与经典的 AS-AD 模型不一致的地方在于，劳动力供给取决于预期实际工资而不是真实的实际工资。

模型假设人们会理性地形成预期（具体解释详见第 6 章的经济学释义），这更是它与 AS-AD 模型的巨大不同点：只有意料之外的 AD 曲线的移动能影响短期内的产出和失业。我们这里的价格预期，并不像 AS-AD 模型中的价格水平随经济波动缓慢调整，而是当发生意料之外的情况时，作为对经济波动的回应，它会在短期内失效。（最终，当获得新信息时，又会改正这个错误。）

未预期到的 AD 曲线移动并不会影响人们对价格的预期，因此名义工资增长只会针对高价格预期来补偿工人，这对他们来说，就像是实际工资增长了一样。自认为已经增长了的实际工资会使他们承受更多的工作小时，在一段时间内将产出提升到充分就业水平之上。

预期到的 AD 曲线移动会影响人们对价格的预期。因此，他们会认为，由于 AD 曲线移动而产生的更大的名义上升，可以由于高价格水平而补偿他们，因而选择提供相同的劳动力。

需求政策在卢卡斯的理论中毫无用处：除非这些政策对于公众来说是出乎意料的，否则没有任何作用。公告是可用来稳定产出的唯一工具，政府应对经济衰退需要做的是纠正人们的错误预期。

实际经济周期（RBC）理论［real business cycle（RBC）theory］是理性预期模型的延伸。RBC 理论的支持者排除了总需求冲击是导致实际经济周期波动的因素，转而用**生产率冲击**（productivity shocks）来解释产出为何能够并且确实偏离了充分就业（潜在）水平。他们认为，由于假设劳动力市场维持均衡，生产效率的微小变化可以造成实际工资的微小变化，并导致就业（与产出）的巨大波动，因为随着时间的推移人们可用闲暇替代工作或用工作替代闲暇，即当工资短暂上升时用工作替代闲暇，当工资短暂下降时休息。

这些理论都有一个致命缺陷：在现实世界中，货币供应量的变化不管是否意外，都能在短期内影响产出和失业。通过检验 **GDP 的随机游走理论**（random walk theory of GDP），即主张经济冲击对产出具有持久的影响而不是短暂影响的理论，经济学家试图找出 AS 或 AD 的移动是否会主宰经济周期。（只有供给冲击对产出有持久影响，AD 冲击只对产出有短期影响。）

在新凯恩斯主义价格黏性模型中，对在宏观经济体系中 AS-AD 模型关于价格不能迅速随着市场出清而调整的假设进行了辩解。

动态随机一般均衡模型假定所有经济人都是完全理性的，并基于对未来经济的预期做出决策。那么，未来会发生什么依赖于今天的决策，同样未知的冲击也时常会打击经济。要解出这些模型的均衡值是困难的，而且难以用简单的代数方法求解。动态随机一般均衡模型必须通过电脑模拟技术求解。

2. 理性预期革命

这一节给出了一个简单的理性预期模型，并且与基本 AS-AD 模型对比，后者的价格预期外生给定。此外，介绍了完全预见模型，其中人们总能正确地猜测价格，因而它和预期价格之间的差距经常为零。当人们拥有关于经济运行状态的所有准确信息时，它与理性预期模型是一致的。(即产出不会偏离潜在产出，因为人们的预期总是正确的。)

在理性预期模型中，可预见的货币供给变化不能影响产出这个结论是经由详细推导而得出的，意料之外的货币供给变化可以影响产出这个结论同样如此。

笔者发现，实证证据并不能有效地支持上述结论，可预见的货币供给变化在短期内似乎能够影响产出。

3. 关于不完全信息下总供给曲线的微观经济学（选学）

在本节中，我们分析了卢卡斯总供给曲线的不完全信息模型。模型自身有趣并值得推导，本节的真正益处在于你可以使用理性预期，而不是泛泛地阅读。

卢卡斯不完全信息模型的主要结论是：不可预料的总需求变化对产出的影响，取决于总冲击（对总体经济的冲击）和特定冲击（对特定行业或地区的冲击）之间的相对重要性。

4. GDP 的随机游走：是总需求重要，还是总供给重要?

这一节介绍了**趋势平稳**（trend stationary）过程和**差分平稳**（difference stationary）过程。趋势平稳过程是短暂冲击（影响最终会消失的冲击）占主导的过程。差分平稳过程则是持久冲击（影响随时间累积的冲击）占主导的过程。**随机游走**（random walk）是这种过程的经典案例。

如果 GDP 是趋势平稳的而不是差分平稳的，经济周期肯定是由短暂性的总需求冲击引起的，正如传统经济学家所认为的那样。如果 GDP 是差分平稳的，那么供给冲击必然会影响产出，正如实际经济周期理论家所认为的那样。

据统计，产出是持久冲击占主导的，这是个有争议的结果，因为它使得我们所学的财政和货币政策不再重要了。幸运的是，有第三种可能，也是有数据支持的：GDP 反而可能是**间断性趋势平稳的**（trend stationary with breaks)，因而尽管对生产率的持久冲击不会发生，总需求冲击也会在未来的几十年里影响经济周期。

统计缺陷导致很难确认产出是差分平稳的还是趋势平稳的，因此，总需求冲击在经济周期中的重要性在一段时间内仍具有争议性。

5. 实际经济周期理论

这一节分析了一个简单的 RBC 模型，其中劳动生产率的短暂波动导致人们在高生产率时期工作时间长，在低生产率时期工作时间短。

人们随着时间的推移用闲暇替代劳动的程度决定了生产率的一个微小冲击是否会造成产出的波动，以至波动足够大从而可以解释经济周期。这取决于两个**深层参数**（deep parameter)，即与人们做出宏观经济决策的决定因素相关的参数：β 和 γ。它们似乎比较小而不能创造足够的**跨期替代**（intertemporal substitution）来解释经济周期。

6. 新凯恩斯主义的黏性名义价格模型

本节指出了新凯恩斯主义价格黏性模型的几个关键前提：对不完全竞争的依赖从而个

体厂商有足够的市场力量去设定价格；假设当厂商选择改变名义价格时，存在微小的成本；假设厂商通过改变自身价格获得的收益总比社会收益小得多（即存在外部性）。上述关键前提合起来可理解为：厂商不会发现应对需求冲击的最佳方法是提高价格，尽管事实上厂商提高价格（并且所有厂商都提价）对整个社会来说是最佳的。

7. 动态随机一般均衡模型

近年来，宏观经济学家已经将实际经济周期理论的主要条件和新凯恩斯主义价格黏性假设结合起来。这些经典模型就是动态随机一般均衡模型（DSGE）。DSGE 模型着重强调随机、非预期冲击切实影响经济体以及经济人的前瞻性决策过程，而且 DSGE 模型允许总供给和总需求曲线是非线性的（即字面上的“曲线”）。综合上述所有条件，DSGE 模型很难用代数求解，这些模型要用计算机模拟技术来求解。

◇关键术语

理性预期均衡	理性预期	政策无关性
GDP 的随机游走	实际经济周期（RBC）理论	传播机制
闲暇的跨期替代	生产率冲击	新凯恩斯主义经济学
价格黏性	菜单成本	不完全竞争
卢卡斯批判	完全预见	不完全信息模型
GDP 的趋势（长期）成分	GDP 的周期成分	趋势平稳
差分平稳	间断性趋势平稳	深层参数
新古典经济学	动态随机一般均衡模型	

◇绘　图

在本绘图题中你需要画出在为期六个月的同样冲击下，趋势平稳过程和差分平稳过程的走势。表 24－1 提供了描述这两个过程的方程，以及每个过程受到的冲击。你要在图 24－1 中画出趋势平稳过程，在图 24－2 中画出差分平稳过程。如果你以后碰到它们，你能分辨出它们吗？

表 24－1

时期（t）	冲击（u_t）	趋势平稳过程（$y_t=3t+u_t$）	差分平稳过程（$y_t=y_{t-1}+3+u_t$）
0	0	0*	0*
1	1	4	4
2	2	8	9
3	1	10	13
4	0	12	16
5	−1	14	18
6	0	18	21

* 为简单起见，假设每个过程 $y_0=0$。

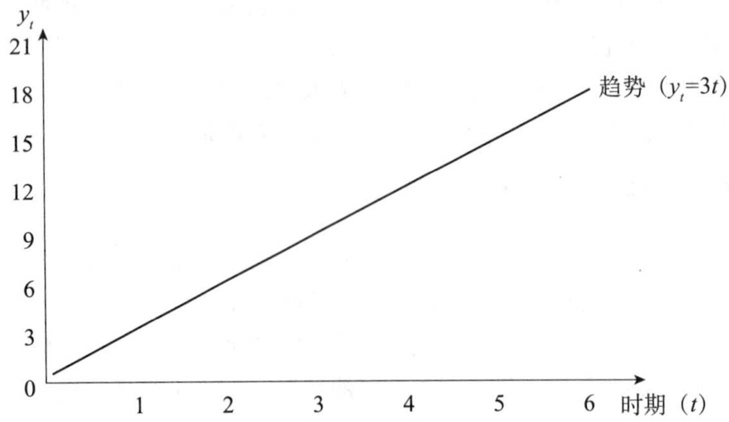

图 24－1　趋势平稳过程

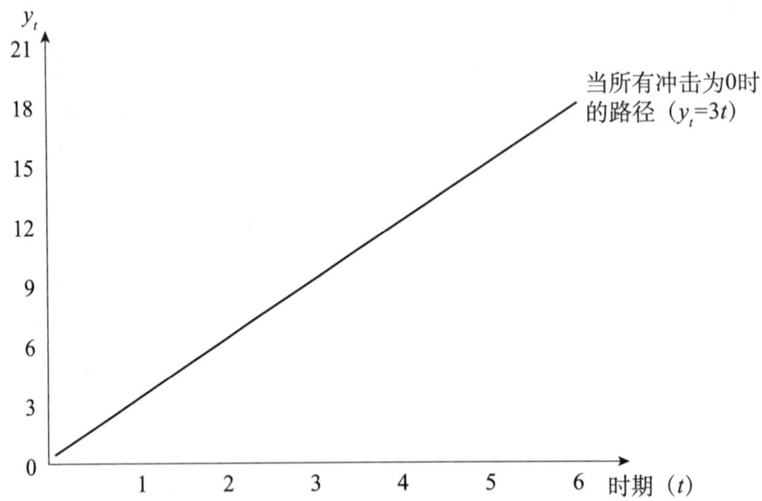

图 24－2　差分平稳过程（随机游走）

◇经济学释义

新凯恩斯主义和新古典主义

或许当代宏观经济学的最大分歧存在于新凯恩斯主义经济学家和新古典主义经济学家之间。尽管二者都将理性、最大化行为作为理论前提，但他们在经济学的一个基础问题上有争议，即市场是不是完美的。

这当然是原凯恩斯主义者和古典主义者的争论所在。如今最主要的差别是，新凯恩斯主义者和新古典主义者争论 AD 的预期变化是否会影响产出，而不再争论 AD 的移动是否会影响产出。

争论的规则也在变化，原凯恩斯主义者认为现实世界的价格似乎不能足够快速地调整以保持市场均衡，并以此支持自己的假设；而新凯恩斯主义者面临着一个更为棘手的任务。新凯恩斯主义者必须证明：上述黏性价格能在充满理性、效用最大化主体的现实世界中得以提升，即它们与基本微观经济原则并不是不一致的。只有这样，他们才能挑战新古典主义理论。

◇技术回顾

随机游走

随机游走（random walk）是差分平稳过程的典型例子，即它的水平能被短暂冲击持久地影响。这里将告诉你应怎样使用随机游走。

假设你自己在城市里闲逛。每次当你走到十字路口时，你都会选择阻力最小的路径：向行动信号标明的任何方向移动。然后，你继续沿着那个方向行走，直到遇到另一个十字路口，然后再转变方向。

你可以想象得出，按照上述规则行动的人不会预测出他将停在哪里（当然这对去动物园来说是一个差劲的途径）。由于改变方向的行为都有持久的影响，因而他的路径是随机的。

当变量遵循随机游走时，若由于某种原因（在我们上述例子里是行动信号）而转移路线，就无法发现回到原来路线的途径。下式的 y 即遵循此规则：

$$y_t = y_{t-1} + u_t$$

y 的水平不会变化，除非 y 遭受冲击（即除非 u_t 是非零的）。当它变动时，它会持久地变化，将不再回到原来的水平。当我们以恒定速度加入一个造成 y 升高或上移的漂移项时，上述规律也是适用的：

$$y_t = y_{t-1} + \beta + u_t$$

相似地，在这个等式里，冲击对 y 的水平有着持久的影响。图 24－3 展示了变量只遭受一次冲击 $u_t=1$ 时遵循第二个过程的途径。

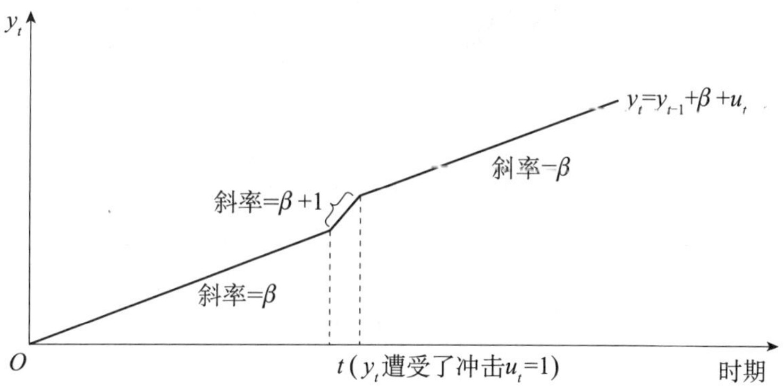

图 24－3

◇填字游戏

横

1. 合理形成的预期中的错误是________
3. ________游走
5. 跨越时间
8. 在 RBC 模型中，影响经济周期的冲击类型

11. 新凯恩斯主义价格黏性模型取决于________

竖

2. 人们的跨期替代
4. ________货币政策对理性预期均衡模型无影响
6. 随机游走是________平稳过程的一个例子
7. GDP 的随机游走模型表明这种冲击类型影响经济周期
9. 新凯恩斯主义用这种价格设立模型
10. 成本类型，当改变价格时企业会产生这类成本

◇填空题

1. ________产出理论认为产出的大多数移动是持久的，而非短暂的。
2. DSGE 模型中的“动态”是指经济人在做出今天的决策时基于对________的展望。
3. 在________中，采取货币或财政政策是没有必要的，因而相对于充分就业的偏离，从而相对于潜在产出的偏离，全部来自预期错误。
4. 如果对产出的大部分冲击有持久影响，________的变化就相对不重要了。
5. 在实际经济周期均衡理论中，产出的变化基本归因于________冲击。
6. 在 RBC 理论中，短暂性冲击能产生持久影响，因为随着时间的推移，人们用________替代闲暇（或劳动）。
7. 我们称第 6 题中的跨期替代为________机制。
8. 新凯恩斯主义价格黏性模型认为，厂商不会发现迅速改变价格是应对冲击的最佳选择，并允许厂商自己定价，从而设定了市场是________竞争的。
9. 厂商提价的微小成本被称为________。

10. 在卢卡斯理性预期均衡模型中，货币政策的________变化对产出无影响。

◇判断题

T　F　1. 本章介绍的所有模型或观点都没有相互矛盾。

T　F　2. 即使预期是理性的，人们也会犯系统性错误。

T　F　3. 旨在阻止厂商提价的菜单成本是巨大的。

T　F　4. 产出的随机游走模型与 *AS-AD* 模型不一致。

T　F　5. 产出的随机游走模型表明，*AD* 冲击的重要性小于 *AS* 冲击的重要性。

T　F　6. RBC 理论表明经济周期是受货币波动驱使的。

T　F　7. RBC 理论认为，经济周期是受生产效率波动（供给冲击）驱使的。

T　F　8. 人们会理性地形成预期的假设与 *AS-AD* 模型不一致。

T　F　9. 市场时刻处于出清状态的假设与 *AS-AD* 模型不一致。

T　F　10. 新凯恩斯主义者与新古典主义者在人们是否理性（权衡成本和收益，并相应地做出行动）方面有分歧。

◇选择题

1. 下列哪个模型或观点与其他的不一致？
   a. RBC 理论　　b. 产出的随机游走理论
   c. 理性预期均衡　　d. 新凯恩斯主义价格黏性模型
2. 如果产出有波动的趋势，那么产出的变化最可能来自________。
   a. 供给冲击　　b. 需求冲击
   c. 二者皆是　　d. 二者皆不是
3. 在产出的随机游走模型中，产出的变化主要来自________。
   a. 供给冲击　　b. 需求冲击
   c. 二者皆是　　d. 二者皆不是
4. 本章的供给冲击被认为对产出水平________。
   a. 有短暂影响　　b. 有持久影响
   c. 有不可预测的影响　　d. 无影响
5. 需求冲击对产出水平________。
   a. 有短暂影响　　b. 有持久影响
   c. 有不可预测的影响　　d. 无影响
6. 当预期理性地形成时，预期错误________。
   a. 不会发生　　b. 总能被预测
   c. 有时能被预测　　d. 从来不能被预测
7. 在新凯恩斯主义价格黏性模型中，价格具有黏性是因为________。
   a. 存在长期合同　　b. 存在菜单成本
   c. 内部人-外部人问题　　d. 预期是非理性的
8. 新凯恩斯主义者和新古典主义者争论的焦点是是否________。
   a. 市场总是出清

b. 产出能偏离潜在产出

c. 不可预见的货币政策变化能影响产出

d. 个体行为是理性的

9. 在实际经济周期理论中，假设产出的波动主要来自________。

a. 供给冲击　　b. 需求冲击

c. 二者皆是　　d. 二者皆不是

10. 下列哪项不是实际经济周期理论的特征？

a. 市场总是出清　　b. 可预见的货币政策变化影响产出

c. 总需求冲击是不重要的　　d. 个体行为是理性的

◇概念题

1. 新凯恩斯主义者通过建立价格黏性模型试图解决什么问题？
2. 为什么人们需要关心价格是否为黏性的？
3. GDP 的随机游走模型是否表明了 *AS-AD* 模型在理论上有缺陷？请解释。
4. 在实际经济周期理论中，引起产出波动的因素是什么？

◇技术题

*1. 确定本章中 RBC 模型使用的“深层参数”。哪些值会造成巨大的跨期替代？用相关公式证明结论。

*2. 实证证据是否能证明你在第 1 题中确定的参数值是真实存在的？（即在现实世界中是否存在对闲暇的强大跨期替代？）

*3. 在卢卡斯不完全信息模型中，不可预见的 *AD* 变化何时会对产出造成最大影响？为什么？

*4. 根据第 24 章第 4 节提供的实证证据，*AD* 或 *AS* 的冲击能否影响经济周期？请解释。

参考答案

第1章

绘　图

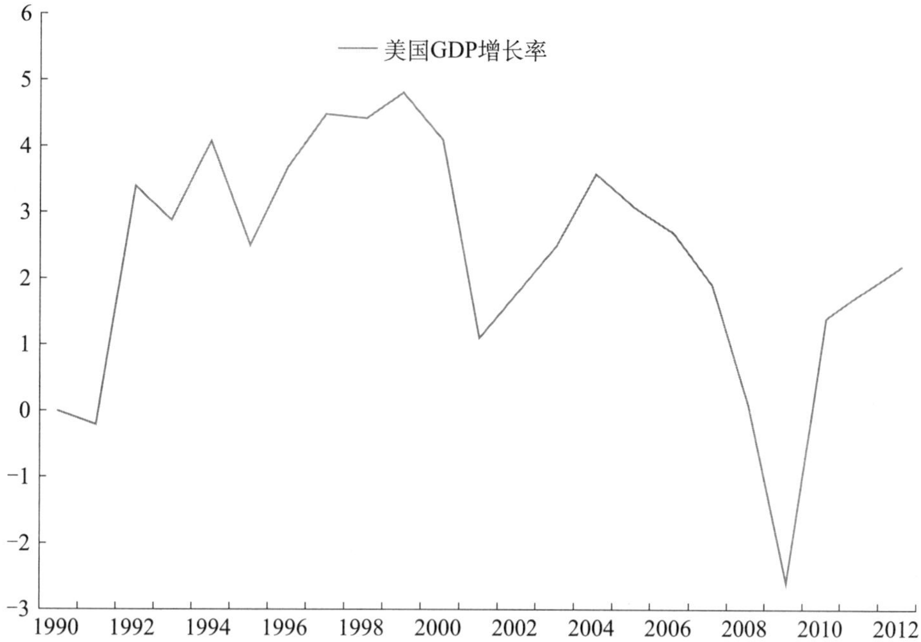

图 1－3′　GDP 百分比变化（%）

表 1－1′

年份	GDP（10 亿美元）	相对于上一年的百分比变化（%）
1990	8 033.9	—
1991	8 015.1	−0.2
1992	8 287.1	3.4
1993	8 523.4	2.9
1994	8 870.7	4.1
1995	9 093.7	2.5
1996	9 433.9	3.7
1997	9 854.3	4.5
1998	10 283.5	4.4
1999	10 779.8	4.8
2000	11 226.0	4.1
2001	11 347.2	1.1
2002	11 553.0	1.8
2003	11 840.7	2.5
2004	12 263.8	3.6
2005	12 638.4	3.1
2006	12 976.2	2.7
2007	13 228.9	1.9
2008	13 228.8	0

续前表

年份	GDP（10亿美元）	相对于上一年的百分比变化（%）
2009	12 880.6	−2.6
2010	13 063.0	1.4
2011	13 299.1	1.8
2012	13 588.8	2.2

填字游戏

横

2. 消费价格指数（CPI）
6. 总供给（AS）
8. 增长（growth）
9. 宏观经济学（macroeconomics）
11. 时间（time）

竖

1. 潜在（potential）
3. 通货膨胀（inflation）
4. 经济（business）
5. 长（long）
7. 模型（models）
10. 产出（output）

填空题

1. 增长理论
2. 总供给-总需求
3. 总供给
4. 总需求
5. 总供给
6. 零
7. 消费价格指数

判断题

1. 正确。
2. 错误。总供给曲线在中期向上倾斜。
3. 错误。当价格不变时，总供给曲线是水平的。
4. 错误。当实际产出比潜在产出高时价格会升高。
5. 错误。你学到的任何东西几乎都可以代入这个框架！

第2章

绘　图

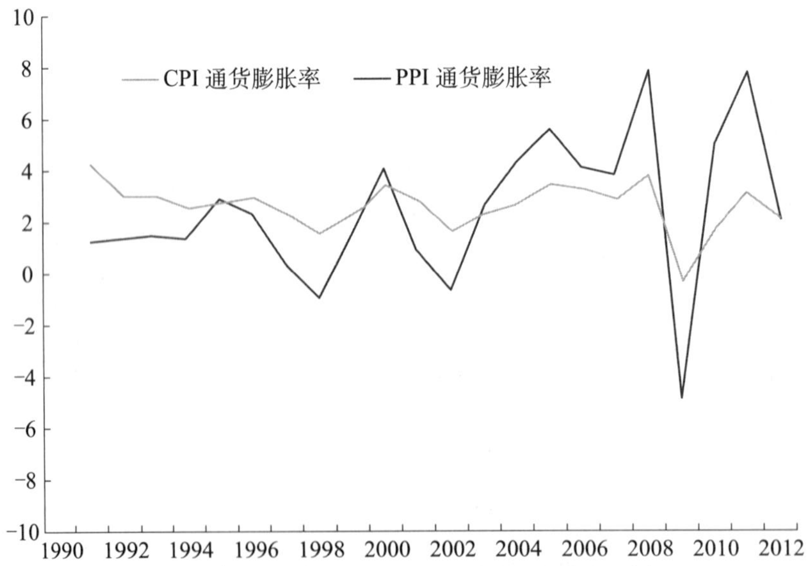

图2-1′　依据CPI和PPI得出的通货膨胀率（%）

表 2-1′

年份	CPI	相对于上一年的百分比变化（%）
1990	130.7	—
1991	136.2	4.2
1992	140.3	3.0
1993	144.5	3.0
1994	148.2	2.6
1995	152.4	2.8
1996	156.9	3.0
1997	160.5	2.3
1998	163.0	1.6
1999	166.6	2.2
2000	172.2	3.4
2001	177.0	2.8
2002	179.9	1.6
2003	184.0	2.3
2004	188.9	2.7
2005	195.3	3.4
2006	201.6	3.2
2007	207.3	2.8
2008	215.2	3.8
2009	214.5	−0.3
2010	218.1	1.7
2011	224.9	3.1
2012	229.6	2.1

填字游戏

横

2. 储蓄（save）
6. 总（gross）
7. 外生型（exogenous）
9. 内生型（endogenous）
13. 消费价格指数（CPI）
14. 耐用品（durable）
15. 国内生产净值或国民生产净值（NDP or NNP）
17. 收入（income）

竖

1. 实际的（real）
3. 经过调整的（adjusted）
4. 投资（investment）
5. 消费者（consumers）
6. 国民生产总值（GNP）
8. 核算（accounting）
10. 通货紧缩（deflation）
11. 出口（exports）
12. 国内生产总值（GDP）
16. 最终的（final）

填空题

1. 国内生产总值
2. 折旧
3. 生产要素；要素报酬
4. 转移支付
5. 国内私人总投资
6. 出口；进口
7. 政府预算赤字
8. 增加值
9. 经过调整的国民生产总值
10. 价格

判断题

1. 错误。大约 3/4 的要素报酬是支付给劳动力的。
2. 正确。
3. 正确。
4. 错误。
5. 正确。
6. 错误。GDP（和 GNP）是对福利的不完美度量。
7. 错误。GDP 平减指数不包括进口价格。
8. 正确。
9. 正确。

10. 错误。失业率是对正在积极找工作但未找到的劳动力的度量。

选择题

1. c　2. b　3. b　4. d　5. d　6. d　7. d　8. a　9. d　10. d

概念题

1. 这时 GDP 会上升。这些劳动不一定反映在经济的实物产出中。

2. 个人电脑是一个较好的例子。

3. 政府预算必须与贸易赤字相等。

4. 政府会削减政府支出，并减少转移支付或提高税收。在投资不上升的情况下，储蓄的增多也能达到减少政府赤字的目的，以及在进口不增加的基础上，出口增加也同样可达到此目的。

技术题

1. $GDP=C+I+G=\$1\,000+\$100+\$300=\$1\,400$。由于政府预算平衡和净出口为零，储蓄等于投资：$S=I=\$100$。

2. 已知等式 $(S-I)=(G+TR-T)+NX$。如果解此等式，我们发现，投资等于储蓄减去政府预算赤字加上贸易赤字。即投资等于＄160：$I=S-(G+TR-T)+(-NX)=\$200-\$50+\$10=\$160$。

3. 可支配收入＝总收入＋转移支付－税收＝总产出＋转移支付－税收。

题中已知总产出（GDP），税收和转移支付并未给出。但我们已知道政府预算赤字等于＄40，根据等式 $(G+TR-T)=(\$250+TR-T)=\$40$ 可以计算出 $TR-T=\$40-\$250=-\$210$。可支配收入$=GDP+TR-T=\$1\,000-\$210=\$790$。

4. 已知 $GDP=C+I+G+NX$。将上式变形得 $NX=GDP-C-I-G$。GDP、C 和 I 已知；G 是未知量，但我们可以通过预算赤字（BD）计算出 G 以及转移支付和税收的差：$BD=G+TR-T$，因此 $G=BD-(TR-T)=\$120-\$20=\$100$。

$NX=GDP-C-I-G=\$500-\$350-\$150-\$100=-\$100$。

5. 通货膨胀率（π）是价格变化水平的比率：$\pi=(2-1.75)/2=0.125$ 或 12.5%。

6. 在 6%的通货膨胀水平下，实际利率水平会变为零——你虽然有 6%的收益，但你的钱的价值也降低了 6%。在 8%的通货膨胀水平下，你实际上有负收益——你虽然有 6%的收益，但价值却降低了 8%，因此你的实际利率大约为－2%（＝6%－8%）。

7. $\$450\div£310=1.45\,\$/£$。

第3章

绘　图

基于图 3－5′，很难判断日本和美国的增长趋势会趋同，特别是这种短期的模型，更增加了观测的难度。

因为以任何容易看得见的方式，日本的增长率都没有大幅度下降，因此图 3－5′不能帮助我们判断 20 世纪 50 年代至 60 年代日本的高增长率是不是一个暂时的现象。

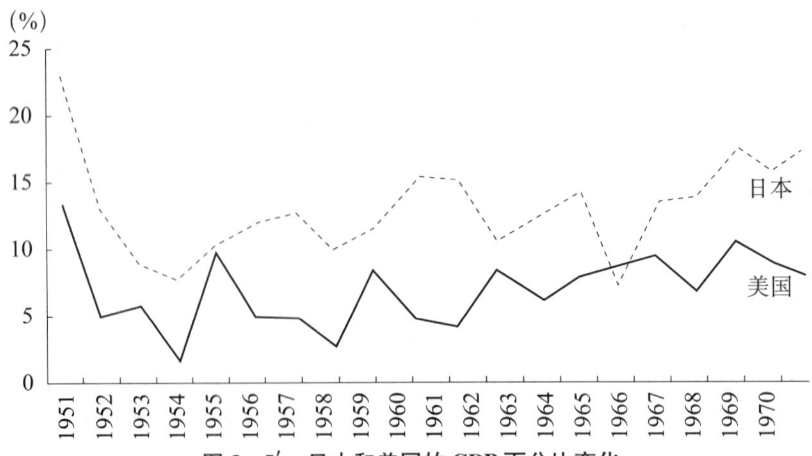

图 3－5′　日本和美国的 GDP 百分比变化

填字游戏

横

1. 递减（diminishing）
6. 外生的（exogenous）
9. 新古典主义（neoclassical）
10. 零（zero）
11. 潜在的（potential）
13. 生产（production）
14. 人口（population）

竖

2. 人力（human）
3. 不变（constant）
4. 趋同（converge）
5. 存量（stock）
7. 储蓄（saving）
8. 流量（flow）
12. 相等（equal）

填空题

1. 增长核算
2. 生产函数
3. 劳动的边际产出；减少
4. 全要素生产率
5. 人均产出
6. 实物
7. 人力
8. 稳态
9. 趋同
10. 水平

判断题

1. 错误。总潜在产出在稳态下会不断增长。
2. 正确。
3. 正确。
4. 错误。在稳态下，储蓄率不影响产出增长率。
5. 正确。
6. 正确。
7. 正确。
8. 正确。
9. 错误。这两个国家必定有同样的储蓄率。
10. 正确。

选择题

1. c　2. d　3. d　4. d　5. a　6. d　7. b　8. a　9. c　10. b

概念题

1. 肯定会，在有些时候，人力资本的边际报酬递减。

2. 自然资源可能相反——它自己本身会再生（煤、油、木材、洁净的空气、干净的水都会再生，虽然耗时会很长），但它也会边际报酬递减，就像其他生产要素一样。

3. 所有生产要素都边际报酬递减；生产率增长（技术进步）是外生的。

4. a 和 b 是存量；c 和 d 是流量（折旧是资本存量的流出；投资是资本存量的流入）。

技术题

1. a）资本的收入份额＝1/4。在柯布-道格拉斯生产函数中，K 规模报酬不变。

总的来说，资本的收入份额由以下等式给出：

$$(i\times K)/Y=(MPK\times K)/Y$$

b）由 a 得知，$MPK\times K/Y=1/4$。重新改写等式：

$$\begin{aligned}(Y/K)&=MPK/(1/4)=4\times MPK\\&=\text{资本的收入份额}\times MPK\end{aligned}$$

c）劳动的收入份额＝3/4。在柯布-道格拉斯生产函数中，L 规模报酬不变。

总之，资本的收入份额由以下等式给出：

$$(W\times L)/Y=(MPL\times L)/Y$$

d）由 c 可知 $MPL\times L/Y=3/4$。对等式进行变形，我们得到：

$$\begin{aligned}(Y/L)&=MPL/(3/4)=(4/3)\times MPL\\&=\text{劳动的收入份额}\times MPL\end{aligned}$$

e）等式规模报酬不变：$(1/4)+(3/4)=1$。将资本和劳动的量加倍，产出水平也加倍：如果 $Y_0=K_0^{1/4}L_0^{3/4}$，那么 $Y_1=(2K_0)^{1/4}(2L_0)^{3/4}$ 可变形为：

$$\begin{aligned}Y_1&=(2K_0)^{1/4}(2L_0)^{3/4}\\&=(2)^{1/4}(K_0)^{1/4}(2)^{3/4}(L_0)^{3/4}\\&=(2)^{1/4+3/4}K_0{}^{1/4}L_0{}^{3/4}\\&=2(K_0{}^{1/4}L_0{}^{3/4})=2Y_0\end{aligned}$$

若 K 和 L 加倍，则 Y 也加倍。

f）$\frac{Y}{L}=\frac{K^{1/4}L^{3/4}}{L}=\left(\frac{K^{1/4}}{L^{1/4}}\right)\left(\frac{L^{3/4}}{L^{3/4}}\right)=\left(\frac{K}{L}\right)^{1/4}$

或者 $y=k^{1/4}$ 。

2. a）增加。总产出会增加，因为工人数量会增加；投资函数［$sf(k)$］上移。人口并没有增加，因此潜在的稳态人均产出水平增加。

b）不变。

c）劳动的收入份额不变。在柯布-道格拉斯生产函数中，L 的幂仍然是 θ。

d）劳动生产率 $Y/L=(1/\theta\times MPL)$ 会下降。劳动供给增加会压低劳动的边际产出。

参考答案

3. a）不变。

b）不变。

c）不变。

d）劳动生产率会下降，原因如上。

4. 投资函数［$sf(k)$］会上移。人均产出会上升，开始时会上升得很快，之后会越来越慢并慢慢达到稳态（见图 A-1）。

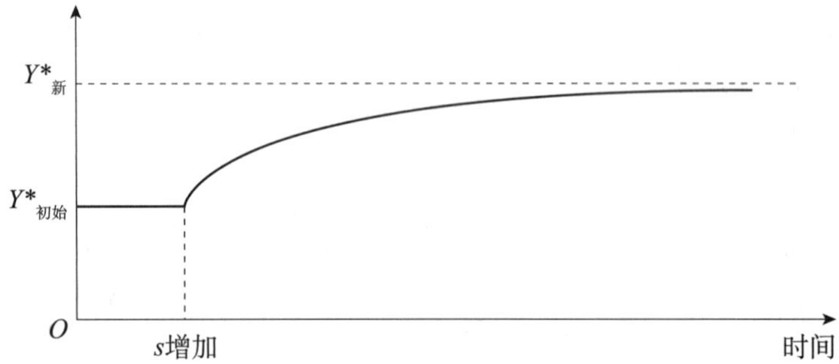

图 A-1

5. $\Delta Y/Y=[(1-\theta)\times\Delta N/N]+[\theta\times\Delta K/K]+\Delta A/A=[(1-0.25)\times0.5]+[(1-0.75)\times0.5]+0=0.5$（或 50%）。资本-劳动比率不变，资本和劳动会上升同样的比例。

第 4 章

绘　图

从 1994 年到 2010 年，中国年均人均 GDP 增长率为 9.2%。

表 4-1′

年份	实际人均 GDP	相对于上一年的百分比变化（%）
1993	1 590	—
1994	1 774	11.6
1995	1 931	8.9
1996	2 102	8.9
1997	2 276	8.3
1998	2 440	7.2
1999	2 616	7.2
2000	2 822	7.9
2001	3 043	7.8
2002	3 294	8.3
2003	3 590	9.0
2004	3 916	9.1
2005	4 335	10.7
2006	4 855	12.0
2007	5 512	13.5
2008	6 014	9.1
2009	6 520	8.4
2010	7 130	9.4

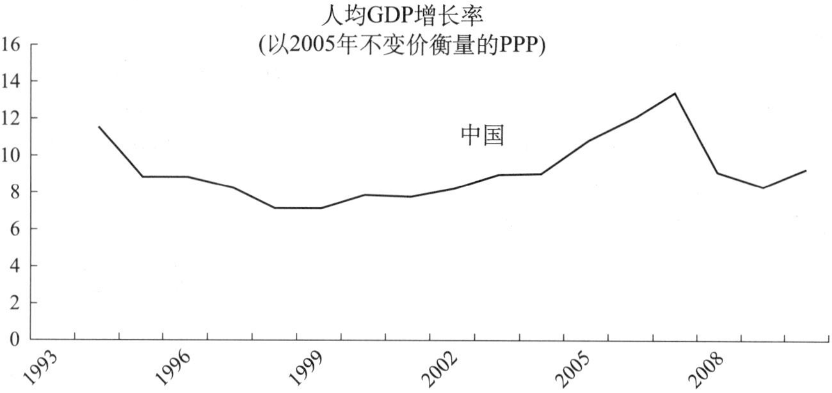

图 4-3′ 中国人均 GDP 增长率（%）

填字游戏

横

1. 资本（capital）
3. 储蓄（saving）
5. 趋同（convergence）
6. 产出（output）
9. 递减（diminishing）
10. 外生的（exogenously）

竖

2. 绝对趋同（absolute）
4. 上升（increasing）
7. 过渡（transition）
8. 不变（constant）

填空题

1. 递减
2. 不变
3. 规模报酬
4. 稳态
5. 技术
6. 外生的
7. 储蓄（或投资）
8. 储蓄
9. 绝对；条件
10. 条件

判断题

1. 错误。不可能将所有外部收益都与私人投资联系起来（如个人生产者不能获得与他们的投资有关的所有利润）。

2. 正确。

3. 错误。这种增长是由技术进步推动的。

4. 正确。

5. 错误。

6. 错误。储蓄率的变化会影响稳态。

7. 错误。它们还有同样的储蓄率和资本的边际产出。

8. 正确。

9. 错误。在内生增长模型中，储蓄率的变化会永久性地使产出增长率上升。

选择题

1. a 2. a 3. c 4. a 5. c 6. b 7. b 8. a 9. a 10. d

概念题

1. 资本的边际产出不变，之前的假设为边际产出递减。结果，生产函数递增而不是规模报酬不变。

2. 是的，指数为 1。

不是，指数不为 1。（指数大于 1，第二个生产函数规模报酬递增。）

3. 在内生增长模型中，储蓄率的提高会使产出率上升。

4. 在新古典增长模型中，储蓄率的提高不会影响产出率，因为假设它是不影响技术进步的。

5. 内生增长模型可以解释技术的增长以及为何国家依靠尖端技术的增长，但不能解释国家间的增长率差异。

技术题

1. a) $\frac{Y}{L}=\frac{K^{1/2}L^{1/2}}{L}=\frac{K^{1/2}}{L^{1/2}}=\left(\frac{K}{L}\right)^{1/2}=k^{1/2}$

或者 $y=\sqrt{k}$ 。

b) $\frac{1}{2\sqrt{k_{gold}}}=n+d=0.25$ 。

$\sqrt{k_{gold}}=\frac{1}{2\times0.25}=\frac{1}{0.5}=2$ 。

$k_{gold}=(2)^2=4$ 。

2. y 的增长率为 $sa-(n+d)$，其中 $a=y/k$。

参考答案

只需要计算 a 的值 $[a=y/k=f(k)/k=k/k=1]$，n、d 和 s 在题干中已经给出：

$\Delta y/y=sa-(n+d)=(0.3\times1)-(0.05+0.20)=0.3-0.25=0.05$或5%。

3. 将人口增长率内生化，可以得到两个稳态——一个是高人均产出，一个是低人均产出。在高人均产出和低人均产出条件下，有不同的假设。然而，人口增长率必须先随 y 增长，再下降，最后接近于0。

4. 我们可以建立这种模型以让社会在两种资本条件下选择它想要的投资量：有些类型的资本产生外部经济收益（如研究和开发），有些不产生外部经济收益（如薯片）。

绘　图

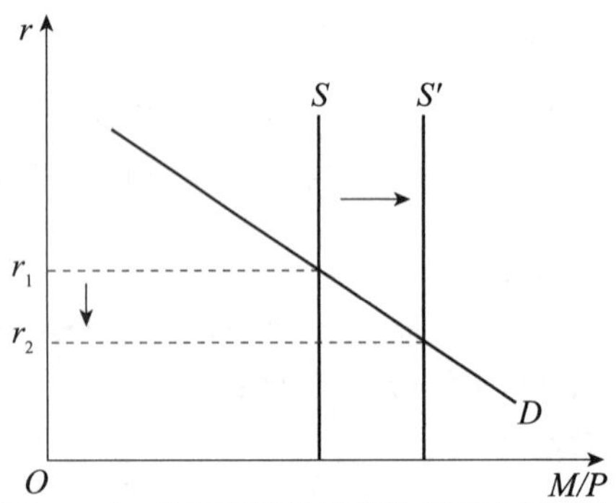

图 5-5′　货币供给的增长降低了实际利率

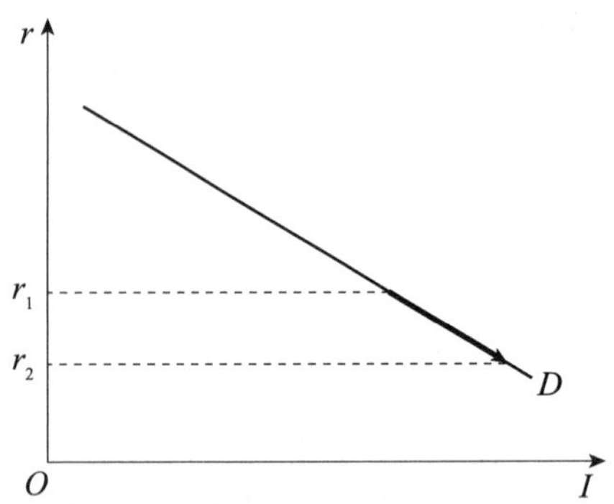

图 5-6′　实际利率下降增加了投资需求数量

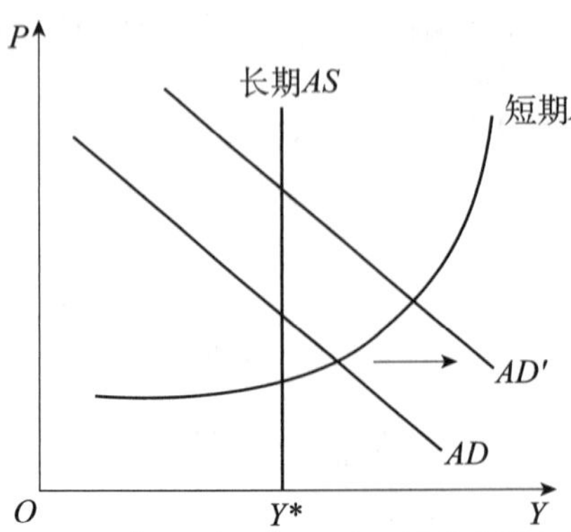

图 5-7′　投资增长导致总需求曲线右移

第5章

在短期，总需求增加导致产出和价格水平都增加。在长期，产出降至长期价值（潜在产出），只有价格水平会受到影响。

填字游戏

横

1. 实际（real）
3. 需求（demand）
6. 潜在的（potential）
8. 自然的（natural）
9. 紧缩性的（contractionary）
10. 凯恩斯主义（Keynesian）

竖

2. 扩张性的（expansionary）
4. 名义（nominal）
5. 古典的（classical）
7. 数量（quantity）

填空题

1. 内生
2. 外生/政策
3. 总供给
4. 总需求
5. 垂直的；潜在产出
6. 水平的
7. 摩擦性；自然增长率
8. 垂直；古典
9. 总需求
10. 总供给

判断题

1. 错误。古典假定在长期是合适的。
2. 正确。
3. 正确。
4. 正确。
5. 错误。
6. 错误。解释的是实际产出的变化。
7. 正确。

8. 错误。

9. 正确。

10. 错误。

选择题

1. b 2. b 3. d 4. a 5. c 6. a 7. a 8. a 9. b 10. c

概念题

1. 总需求曲线斜率向下，因为随着价格水平的下跌，实际货币余额上升，实际利率下降。实际利率下降导致投资需求上升，从而总需求上升。

2. 假设无限制提高产出是无意义的，是有一定限制的。

3. 提高了一个或多个生产要素的生产率（劳动力和资本等）。

4. a、b、d 和 f 是扩张性的；c、e 和 g 是紧缩性的。如果感觉 g 有难度，别担心，在之后的章节，我们会更详细地讲述货币数量论。

技术题

1. 在画 AD 曲线时，必须固定税收、政府转移支付、政府支出和货币供给这些变量。

2. a）产出会增加；价格水平也会上升。

b）在长期情形下，产出会回归潜在产出（例如：如果产出在短期内超过潜在产出，产出会下降；如果产出低于潜在产出，则产出会上升）。价格水平会调整（如果在短期产出超过潜在产出，价格会上升；如果在短期产出低于潜在产出，价格会降低）。

c）为了回答 a 和 b 题，我们必须首先假设 AD 曲线的起始点，假设产出比潜在产出低、等于潜在产出或者高于潜在产出。如果产出比潜在产出低，我们必须对 AD 曲线的移动做一个假设：在新的短期均衡中，产出等于潜在产出、超过潜在产出还是仍然低于潜在产出？这些假设会改变我们思考问题的方式，而产出则是从短期过渡到长期的关键。

3. a）货币供给减少提高了实际利率。

b）实际利率的提高让投资成本变得更大（假设公司必须借钱去投资）。投资需求降低，同时总需求也随之降低。

第 6 章

绘　图

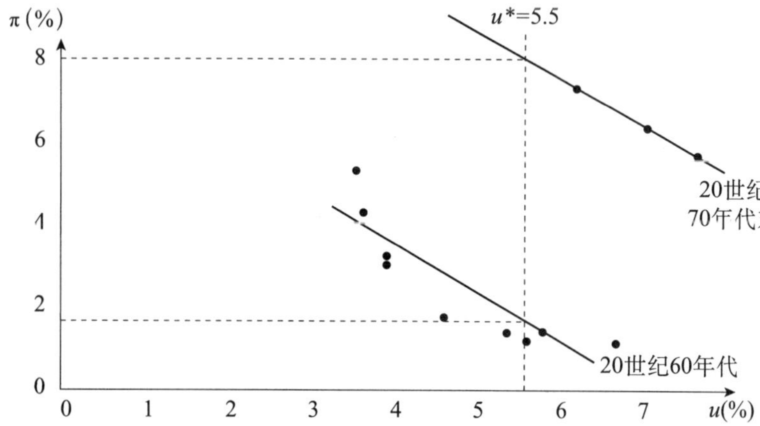

图 6-3′

表 6-1′

年份	CPI	通货膨胀率（%）	失业率（%）
1960*	29.6	—	—
1961	29.9	1.0	6.7
1962	30.2	1.0	5.5
1963	30.6	1.3	5.7

续前表

年份	CPI	通货膨胀率（%）	失业率（%）
1964	31.0	1.3	5.2
1965	31.5	1.6	4.5
1966	32.4	2.9	3.8
1967	33.4	3.1	3.8
1968	34.8	4.2	3.6
1969	36.7	5.5	3.5
1975*	53.8	—	—
1976	56.9	5.8	7.7
1977	60.6	6.5	7.1
1978	65.2	7.6	6.1

* 只为了计算目的而包括进来。

人们预期 20 世纪 60 年代的通胀率大约为 1.5%，20 世纪 70 年代末的则为 8.2%。（从菲利普斯曲线上我们可以看出，失业率处于自然率水平，因此通货膨胀率等于预期通货膨胀率。）

填字游戏

横

1. 失业（unemployment）
4. 菲利普斯（Phillips）
5. 黏性（sticky）
7. 供给（supply）
8. 适应（accommodation）
9. 效率（efficiency）
10. 内部人（insiders）
11. 信息（information）

竖

2. 预期（expectations）
3. 交错的（staggered）
6. 理性的（rational）
7. 滞胀（stagflation）

填空题

1. 升高
2. 黏性
3. 劳动力；失业
4. 增加
5. 菲利普斯
6. 总供给
7. 效率工资理论
8. 供给冲击
9. 牺牲率
10. 奥肯定律

判断题

1. 错误。当产出等于潜在产出时，经济会处于充分就业状态。
2. 错误。在长期中，经济会回归充分就业状态。
3. 正确。
4. 错误。在长期中，失业率处于自然率水平并且通胀率等于预期通胀率。
5. 错误。政策的变动会影响人们的通胀预期，这会改变菲利普斯曲线并会使通货膨胀/失业之间的平衡更加艰难。
6. 正确。
7. 正确。
8. 正确。
9. 错误。
10. 错误。这会导致高价格、低产出。

选择题

1. b 2. a 3. a 4. c 5. a 6. d 7. a 8. a 9. a 10. a

概念题

1. 产出和失业通过生产函数联系起来；当失业率升高时，公司会雇用更少的劳动力，因此产量也更少。

2. 这告诉我们价格是多快调整的；在长期均衡中，高价值代表着价格调整会更快。经济的衰退期和繁荣期都会变短，因此政府为了保持产出而干预经济的兴趣更低。

3. 不。首先，这些政策会导致大量通胀；其次，如果供给冲击有永久性影响（降低潜在产出/导致长期总供给曲线内移），我们应该让产出下降，而不应使其回归充分就业水平。

技术题

1. a）在短期中，产出会增加，失业会降低。

b）在长期中，产出必须等于潜在产出，失业必须保持在自然率水平，它们都会回到初始水平

（产出会下降，失业会上升）。

c）短期 AS 曲线逐渐上移，见图 A－1。

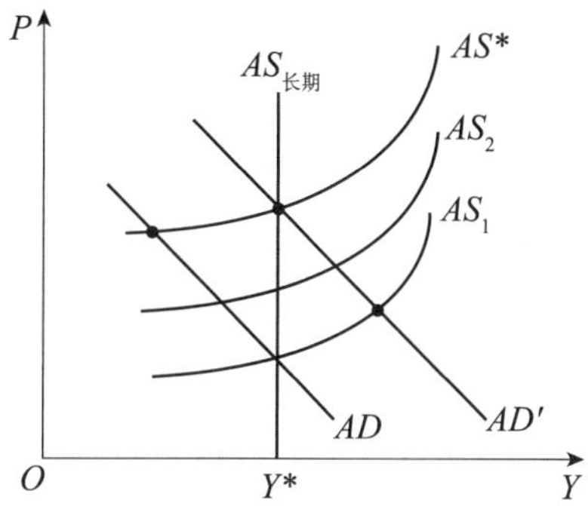

图 A－1

注：如果你愿意，你可以画出旋转上升的 AS 曲线，它会逐期变陡，每条 AS 曲线代表了不同时期的水平，曲线越陡，时间越长。

2. a）产出将下降；价格水平将上升。

b）这取决于供给冲击是否有永久性影响。如果不是，产出会上升，价格水平会下降（如果是，什么也不会发生）。

c）如果供给冲击不会影响长期总供给曲线（即对潜在产出无影响），政府会使用扩张性货币或财政政策来使产出恢复到长期水平。见图 A－2。

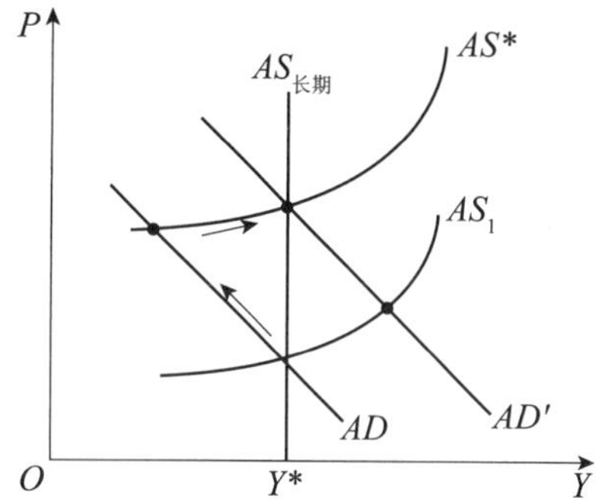

图 A－2

第 7 章

绘　图

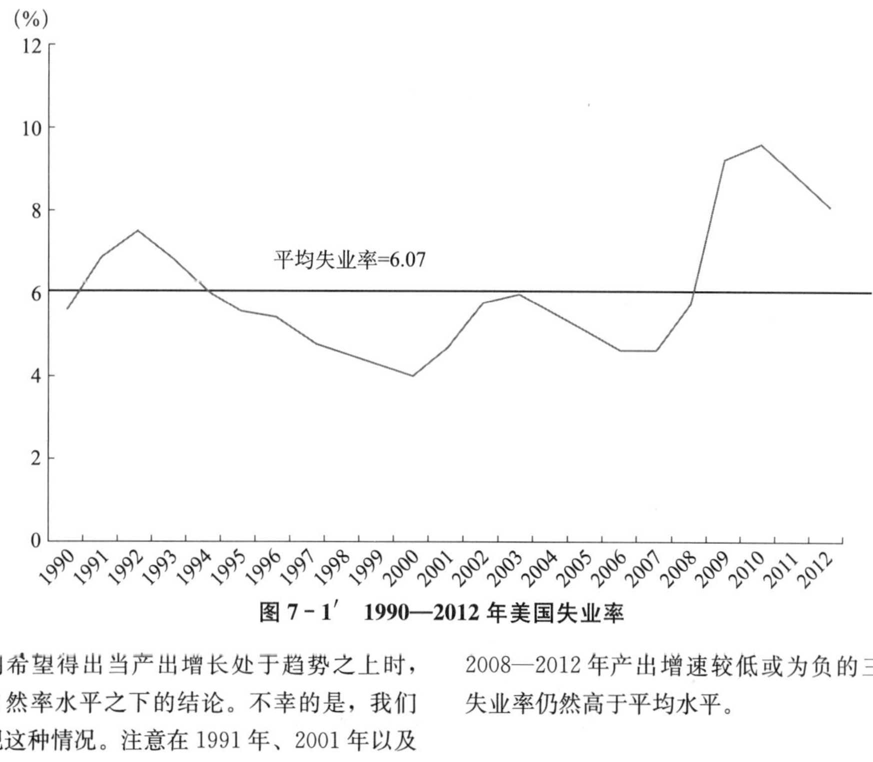

图 7－1′　1990—2012 年美国失业率

我们希望得出当产出增长处于趋势之上时，失业在自然率水平之下的结论。不幸的是，我们没有发现这种情况。注意在 1991 年、2001 年以及 2008—2012 年产出增速较低或为负的三个时段，失业率仍然高于平均水平。

填空题

1. 劳动力

2. 升高

3. 频率

4. 期

5. 自然失业率

6. 呆滞

判断题

1. 错误。虽然我们称其为比率，但实际上它是一个存量。

2. 错误。这个人也必须积极寻找工作。

3. 正确。

4. 错误。

5. 错误。没有考虑摩擦性失业。

6. 正确。

7. 错误。失业津贴能够改变自然失业率。

选择题

1. b 2. a 3. b 4. a 5. c

概念题

1. 人们可能进入劳动力市场并开始寻找工作、辞职、下岗或者被解雇。

2. 一个人在以下情况下会离开失业池：他找到新的工作，被召回去做旧的工作，或者停止找工作。总之，他离开失业池的时候也离开了劳动力市场。

3. 社会损失产出，失业还会降低收入并影响生活质量。

4. 如果长时间的工作搜寻能让人找到更加满意和有效率的工作，那么这种失业保险的影响是好事。但如果仅仅是让人们待在家里看电视，那么就不是好事。

5. 很难想象社会没有摩擦性失业，这时候人们就不会在两份工作之间有空隙。我们当然可以通过法律阻止人们在没有找到工作前就辞职，但这未必是一件好事。

技术题

1. 当青年人占劳动力总数的40%时，总的失业率是 $0.4\times0.10+0.6\times0.05=0.075$ 或7.5%。

当青年人占劳动力总数的60%时，总失业率为 $0.6\times0.10+0.4\times0.05=0.080$ 或8.0%。

2. 在任何给定月份，有2人在这个月失业，3人保持不工作3个月，12个人保持12个月不工作。加总可得，每100个人中有17人在失业池中。在某月，失业率为 $17/100=0.17$ 或17%。

平均失业期为 $(1+1+3+12)/4=17/4=4.25$ 个月。

第8章

绘 图

图8-1′ 名义利率与实际利率

表 8-1′

年份	名义利率（%）	通货膨胀率（%）	实际利率（%）
1992	3.4	3.0	0.4
1993	3.0	3.0	0.0
1994	4.3	2.6	1.7
1995	5.5	2.8	2.7
1996	5.0	3.0	2.1
1997	5.1	2.3	2.8
1998	4.8	1.6	3.2
1999	4.6	2.2	2.4
2000	5.8	3.4	2.5
2001	3.4	2.8	0.6
2002	1.6	1.6	0.0
2003	1.0	2.3	−1.3
2004	1.4	2.7	−1.3
2005	3.2	3.4	−0.2
2006	4.7	3.2	1.5
2007	4.4	2.8	1.5
2008	1.4	3.8	−2.4
2009	0.2	−0.3	0.5
2010	0.1	1.7	−1.5
2011	0.1	3.1	−3.1
2012	0.1	2.1	−2.0

填字游戏

横

3. 菜单（menu）
5. 借款人（borrowers）
7. 分配性的（distributional）
8. 货币/通货（currency）
10. 可调节利率抵押贷款（ARM）

竖

1. 指数化（indexation）
2. 冲击（shocks）
4. 鞋底成本（shoe leather）
6. 贷款人（lenders）
9. 生活费用调整（COLA）

填空题

1. 债权人，债务人
2. 现金
3. 价格
4. 指数化债务
5. 小，大
6. 分配性的

判断题

1. 正确。
2. 正确。
3. 正确。
4. 错误。
5. 错误。债务可以通过指数化来针对通货膨胀进行调整。
6. 错误。
7. 正确。
8. 正确。

选择题

1. d 2. b 3. a 4. d 5. b 6. c

概念题

这是一个开放性问题。通胀的权重较高可能会也可能不会导致产出的较大波动。但最近的一些实证研究表明，采用通货膨胀目标制的国家，其产出增长的波动性也在下降。

第9章

绘　图

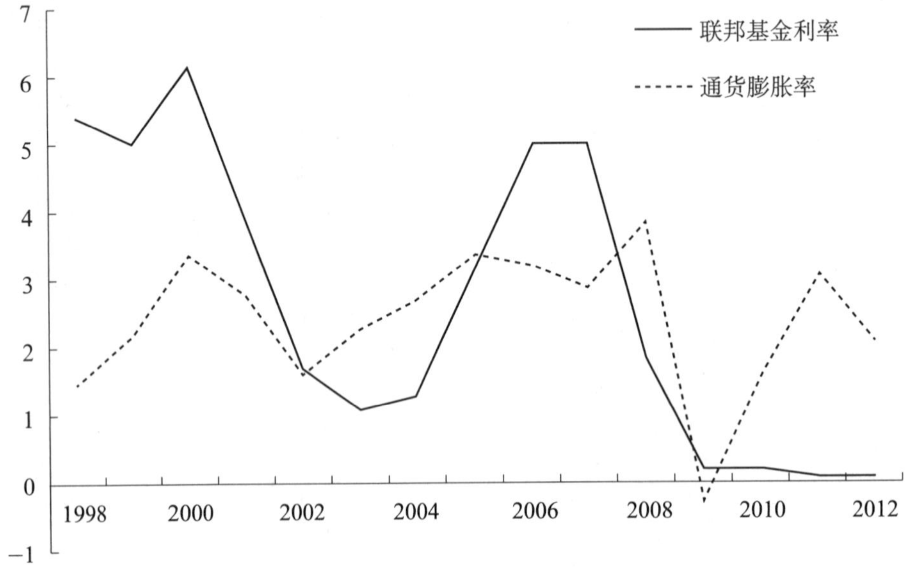

图 9-1′　通货膨胀率与联邦基金利率

填空题

1. 利息
2. 泰勒规则
3. 通货膨胀，产出
4. 增加
5. 增加

判断题

1. 正确。
2. 错误。
3. 错误。
4. 错误。
5. 正确。

选择题

1. c　2. a　3. b　4. b　5. c

概念题

这是一道没有标准答案的题目。赋予通货膨胀更大的权重可能会也可能不会导致更大的产出波动。然而，最近的经验证据表明，采用通货膨胀目标制的国家可以看到产出增长的波动性下降了。

第10章

绘　图

见图 10-2′。

填字游戏

横

1. 可支配（disposable）
2. 存货（inventories）
5. 财政（fiscal）
6. 乘数（multiplier）
7. 收入（income）
8. 产出（output）

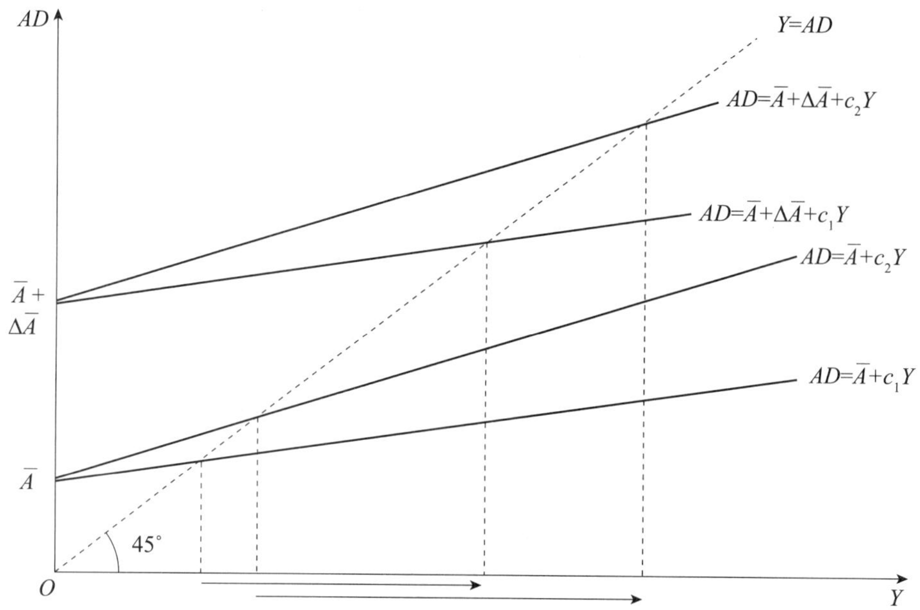

图 10－2′

竖

1. 赤字（deficit）

3. 1（one）

4. 外生（exogenous）

6. 边际消费倾向（*mpc*）

填空题

1. 均衡
2. 内生
3. 边际消费倾向
4. 可支配收入
5. 乘数
6. 边际储蓄倾向
7. 预算赤字
8. 自动稳定器
9. 充分就业预算盈余
10. 1

判断题

1. 错误。
2. 错误。
3. 正确。
4. 错误。
5. 错误。
6. 正确。
7. 错误。
8. 错误。
9. 错误。
10. 正确。

选择题

1. a　2. b　3. a　4. b　5. b　6. a　7. c　8. a　9. b　10. b

概念题

1. 政府支出增加 100 万美元；政府支出乘数大于政府转移支付乘数。

2. a、b、c 和 d 是内生变量，e 和 f 是外生变量。

3. 税收收入随经济周期波动，从而预算赤字也随之变动。

4. 经济周期波动对预算赤字的影响被排除。

技术题

1. $S=Y-C=Y-\bar{C}-cY=-\bar{C}+(1-c)Y$。

2. a) $\alpha_G=1/(1-0.9)=1/0.1=10$。

b) $100\times\alpha_G=100\times10=1\,000$。

c) $100\times(\alpha_G\times mpc)=100\times10\times0.9=900$。

3. a) $\alpha_G=1/[1-0.9(2/3)]=1/(1-0.6)=1/0.4=2.5$。

b) $100\times\alpha_G=100\times2.5=250$。

c) 政府支出增加将使赤字提高 100 美元；而税收收入会增加 \$250×1/3≌\$83.33，因而预算赤字将增加（或盈余将减少）\$100－\$83.33＝\$16.67。

d) 充分就业预算盈余不会受经济周期上

行——高产出导致的税收收入增加——的影响，因此它会因政府开支 100 美元的增加而下降（充分就业预算赤字将上升）。

第 11 章

绘 图

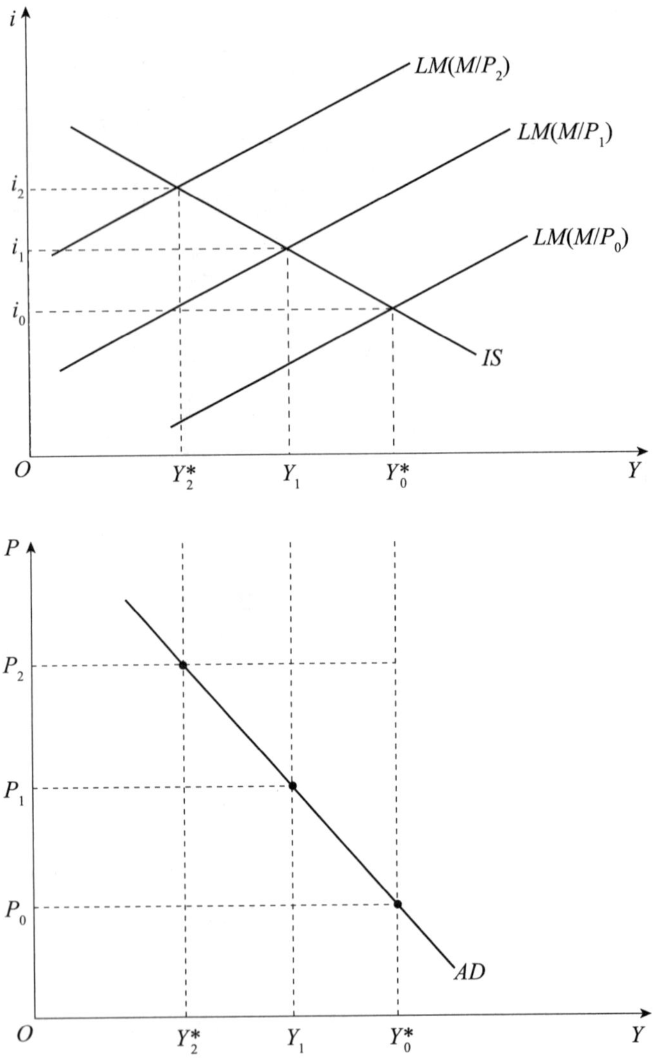

图 11－4′ *AD* 曲线的推导

填字游戏

横

3. 5（five）

4. 货币（monetary）

8. 财政（fiscal）

11. 内生（endogenous）

竖

1. 中央（central）

2. 商品（goods）

5. 外生（exogenous）

6. 总需求曲线（*AD*）

7. 价格（price）

9. 收入（income）

10. 货币（money）

填空题

1. 商品
2. 投资
3. 更平坦
4. 货币
5. 现金
6. 陡峭
7. 平坦
8. 财政；货币
9. 均衡条件
10. 总需求

判断题

1. 错误。
2. 正确。
3. 正确。
4. 正确。
5. 错误。货币供给减少使利率上升，从而减少投资。
6. 正确。不同的税收、转移支付和政府支出组合将得到不同的均衡。
7. 正确。当实际货币余额变动时，均衡状态变动。
8. 正确。
9. 错误。取决于税率。
10. 错误。政府购买增加使其移动更远。

选择题

1. b 2. c 3. b 4. b 5. d 6. b 7. b 8. b 9. c 10. b

概念题

1. 产出、收入、可支配收入、价格水平、实际利率、投资和消费。

2. *IS-LM* 模型均衡的变动代表了总需求曲线的移动或沿着总需求曲线的移动。

3. 边际消费倾向、税率（采用比例税时）以及投资需求对利率变动的敏感程度。

4. 货币需求对收入变动的敏感程度和利率。

技术题

1. a）*IS* 曲线公式如下：

$$Y = C+I+G = [100+0.8(Y-500)] + (200-1\,000i)+550$$

$$(1-0.8)Y = 450-1\,000i$$

$$Y = \frac{1}{0.2}(450-1\,000i),$$

或 $Y = 2\,250-5\,000i$

b）*LM* 曲线公式可通过使实际货币余额供给等于需求而得：

$$900=\frac{1}{2}Y-7\,000i \text{ 或 } Y=1\,800+14\,000i$$

c）通过定位两条曲线的交点确定均衡实际利率（使 *IS* 曲线所代表的产出与 *LM* 曲线相等，并求解）：

$$2\,250-5\,000i = 1\,800+14\,000i$$

$$19\,000i = 450$$

$$i = 450/19\,000 \cong 0.024 \text{ 或 } 2.4\%$$

然后将 i 的均衡值代回 *IS* 曲线公式或 *LM* 曲线公式（这里选择 *IS* 曲线公式）：

$$Y = 2\,250-[5\,000\times(450/19\,000)] \cong \$2\,131.58$$

求出 Y 后，即可得 $(Y-\bar{T})$ 并解得 C：

$$C = 100+0.8(Y-\bar{T}) \cong 100+0.8(2\,131.58-500) = \$1\,405.26$$

同时，已知 i，也可解得 I：

$$I = 200-1\,000i = 200-[1\,000\times(450/19\,000)] \cong 176.32$$

2. a）*IS* 曲线公式可建立如下：

$$Y = C+I+G = [100+0.8(1-t)Y] + (200-1\,000i)+700$$

$$[1-(0.8\times0.66)]Y=1\,000-1\,000i$$

$$(1-0.528)\ Y=1\,000-1\,000i$$

$$Y = \frac{1}{0.472}(1\,000-1\,000i),$$

或 $Y \cong 2\,118.64-2\,118.64i$

b）*LM* 曲线公式可通过使实际货币余额供给等于需求而得：

$$900=\frac{1}{2}Y-7\,000i \text{ 或 } Y=1\,800+14\,000i$$

c）为回答这一问题，我们必须首先求得 Y 的均衡值——当商品市场和货币市场都处于均衡状态时的产出水平。如上一题中一样，我们可以先解出 i。同时，我们还可以将 *IS* 曲线和 *LM* 曲线写作 i 而不是 Y 的函数：

$$IS: 1\,000i = 1\,000-0.472Y$$

或 $i = (1\,000-0.472Y)/1\,000$

$LM: 14\,000i = Y - 1\,800$

或 $i = (Y - 1\,800)/14\,000$

令两条曲线的 i 相等

$$\frac{1\,000 - 0.472Y}{1\,000} = \frac{Y - 1\,800}{14\,000}$$

$$(1\,000 - 0.472Y) \times 14\,000$$

$$= (Y - 1\,800) \times 1\,000$$

$$7\,650Y = 15\,800\,000$$

或 $Y \cong \$2\,065.36$

可得预算赤字的初始值（$\bar{G} - tY$）：

$$\bar{G} - tY \cong 700 - (0.33 \times 2\,065.36)$$

$$= \$18.43$$

d）首先，找出当税收收入完全抵消政府支出（$\bar{G} = tY$）时，收入上升了多少：

$$Y = \bar{G}/t = 700/0.33 \cong \$2\,121.21$$

求出上述结果后，就可以很容易地求出实际货币余额水平。正如开始时一样，令 IS 曲线和 LM 曲线上的实际利率相等，代入所需的 Y，并求出实际货币余额（M/P）：

$IS: 1\,000i = 1\,000 - 0.472Y$

或 $i = (1\,000 - 0.472Y)/1\,000$

$LM: 14\,000i = Y - 1\,800 = Y - 2(\bar{M}/P)$

或 $i = [Y - 2(\bar{M}/P)]/14\,000$

$$\frac{1\,000 - (0.472 \times (700/0.33))}{1000} = \frac{(700/0.33) - 2(\bar{M}/P)}{14\,000}$$

$$(1\,000 - (0.472 \times (700/0.33))) \times (14\,000/1\,000) = [(700/0.33) - 2(\bar{M}/P)]$$

$$2(\bar{M}/P) = (700/0.33) + [0.472 \times (700/0.33) \times 14] - 14\,000$$

$$\cong \$2\,138.18$$

$$\bar{M}/P \cong \$2\,138.18/2 \cong \$1\,069.09$$

为平衡预算，实际货币余额一定上升了 \$1 069.09－\$900＝\$169.09。

e）现在我们知道，在长期，增加货币供给只会引起通货膨胀。

第 12 章

绘　图

表 12－1′

年份	失业率（%）	M1	CPI	实际货币余额
1990	5.6	810.6	130.7	6.2
1991	6.9	859.0	136.2	6.3
1992	7.5	965.9	140.3	6.9
1993	6.9	1 078.4	144.5	7.5
1994	6.1	1 145.2	148.2	7.7
1995	5.6	1 143.0	152.4	7.5
1996	5.4	1 106.9	156.9	7.1
1997	4.9	1 070.2	160.5	6.7
1998	4.5	1 080.6	163.0	6.6
1999	4.2	1 102.3	166.6	6.6
2000	4.0	1 103.6	172.2	6.4
2001	4.7	1 140.3	177.0	6.4
2002	5.8	1 196.3	179.9	6.6
2003	6.0	1 273.5	184.0	6.9
2004	5.5	1 344.2	188.9	7.1
2005	5.1	1 371.5	195.3	7.0
2006	4.6	1 374.2	201.6	6.8

续前表

年份	失业率（%）	M1	CPI	实际货币余额
2007	4.6	1 372.1	207.3	6.6
2008	5.8	1 432.8	215.2	6.7
2009	9.3	1 634.8	214.5	7.6
2010	9.6	1 740.9	218.1	8.0
2011	8.9	2006.2	224.9	8.9
2012	8.1	2 309.1	229.6	10.1

我们无法从这些点画出一条向下倾斜的线，这个相关性似乎是正向的。表面上看，在高失业率阶段的货币政策是宽松的。

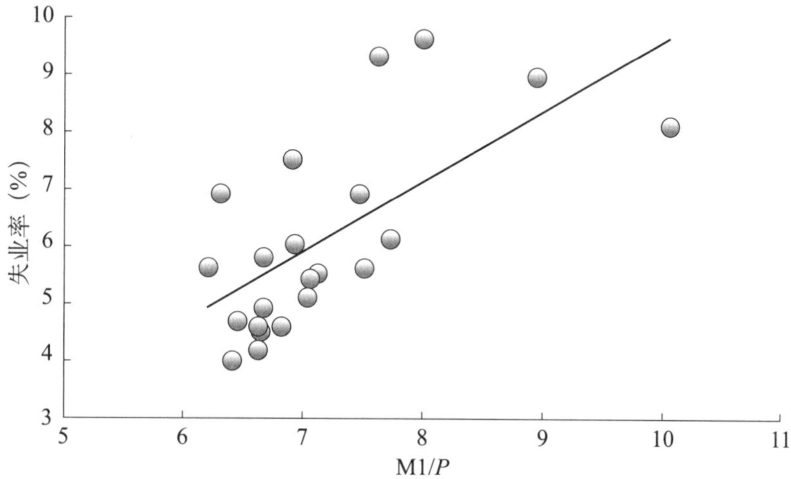

图 12－4′

从图 12－4′中难以得出任何结论，随便看看就认为你明白了正在发生什么是非常危险的，你必须警惕。

填字游戏

横

2. 乘数（multipliers）
4. 调节（accommodating）
7. 货币（monetary）
10. 投资（investment）
11. 垂直（vertical）

竖

1. 提高（increase）
3. 流动性（liquidity）
5. 货币化（monetizing）
6. 更加平坦（flatter）
8. 更加陡峭（steeper）
9. 实际（real）

填空题

1. 流动性陷阱
2. 古典情形
3. 相对陡峭
4. 相对平坦
5. 挤出
6. 调节
7. 名义利率；通货膨胀率
8. 水平
9. 减少
10. 公开市场业务

判断题

1. 正确。
2. 正确。
3. 错误。
4. 错误。它也取决于 *IS* 曲线的斜率。
5. 错误。
6. 正确。

7. 正确。

8. 错误。

9. 错误。

10. 正确。

选择题

1. b 2. a 3. c 4. b 5. b 6. a 7. d 8. a 9. c 10. a

概念题

1. 当实行比例所得税时，乘数 α_G 减小，这就使得 *IS* 曲线变得更加陡峭，从而使货币政策的有效性降低（第 10 章第 5 节相当严格地演示了这一点）。

2. 较小的货币乘数和比例所得税同样使财政政策的有效性降低。

3. 如果利率是负的，那么投资者就没有购买任何金融资产的动机。他们最好只持有现金。

技术题

1. *IS* 曲线将向外移动 $100\times\alpha_G$ 美元。

2. *AD* 曲线将向外移动，但如果 *LM* 曲线向上倾斜，则 *AD* 曲线向外移动的幅度小于 *IS* 曲线移动的幅度（第 10 章第 5 节解释了如何更加简便地计算这一移动的距离）。

3. 令 i 保持不变，Y 提高（*LM* 曲线向外移动）$100/k$ 美元。

回忆一下，k 表示人们的货币需求对收入变动的敏感程度。k 较大意味着货币需求对收入变动相对敏感，k 较小意味着货币需求对收入变动相对不敏感。

4. *AD* 曲线将向外移动，但（当 *IS* 曲线向下倾斜时）移动幅度小于 *LM* 曲线的移动（第 10 章第 5 节解释了如何更加简便地计算这一移动的距离）。

5. 当 *AS* 曲线水平时，价格水平固定。

6. 当 *AS* 曲线竖直时，产出水平固定。

7. 为解决这一问题，必须先看 *IS* 曲线的公式是如何受到影响的。将商品市场均衡的公式简写为：$Y=C+I+G$。

$$Y=\bar{C}+c(1-t)Y+\bar{I}-bi+\bar{G}+d(Y_P-Y)$$

求 i（将 i 写作 Y 的函数）：

$$\begin{aligned}i&=-\frac{1}{b}[(1-c(1-t)+d)Y-\bar{C}-\bar{I}-\bar{G}-dY_P]\\&=-\frac{1}{b}\left[\left(\frac{1}{\alpha_G}+d\right)Y-\bar{C}-\bar{I}-\bar{G}-dY_P\right]\end{aligned}$$

这一 *IS* 曲线的斜率为：$-\frac{1}{b}\left(\frac{1}{\alpha_G}+d\right)$。

该 *IS* 曲线比普通的 *IS* 曲线倾斜程度更大：$-\frac{1}{b}\left(\frac{1}{\alpha_G}\right)$。

由于货币政策所产生的任何扩张都会被财政紧缩（政府支出下降）自动抵消，而其所产生的任何紧缩也会被财政政策扩张（政府支出上升）自动抵消，因此货币政策的有效性下降。

第 13 章

绘　图

当实际汇率上升 1%时，出口下降约 1.5%。然而，我们必须谨慎地从图 13-6′中得出结论，我们的估算首先基于较少的数据点（10 个数据点远远不够），其次忽略了可能影响出口的其他变量（如国外收入）。

表 13-1′

年份	实际出口	实际出口的自然对数	美元的实际价值*	美元的自然对数
2000	1 188.3	7.08	104.7	4.65
2001	1 121.6	7.02	112.2	4.72
2002	1 099.2	7.00	110.6	4.71
2003	1 116.8	7.02	97.6	4.58
2004	1 222.8	7.11	90.6	4.51

续前表

年份	实际出口	实际出口的自然对数	美元的实际价值*	美元的自然对数
2005	1 305.1	7.17	90.4	4.50
2006	1 422	7.26	90.3	4.50
2007	1 554.4	7.35	86.1	4.46
2008	1 647.7	7.41	83.1	4.42
2009	1 490.7	7.31	86.3	4.46
2010	1 665.6	7.42	83.8	4.43
2011	1 776.9	7.48	79.5	4.38
2012	1 837.3	7.52	82.8	4.42

* 1973 年 3 月 = 100。

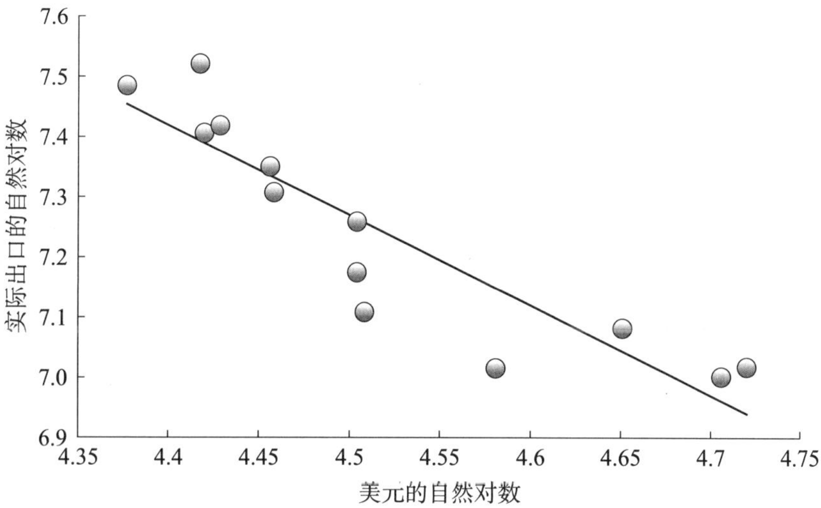

图 13-6′

填字游戏

横

3. 肮脏（dirty）
5. *LM*
6. 外部（external）
7. *IS*
8. 经常（current）
9. 货币升值（appreciation）
10. 清洁（clean）

竖

1. 法定升值（revaluation）
2. 法定贬值（devaluation）
3. 货币贬值（depreciation）
4. 开放（open）
7. 内部（internal）

填空题

1. 固定
2. 灵活（浮动）
3. 降低；上升
4. 上升；降低
5. 货币升值；法定升值
6. 货币贬值；法定贬值
7. 以邻为壑
8. 进入；提高；上升

9. 外部均衡

10. 下降；上升

判断题

1. 正确。

2. 正确。

3. 正确。

4. 错误。当汇率固定时，财政政策扩张提高了国内和国外收入。

5. 错误。任何引起本国货币贬值的政策都会反过来影响其他国家的贸易余额，从而减少其收入。

6. 错误。

7. 正确。

8. 错误。

9. 错误。

10. 正确。

选择题

1. a 2. a 3. c 4. b 5. c 6. b 7. a 8. a 9. a 10. c

概念题

1. 财政政策；中央银行负责稳定货币价值。

2. 如果汇率浮动，货币政策更加有效。中央银行可以提高或降低本国的利率压力，汇率会随之调整，以保持国内利率与国外利率相当。

3. 固定汇率降低了从其他国家买入或售出的风险。它同时也阻碍了中央银行采用货币政策稳定产出——这可以说是一件坏事。

4. 略。

5. 略。

技术题

1. a、g 会提高经常账户余额，并因此改善国际收支。

b、e、f 会降低经常账户余额，并因此恶化国际收支。

c 和 d 会提高资本账户余额，并因此改善国际收支。

2. 回忆国民收入核算恒等式：$Y=C+I+G+(X-Q)$。变形为以 Q 为变量的公式，Y 的系数为 $(0.9-0.1)$，即 0.8，这就得到政府支出乘数：

$$\alpha_G = \frac{1}{1-0.8} = 5$$

3. 如果采用 25%的所得税，Y 的系数为 $0.8\times(1-0.25)$，即 0.6，乘数为：

$$\alpha_G=\frac{1}{1-0.8(1-0.25)}=\frac{1}{1-0.6}=2.5$$

4. 必须记住的是 A 国的进口就是 B 国的出口，反之亦然。这就使我们能依据国民收入核算恒等式 $[Y=C+I+G+(X-Q)]$ 得出：

$$Y_A = \bar{C}+0.9Y_A+\bar{I}+\bar{G}+Q_B-Q_A$$

$$Y_A = \bar{C}+0.9Y_A+\bar{I}+\bar{G}+\bar{Q}_B+0.1(Y_B-\bar{T}_B)-\bar{Q}_A-0.1(Y_A-\bar{T}_A)$$

$$Y_A = \bar{A}_A+0.9Y_A+0.1Y_B-0.1Y_A = \bar{A}_A+0.8Y_A+0.1Y_B$$

（所有自发性部分均视为 $\bar{A}_A$。）

改写最后一个公式——将所有 Y_A 整理到一边：

$$Y_A = \frac{1}{0.2}(\bar{A}_A+0.1Y_B) = 5\bar{A}_A+0.5Y_B$$

对 B 国采取相同的处理方法，依国民收入核算恒等式得：

$$Y_B = \frac{1}{0.3}(\bar{A}_B+0.1Y_A) \simeq 3.33\bar{A}_B+0.333Y_A$$

将 Y_B 代入 Y_A，可得：

$$Y_A = 6\bar{A}_A+2\bar{A}_B$$

$$Y_B = 4\bar{A}_B+2\bar{A}_A$$

A 国国内支出的增加将使 Y_A 上升支出增加量的 6 倍。B 国国内支出的增加将使 Y_B 上升支出增加量的 4 倍。A 国产出的 A 国政府支出乘数和 B 国产出的 B 国政府支出乘数分别为 6 和 4。

注意到我们同时也可以得到 B 国产出的 A 国政府支出乘数，反之亦然，二者均为 2。

第 14 章

绘　图

处于萧条年份的人们认为他们消费过多；处于繁荣年份的人们也认为他们消费过多。边际消费倾向似乎小于 0.8，而消费函数看起来有正截距，我们好像确实画出了永久性收入的消费状况。

表 14-1′

永久性收入（YP）（美元）	总收入（Y）（美元）	消费*（$C=cYP$）（美元）
500	400	400
500	500	400
500	600	400
1 000	900	800
1 000	1 000	800
1 000	1 100	800

* 假设边际消费倾向为 0.8。

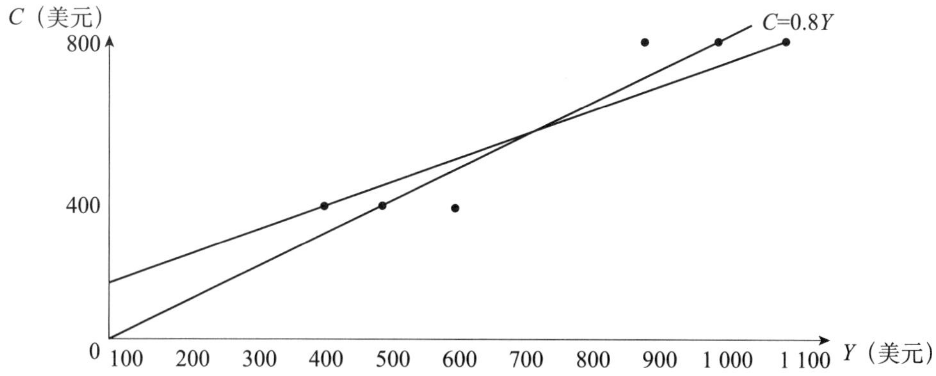

图 14-1′

填字游戏

横

1. 假说（hypothesis）
5. 随机（random）
7. 未预期到的（unanticipated）
8. 暂时性（transitory）
10. 边际消费倾向（*mpc*）
12. 莫迪利安尼（Modigliani）
13. 弗里德曼（Friedman）

竖

2. 预防（precautionary）
3. 永久性（permanent）
4. 流动性（liquidity）
6. 预期的（anticipated）
9. 留存（retained）
11. 企业（firms）

填空题

1. 生命周期-永久性收入
2. 储蓄
3. 更大
4. 更大
5. 随机游走
6. 工作；退休
7. 生命周期
8. 耐用品
9. 繁荣；衰退
10. 借入

判断题

1. 正确。
2. 错误。它们得出的结论非常相似。
3. 正确。
4. 正确。
5. 错误。它变动太小。
6. 错误。这些国家的储蓄将下降。
7. 正确。
8. 正确。

9. 错误。

10. 错误。大部分都由企业完成。

选择题

1. c 2. b 3. c 4. a 5. c 6. a 7. c 8. c 9. a 10. d

概念题

1. 人们运用所有可得信息估算其永久性收入，只有新的信息（固有的不可预知信息）才会使他们改变其估算。由于人们在每一阶段都试图消费相等的商品和服务，只有这些估测的变动才会使他们在某一时期的消费水平与其他时期不同。

2. 如果人们的生存时间更长，同时退休年龄不变，他们在工作年份里的支出将下降，他们将不得不在工作年份里储蓄更多，以支持更长时间的退休生活。

3. 利率上升将降低人们未来收入的现值，永久性收入下降。

4. 如果你比较年轻，并缺乏抵押品，那么你可能就在某种程度上陷入了流动性约束。

技术题

1. 我们希望将从这次税收减少中所得的收益分配到剩余的整个生命期。

一次永久性的减税将使我们一生的收入上升 30×100 即 3 000 美元——每年的劳动收入上升 100 美元。我们必须将这一收益分配到剩余的 40 年里。这就意味着每年能提高消费 3 000/40 即 75 美元。暂时性的减税对永久性收入的提高更少，持续一年的减税一旦被分配到整个生命周期中，就只能允许我们每年多消费 100/40 即 2.50 美元。

2. 当人们陷入流动性约束时，扩张性财政政策更加有效。人们将支出更多（边际消费倾向上升），乘数变大。

第 15 章

绘　图

表 15－1′

年份	实际 GDP	总国内私人投资	实际 GDP 百分比变化（%）	投资百分比变化（%）
1990	8 033.9	993.5		
1991	8 015.1	912.7	−0.23	−8.13
1992	8 287.1	986.7	3.39	8.11
1993	8 523.4	1 074.8	2.85	8.93
1994	8 870.7	1 220.9	4.07	13.59
1995	9 093.7	1 258.9	2.51	3.11
1996	9 433.9	1 370.3	3.74	8.85
1997	9 854.3	1 540.8	4.46	12.44
1998	10 283.5	1 695.1	4.36	10.01
1999	10 779.8	1 844.3	4.83	8.80
2000	11 226.0	1 970.3	4.14	6.83
2001	11 347.2	1 831.9	1.08	−7.02
2002	11 553.0	1 807.0	1.81	−1.36
2003	11 840.7	1 871.6	2.49	3.57
2004	12 263.8	2 058.2	3.57	9.97

续前表

年份	实际 GDP	总国内私人投资	实际 GDP 百分比变化（%）	投资百分比变化（%）
2005	12 638.4	2 172.2	3.05	5.54
2006	12 976.2	2 230.4	2.67	2.68
2007	13 228.9	2 161.6	1.95	−3.08
2008	13 228.8	1 957.3	0.00	−9.45
2009	12 880.6	1 515.7	−2.63	−22.56
2010	13 063.0	1 658.1	1.42	9.39
2011	13 299.1	1 744.0	1.81	5.18
2012	13 591.1	1 911.1	2.20	9.58

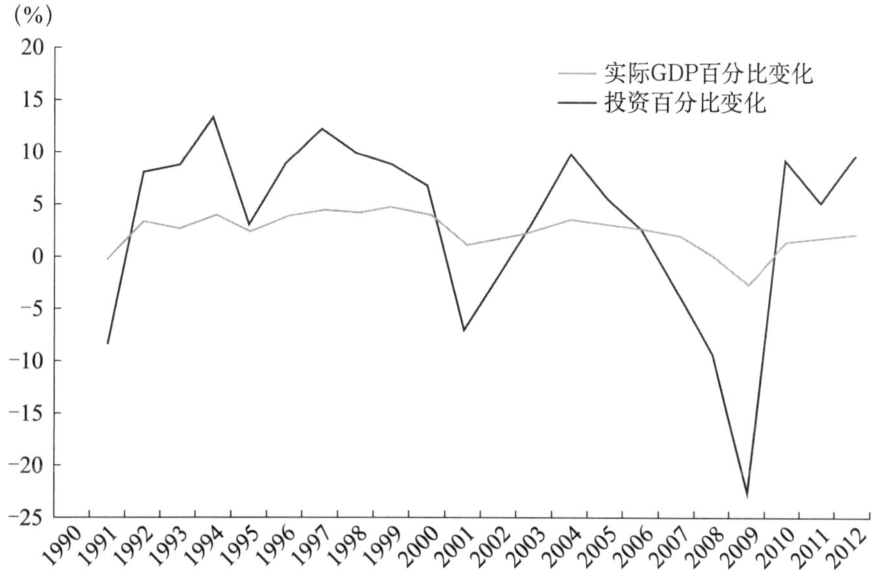

图 15－1′

填字游戏

横

4. 存货（inventories）
5. 货币贬值（depreciation）
6. 租金（rental）
8. 资产（assets）
9. 存量（stock）

竖

1. 可变（flexible）
2. 住宅（residential）
3. 投资（investment）
7. 下降（falls）

填空题

1. 企业固定投资；住宅投资；存货投资
2. 企业固定投资
3. 折旧
4. 使用者
5. 可变加速数
6. 适时
7. 投资税减免
8. q
9. 存货
10. 潜在产出

判断题

1. 正确。
2. 错误。上升的利率降低了投资。
3. 正确。
4. 错误。投资是流量。

5. 正确。

6. 正确。

7. 正确。

8. 正确。

9. 正确。

10. 正确。

选择题

1. b 2. a 3. d 4. a 5. b 6. a 7. b 8. a 9. a 10. a

概念题

1. 实际利率上升提高了资本的租金成本，使用资本生产商品和服务的边际收益并未受到影响。因此，获取另一单位资本的边际收益和边际成本相等时的资本存量（合意资本存量）下降。

2. 折旧率上升同样使资本的租金成本提高。第1题中的讨论在本题中同样成立。直觉上，折旧率的上升使获取任一资本存量的成本提高。

3. 企业生产的任何产品的价格都会随价格水平的提高而上升，企业的收益（名义形式）也将因此提高。企业能够无成本地偿还名义利率中由名义收益上升而引起的价格提高部分。

技术题

1. 下一期投资为$\frac{1}{2}\times(20\ 000-12\ 000)=\frac{1}{2}\times 8\ 000=4\ 000$。

下一期资本存量为 $12\ 000+4\ 000=16\ 000$，使随后一期的投资等于$\frac{1}{2}\times(20\ 000-16\ 000)=\frac{1}{2}\times 4\ 000=2\ 000$。

2. a) $K^{*}=(0.25\times 16\ 000)/[(0.12-0.06)+0.10]=4\ 000/0.16=25\ 000$。

b) $K^{*}=(0.25\times 32\ 000)/[(0.12-0.06)+0.10]=8\ 000/0.16=50\ 000$。

c) $K^{*}=4\ 000/(2\times 0.16)=12\ 500$。

3. 在第一种情况中，$q=\frac{35m}{50m}<1$。这告诉我们不要积累任何多余资本。

在第二种情况中，$q=\frac{80m}{50m}>1$，应该进行投资。

第16章

绘　图

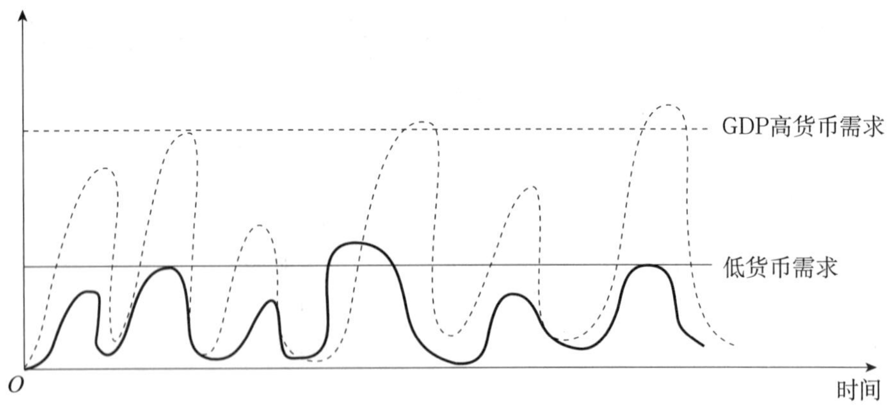

图16－1′

填字游戏

横

2. 交易（transactions）

5. 交换（exchange）

7. 预防性（precautionary）

9. 储蓄（savings）

竖

1. 通货（currency）

3. 投机性（speculative）

4. 流通速度（velocity）

6. 核算（account）

8. 价值（value）

填空题

1. 大
2. 大
3. 投机性
4. 预防性
5. 交易
6. 价值贮藏
7. 交换媒介
8. 货币外逃
9. 数量
10. 流通速度

判断题

1. 正确。
2. 错误。
3. 正确。
4. 错误。
5. 正确。
6. 正确。
7. 错误。
8. 错误。
9. 正确。
10. 正确。

选择题

1. d　2. c　3. a　4. d　5. b　6. d　7. a　8. c　9. c　10. d

概念题

1. 我持有货币只是为了支付账单以及在早上买咖啡。

2. 立刻想到的是金银珠宝，以及巨大的石板——太平洋雅浦岛上最后的存留。

技术题

1. $V=\frac{1\ 000\ 000}{500\ 000}=2$。

2. 从古典经济学的货币数量论可得，$\%\Delta M+\%\Delta V=\%\Delta P+\%\Delta Y$。假设速度是恒定的（我们已经证实了在长期内这是可行的），那么通货膨胀率（$\%\Delta P$）等于：$\%\Delta M+\%\Delta V-\%\Delta Y$，即可以得出：$8\%+0-3\%=5\%$。

3. 鲍莫尔-托宾方程表明，人们愿意持有的货币数量由下面的等式给出：

$$M^* =\sqrt{\frac{tcY}{2i}}$$

将题目中的 tc、Y 和 i 的值代入等式，可以得到：

$$M^* =\sqrt{\frac{1.50\times 100\ 000}{2\times 0.06}} = \sqrt{1\ 250\ 000}$$
$$\cong \$1\ 118.03$$

第 17 章

绘　图

表 17-1′　　资产负债表 1　　单位：美元

Fred				银行			
资产		负债		资产		负债	
存款	200	无		准备金	200	存款	200
				(法定	20)		
				(超额	20)		
		净资产	200				
	200		200		200		200

参考答案

表 17-2′ 资产负债表 2 单位：美元

Fred				银行			
资产		负债		资产		负债	
存款	380	贷款	180	准备金	200	存款	380
				(法定	38)		
				(超额	162)		
		净资产	200	贷款	180		
	380		380		380		380

表 17-3′ 资产负债表 3 单位：美元

Fred				银行			
资产		负债		资产		负债	
存款	542	贷款	342	准备金	200	存款	542
				(法定	54.20)		
				(超额	145.80)		
		净资产	200	贷款	342		
	542		542		542		542

表 17-4′ 资产负债表 4 单位：美元

Fred				银行			
资产		负债		资产		负债	
存款	2 000	贷款	1 800	准备金	200	存款	2 000
				(法定	200)		
				(超额	0)		
		净资产	200	贷款	1 800		
	2 000		2 000		2 000		2 000

填字游戏

横

2. 工具（instruments）
4. 联邦存款保险公司（FDIC）
6. 基础（base）
7. 中间（intermediate）
9. 联邦公开市场委员会（FOMC）
11. 格林斯潘（Greenspan）

竖

1. 最终（ultimate）
3. 准备金（reserve）
5. 信用（credit）
8. 贴现（discount）
10. 美联储（Fed）

填空题

1. 法定；超额
2. 贴现率
3. 联邦基金利率
4. 货币乘数
5. 高能货币
6. 通货-存款比率
7. 准备金比率

8. FDIC（联邦存款保险公司）

9. 公开市场交易

10. 部分准备金

判断题

1. 正确。

2. 错误。因为它降低了货币供给。

3. 错误。因为它降低了货币供给。

4. 错误。因为它降低了货币供给。

5. 错误。

6. 错误。因为它降低了货币供给。

7. 正确。

8. 正确。

9. 错误。

10. 错误。

选择题

1. c　2. c　3. c　4. d　5. b　6. a　7. c　8. a　9. b　10. c

概念题

1. 为了满足存款者撤出资金的需要而以防万一；为了保证银行能在每天结束的时候拥有足够的存款准备金，以便遵守美联储的存款准备金规定。

2. 它可通过购买债券、降低贴现率或者降低法定准备金比率来增加货币供给。

3. 随着时间的推移，基础货币的增加可能会导致通货膨胀。选择利率作为调控目标会导致美联储提供过多的货币供给。

4. 这是一个开放性问题，没有所谓的正确答案，只要选择一个谨慎的参数即可。

5. 把它想象成一个研究性问题，你能发现什么吗？

技术题

1. 基础货币会下降，导致利率上升，并且在短期内降低产出水平。

2. 基础货币。详情参见图 17－1A。

3. $mm \equiv \frac{1+cu}{re+cu} = \frac{1.2}{0.3} = 4$。

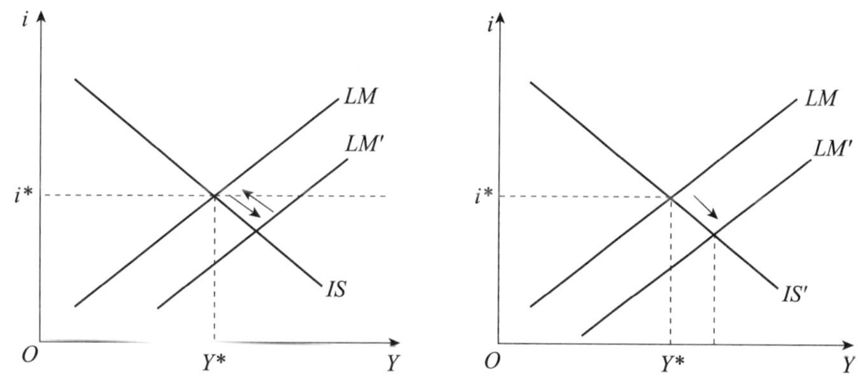

图 17－1A

说明：在大多数情况下，当货币市场遭受冲击时，利率目标（图 17－1A 中的左图）比基础货币目标（图 17－1A 中的右图）更容易起作用。当美国联邦储备理事会将基础货币作为调控目标时，对于金融界其他部分受到的冲击，它并不能做出回应。当 *IS* 曲线没有遭受任何冲击时，利率作为宏观调控目标才能完美地稳定产出而不影响其他部分。

第 18 章

绘　图

见图 18－1′。

填字游戏

横

1. 时滞（lags）

3. 指标（indicators）

6. 目标（targets）

8. 可信性（credibility）

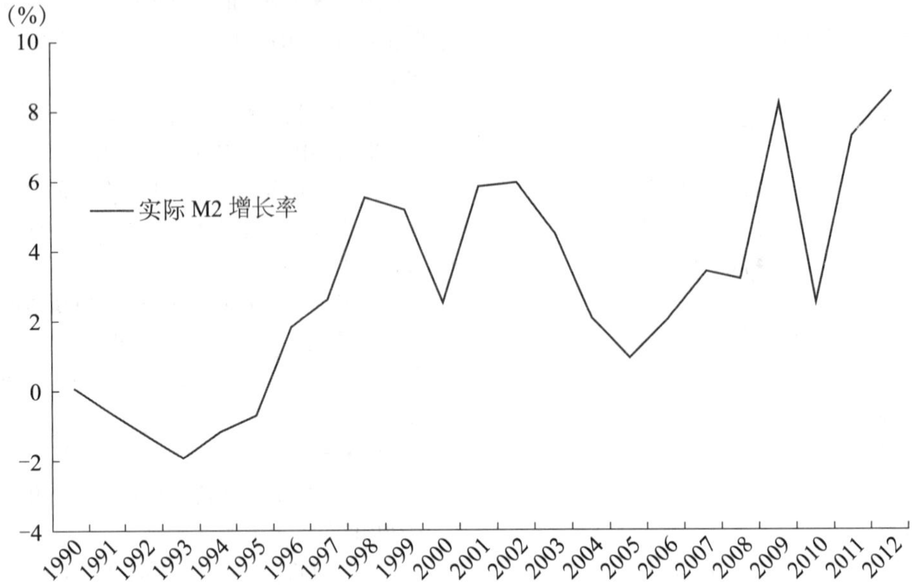

图 18-1′

9. 卢卡斯（Lucas）
11. 分布（distributed）
12. 外部（outside）
13. 甄别（recognition）

竖

2. 行动（action）
4. 内部（inside）
5. 渐进式（gradualist）
7. 工具（instruments）
10. 决策（decision）

填空题

1. 内部
2. 外部
3. 时滞；预期；不确定性
4. 决策
5. 自动稳定器
6. 内部
7. 外部
8. 卢卡斯批判
9. 牛市；熊市
10. 牛市；熊市

判断题

1. 错误。
2. 正确。
3. 错误。
4. 错误。
5. 正确。
6. 错误。
7. 正确。至少在同一时间是不可能的。
8. 正确。
9. 错误。
10. 正确。

选择题

1. b 2. a 3. a 4. d 5. b 6. b 7. d 8. b 9. c 10. d

概念题

1. 这是一个开放性问题。你必须给出自己的答案。

2. 这也是一个开放性问题。很多学者担心这种微调之后的影响，并且对于政策影响的时效能否被准确全面地预期以便带来微调的完美结果有一些争议。尽管有人认为艾伦·格林斯潘是最伟大的政策制定者，但 21 世纪头 10 年发生的事件给这一看法带来了重大质疑。

第 19 章

绘 图

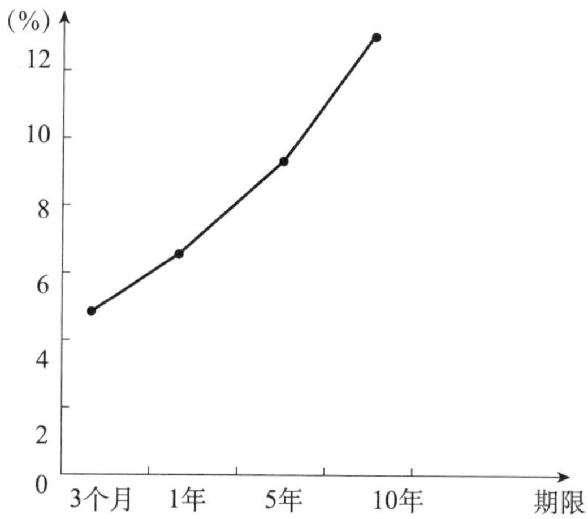

图 19－1′

人们更加期望利率会上升。

填字游戏

横

2. 收益率（yield）
4. 永久性公债（perpetuity）
7. 下降（fall）
9. 替代品（substitutes）
10. 随机（random）

竖

1. 降低（lowers）
3. 高效的（efficient）
5. 到期时间（maturity）
6. 息票（coupon）
8. 期限（term）

填空题

1. 利率的期限结构
2. 更有风险
3. 收益率
4. 息票
5. 面值
6. 不可预期的
7. 无抛补利率平价
8. 贬值
9. 到期时间
10. 套利

判断题

1. 正确。
2. 正确。
3. 错误。当利率上升时，债券价格会下降。
4. 错误。
5. 错误。它们是货币政策影响经济的工具和途径。
6. 错误。例如，它们会影响住房抵押贷款和人们的养老金。
7. 错误。它们是不可预测的。
8. 正确。
9. 正确。
10. 正确。

选择题

1. d 2. d 3. b 4. a 5. b 6. a 7. b 8. a 9. c 10. d

概念题

1. 它可能标志着一个从紧的货币政策。

2. 利率会因为其他任何方面的原因而下降。利率的上升可能是扩张性财政政策的结果。

3. 源于理性预期假说。因为人们运用他们所能获得的全部信息来形成对于资产报酬的预期，因而当出现新的信息时，资产价格的任何变动都有可能发生。我们不能预测新信息的内容，因此，我们就不能预测资产价格的变动。

4. 名义利率的上升会引起债券报酬的上升，使得持有债券对于人们来说更有吸引力。一些投资者会卖出股票并购买债券，因而促进股票价格的下降。

技术题

1. 结果应当是当年短期利率的平均值：(0.06+0.065+0.07+0.075)/4=6.75%。

2. 8%−6%=2%。

3. 美国的利率应该比日本的利率高大约 2 个百分点。

第 20 章

绘　图

表 20-1′

年份	债务总额（10 亿美元）	公众持有的债务（10 亿美元）	GDP（10 亿美元）	债务/GDP 比率	公众持有的债务/GDP 比率
1980	909	699	2 724	0.33	0.26
1981	995	790	3 057	0.33	0.26
1982	1 137	910	3 224	0.35	0.28
1983	1 372	1 112	3 441	0.40	0.32
1984	1 565	1 290	3 844	0.41	0.34
1985	1 817	1 495	4 146	0.44	0.36
1986	2 121	1 718	4 404	0.48	0.39
1987	2 346	1 889	4 651	0.50	0.41
1988	2 601	2 039	5 009	0.52	0.41
1989	2 868	2 175	5 400	0.53	0.40
1990	3 206	2 418	5 735	0.56	0.42
1991	3 598	2 705	5 931	0.61	0.46
1992	4 002	3 018	6 242	0.64	0.48
1993	4 351	3 279	6 587	0.66	0.50
1994	4 643	3 475	6 977	0.67	0.50
1995	4 921	3 645	7 341	0.67	0.50
1996	5 182	3 777	7 718	0.67	0.49
1997	5 369	3 835	8 212	0.65	0.47
1998	5 478	3 803	8 663	0.63	0.44
1999	5 606	3 716	9 208	0.61	0.40
2000	5 629	3 509	9 821	0.57	0.36
2001	5 770	3 360	10 225	0.56	0.33
2002	6 198	3 527	10 544	0.59	0.33
2003	6 760	3 874	10 980	0.62	0.35
2004	7 355	4 276	11 676	0.63	0.37
2005	7 905	4 604	12 429	0.64	0.37
2006	8 451	4 854	13 207	0.64	0.37
2007	8 951	5 046	13 861	0.65	0.36
2008	9 986	5 701	14 334	0.70	0.40

续前表

年份	债务总额（10 亿美元）	公众持有的债务（10 亿美元）	GDP（10 亿美元）	债务/GDP 比率	公众持有的债务/GDP 比率
2009	11 876	7 345	13 961	0.85	0.53
2010	13 529	8 839	14 348	0.94	0.62
2011	14 764	9 997	14 929	0.99	0.67
2012	16 051	11 215	15 547	1.03	0.72

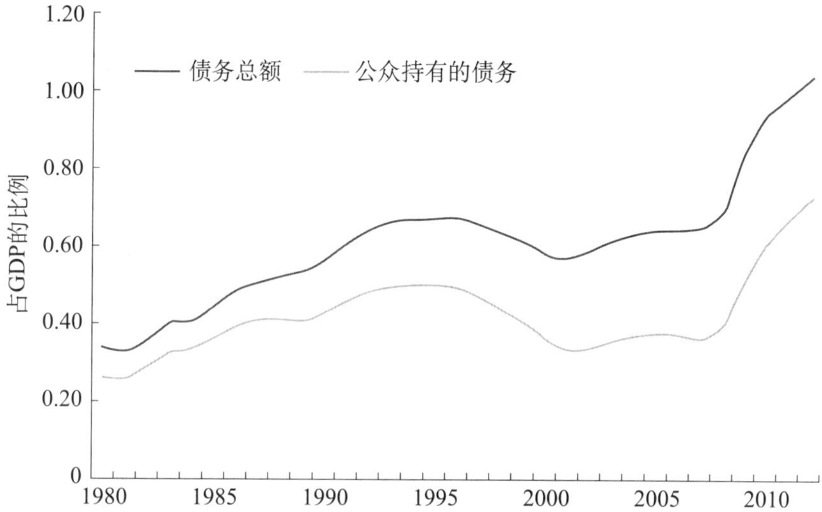

图 20-1′

填空题

1. 基本（或非利息）
2. 相对
3. 公众持有的债务
4. 赤字
5. 紧缩
6. 危机

判断题

1. 错误。
2. 错误。只有赤字大于 GDP 增加额时 。
3. 错误。
4. 错误。
5. 正确。
6. 正确。
7. 错误。

选择题

1. d 2. c 3. b 4. d

概念题

这是一个开放性问题，你是怎么认为的？

第 21 章

绘　图

表 21-1′

年份	GDP	与前一年相比的百分比变化（%）
1929	790.9	—

续前表

年份	GDP	与前一年相比的百分比变化（%）
1930	719.7	−9.0
1931	674.0	−6.3
1932	584.3	−13.3
1933	577.3	−1.2
1934	641.1	11.1
1935	698.4	8.9
1936	790.0	13.1
1937	831.5	5.3
1938	801.2	−3.6
1939	866.5	8.2
1940	941.2	8.6
1941	1 101.8	17.1
1942	1 308.9	18.8

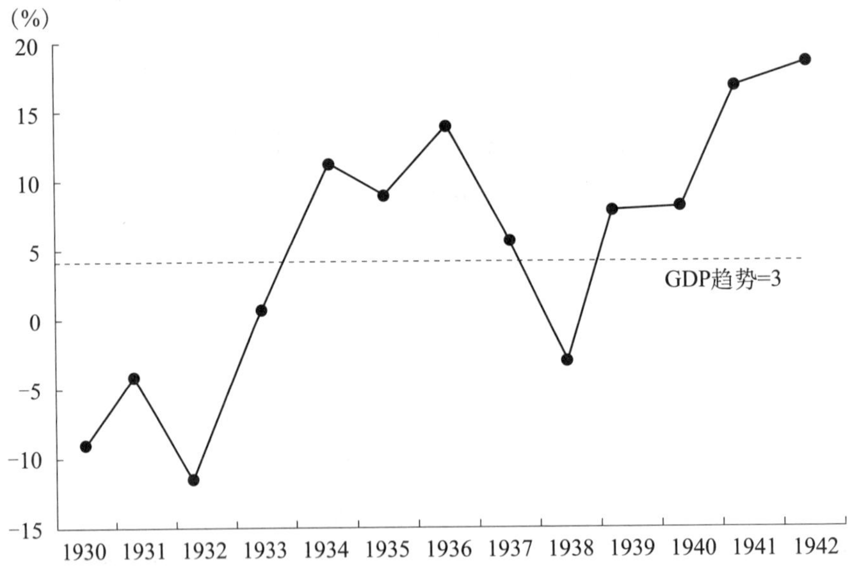

图 21－1′

填空题

1. 低的
2. 大萧条
3. 经济
4. 长期
5. 温和的
6. 财政

判断题

1. 错误。
2. 正确。
3. 错误。
4. 错误。
5. 错误。
6. 错误。

选择题

1. d　2. d　3. a　4. c　5. c　6. b　7. a

概念题

1989 年股市暴跌之后，美联储采取的迅速有效的扩张性货币政策，以及美国自身金融系统的稳定性，可能在其中起到了相当大的作用。

第 22 章

绘　图

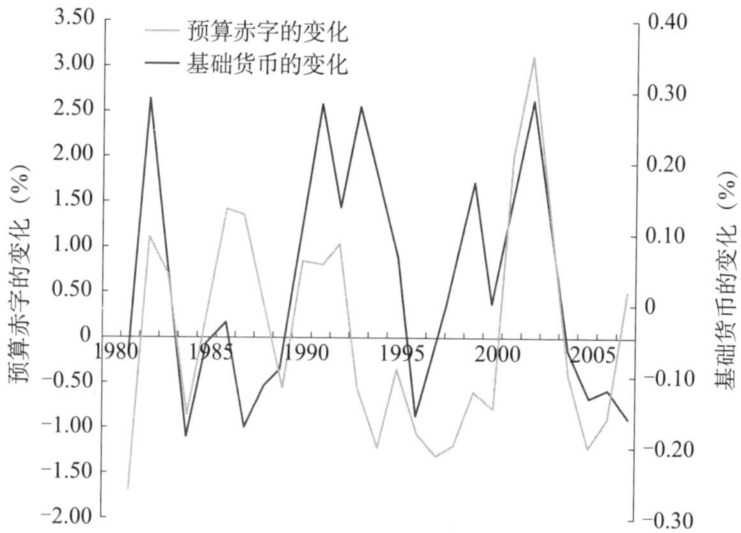

图 22－1′

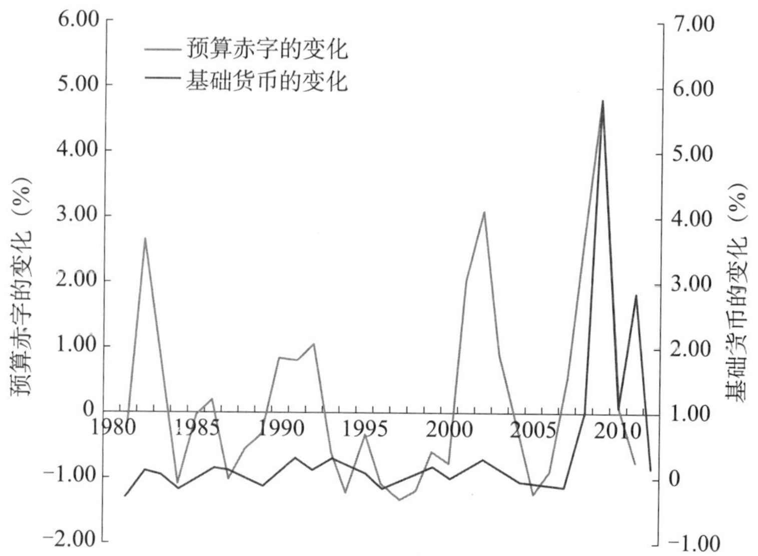

图 22－2′

表 22－1′

年份	预算赤字占 GDP 的比例（%）	基础货币占 GDP 的比例（%）	预算赤字的变化	基础货币的变化
1980	1.71	4.91		
1981	1.57	4.65	－0.14	－0.26
1982	4.23	4.75	2.65	0.10

续前表

年份	预算赤字占 GDP 的比例（%）	基础货币占 GDP 的比例（%）	预算赤字的变化	基础货币的变化
1983	4.85	4.79	0.62	0.04
1984	3.75	4.63	−1.10	−0.15
1985	3.71	4.64	−0.05	0.00
1986	3.90	4.77	0.19	0.14
1987	2.90	4.90	−1.00	0.13
1988	2.38	4.89	−0.52	−0.01
1989	2.08	4.78	−0.30	−0.11
1990	2.94	4.84	0.86	0.06
1991	3.74	5.13	0.81	0.28
1992	4.79	5.26	1.05	0.14
1993	4.22	5.55	−0.57	0.28
1994	2.99	5.72	−1.22	0.17
1995	2.66	5.79	−0.34	0.07
1996	1.60	5.63	−1.06	−0.15
1997	0.29	5.57	−1.31	−0.06
1998	−0.92	5.63	−1.20	0.06
1999	−1.50	5.81	−0.59	0.17
2000	−2.28	5.81	−0.77	0.00
2001	−0.24	5.93	2.04	0.12
2002	2.88	6.23	3.12	0.29
2003	3.73	6.32	0.84	0.09
2004	3.27	6.25	−0.46	−0.07
2005	2.04	6.12	−1.23	−0.13
2006	1.14	6.00	−0.89	−0.12
2007	1.66	5.85	0.52	−0.16
2008	4.80	6.86	3.14	1.01
2009	9.61	12.67	4.81	5.81
2010	9.64	13.84	0.03	1.17
2011	8.88	16.67	−0.76	2.83
2012		16.83		0.16

填空题

1. 战争
2. 收入政策
3. 铸币税
4. 通货膨胀税
5. 货币化
6. 非正统
7. 卖出债券；扩大基础货币
8. 预算赤字

判断题

1. 错误。
2. 错误。
3. 正确。
4. 错误。
5. 正确。

选择题

1. c　2. a　3. d　4. b　5. c

概念题

1. a）印刷货币可以提供应付债务所需的短期收入。然而最终，这会造成通货膨胀。这种现象发生在 20 世纪 80 年代的几个拉丁美洲国家，债务减免最终有助于消除导致通货膨胀的预算赤字。

b）道理几乎是一样的。如果一个国家不能用现有的收入支付战争赔款，那么印钱可以帮助它履行这些义务。第一次世界大战后的德国是一个典型的例子。

c）当政府无法征收税收时，它可以扩大基础货币，并用通货膨胀税作为替代。一些经济学家把俄罗斯自由化之后的高通货膨胀归咎于它无法收税。

2. 政府可以花掉它所印出的所有钱。想象一下，在家里有一台印刷机，当你现金不足时就可以使用它……

技术题

1. 1 000×1 000%＝10 000 美元。

2. 500×1 000%＝5 000 美元。

3. 略。

第 23 章

绘　图

进口对 GDP 的回归结果很合理。回归系数 a 的估计值为 0.13，意味着 GDP 增加 10 亿美元时，进口会随之增加 1.3 亿美元。而进口对美元价格的回归系数 b 的估计值为－3.4。但据我们所知，进口与它的关系应该是正相关的。这表明，我们不能在一个复杂的关系里只取其中一个因素，并期望它能有合理的结果。在最后一个回归中，a 的估计值为 0.16，b 的估计值为 0.91。事实上，GDP 的增长对进口的促进作用比第一个回归所表明的还要大。在这里，GDP 增加 10 亿美元，进口会增加大约 1.6 亿美元；而美元价值增长 1%，进口会增加大约 9.1 亿美元。

网上练习

美国的货币为美元，欧盟的货币为欧元，英国的货币为英镑，日本的货币为日元。这些都属于“坚挺”货币。其余货币中，加拿大元、墨西哥比索、俄罗斯卢比、中国人民币以及巴西雷亚尔也都是非常重要的货币种类。

填空题

1. 货币的过度增长
2. 冲销
3. 政策困境
4. 政策同步化
5. J 曲线
6. 实际汇率
7. 溢出；相互依存
8. 支出转换
9. 削减
10. 实际贬值

判断题

1. 错误。在当前灵活的汇率制度下，贸易条件事实上会忽高忽低地变动。

2. 错误。因为它可以增加净出口，最终会引起总需求的上升。

3. 正确。

4. 正确。

5. 错误。

6. 正确。

7. 正确。

8. 正确。

9. 正确。

10. 正确。

选择题

1. b　2. c　3. d　4. a　5. a　6. c

概念题

1. 存在实际贬值（注意到我们在这个公式中用到了 e 的非常规衡量单位），净出口会上升。

2. 公司或许会得到市场份额、客户的偏爱，甚至在其他国家开设组织紧密的分公司的机会。

3. J 曲线效应描述的是，进口在实际贬值之后迅速上升，紧接着下降的趋势。

技术题

1. 中央银行卖出外币储备时，会减少基础货币。为了弥补这一影响，政府必须采取行动以增加基础货币，例如购买债券，或者降低贴现率。

2. 货币当局在施行名义贬值政策的同时并不采取其他扩张性政策，那么名义贬值只能引起货币的实际贬值。

3. 人们会期望美元贬值 3%左右。

第 24 章

绘 图

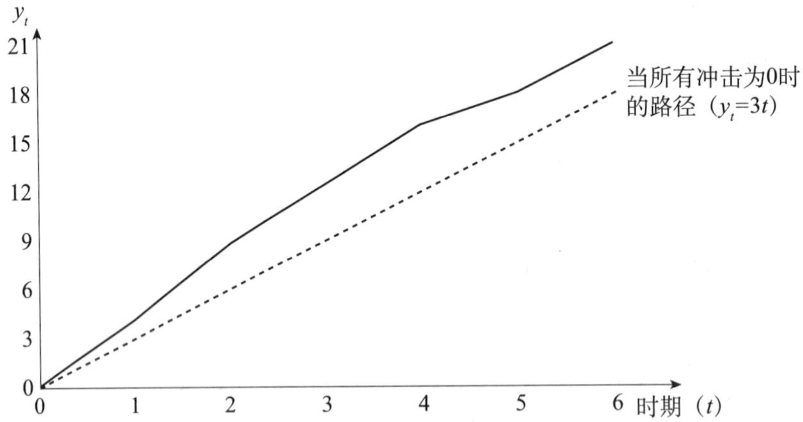

图 24－1′ 趋势平稳过程

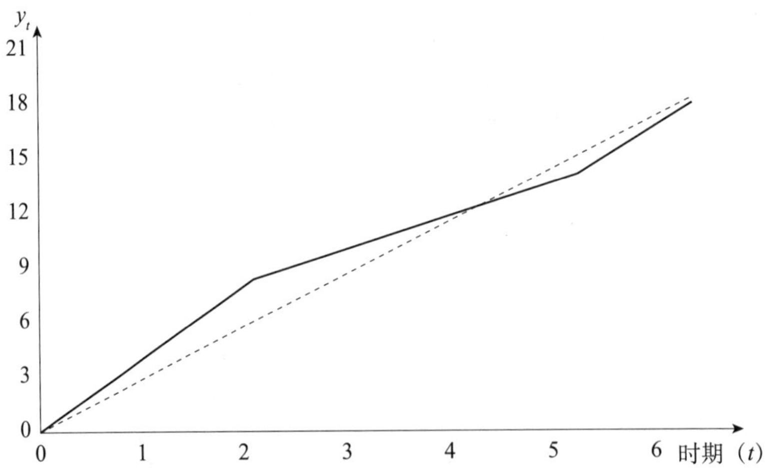

图 24－2′ 差分平稳过程（随机游走）

说明：要想分辨上述两个过程并不容易，特别是在趋势（或者称之为不同过程中的漂移）和冲击不确定的时候。

填字游戏

横

1. 不可预测的（unpredictable）
3. 随机（random）
5. 跨期（intertemporal）
8. 生产率（productivity）
11. 外部性（externalities）

竖

2. 劳动力（labor）
4. 预期到的（anticipated）
6. 差分（difference）
7. 供给（supply）
9. 黏性（sticky）
10. 菜单（menu）

填空题

1. 随机游走
2. 将来
3. 理性预期均衡模型
4. 总需求
5. 生产率（或者供给、技术）

6. 劳动（或者闲暇）

7. 传播

8. 不完全

9. 菜单成本

10. 预期（或者期望）

判断题

1. 错误。

2. 错误。

3. 错误。

4. 错误。它只是认为供给冲击能影响经济周期，而不是需求冲击。

5. 正确。

6. 错误。

7. 正确。

8. 错误。

9. 正确。

10. 错误。

选择题

1. d 2. b 3. a 4. b 5. a 6. d 7. b 8. a 9. a 10. b

概念题

1. 新凯恩斯主义价格黏性模型试图辩解的是，在微观经济基础中关于价格的假设，即短期内价格调整的速度不会快到可以适应市场出清的条件，因而产出并不与潜在产出相等。通过上述辩驳，它建立了另一个体系，即财政政策和货币政策的预期变化会影响产出。

2. 如果价格不是黏性的（即如果价格的调整能够使市场处于均衡状态），财政政策和货币政策在稳定产出上就没有任何作用。AD 的预期变化就不会影响产出。

3. 不。GDP 的随机游走模型仅仅表明了供给冲击比需求冲击更重要。

4. 实际经济周期理论认为，劳动生产率的变动（我们可以称之为供给或技术冲击）促使产出（经济周期）出现波动。

技术题

1. β 和 γ。当 $\beta+\gamma$ 接近于 1 时，闲暇会有巨大的跨期替代性，即：

$$\%\Delta L = 3\times\frac{(1-\gamma)}{(1-\gamma-\beta)}\times\%\Delta a$$

2. 不。劳动力似乎没有跨期替代性。

3. 当总需求不可预测的变动很少发生时（即一家厂商产品价格的大部分变动属于相对价格的变动时），它会对产出造成最强烈的影响。“你不可能在所有时间愚弄所有人。”

4. 我们不能否认下面的假说，即供给冲击在促进产出波动上起到了很重要的作用。但是，我们并不能确定这种波动的发生频率。如果频率很小，需求冲击或许也会在经济周期中起到重要作用。

译后记

多恩布什的《宏观经济学》自 1977 年出版第一版至今，经过多次修订，已经成为世界范围内广受欢迎的主流教材，目前已被翻译成多国语言出版。在欧洲、中国、日本、拉美、南亚、东南亚和非洲，许多大学经济类院系的学生都在使用该教材。作为对教材的重要补充，本学习指导书通过本章要点、本章概要、关键术语、练习题及参考答案等，系统地阐述了教科书的重点，方便了读者独立自主地学习和掌握各章的主要知识点。

本书由李琼翻译，王志伟进行了修改和校对。虽然我们的翻译工作非常努力，但译文中还是可能出现不足和疏漏，欢迎广大读者批评指正。

译　者

经济科学译丛

序号	书名	作者	Author	单价	出版年份	ISBN
1	《宏观经济学》(第十二版)学习指导书	鲁迪格·多恩布什等	Rudiger Dornbusch	38.00	2018	978-7-300-26063-1
2	宏观经济学(第四版)	保罗·克鲁格曼等	Paul Krugman	68.00	2018	978-7-300-26068-6
3	计量经济学导论:现代观点(第六版)	杰弗里·M. 伍德里奇	Jeffrey M. Wooldridge	109.00	2018	978-7-300-25914-7
4	经济思想史:伦敦经济学院讲演录	莱昂内尔·罗宾斯	Lionel Robbins	59.80	2018	978-7-300-25258-2
5	空间计量经济学入门——在R中的应用	朱塞佩·阿尔比亚	Giuseppe Arbia	45.00	2018	978-7-300-25458-6
6	克鲁格曼经济学原理(第四版)	保罗·克鲁格曼等	Paul Krugman	88.00	2018	978-7-300-25639-9
7	发展经济学(第七版)	德怀特·H. 波金斯等	Dwight H. Perkins	98.00	2018	978-7-300-25506-4
8	线性与非线性规划(第四版)	戴维·G. 卢恩伯格等	David G. Luenberger	79.80	2018	978-7-300-25391-6
9	产业组织理论	让·梯若尔	Jean Tirole	110.00	2018	978-7-300-25170-7
10	经济学精要(第六版)	巴德、帕金	Bade, Parkin	89.00	2018	978-7-300-24749-6
11	空间计量经济学——空间数据的分位数回归	丹尼尔·P. 麦克米伦	Daniel P. McMillen	30.00	2018	978-7-300-23949-1
12	高级宏观经济学基础(第二版)	本·J. 海德拉	Ben J. Heijdra	88.00	2018	978-7-300-25147-9
13	税收经济学(第二版)	伯纳德·萨拉尼耶	Bernard Salanié	42.00	2018	978-7-300-23866-1
14	国际宏观经济学(第三版)	罗伯特·C. 芬斯特拉	Robert C. Feenstra	79.00	2017	978-7-300-25326-8
15	公司治理(第五版)	罗伯特·A. G. 蒙克斯	Robert A. G. Monks	69.80	2017	978-7-300-24972-8
16	国际经济学(第15版)	罗伯特·J. 凯伯	Robert J. Carbaugh	78.00	2017	978-7-300-24844-8
17	经济理论和方法史(第五版)	小罗伯特·B. 埃克伦德等	Robert B. Ekelund. Jr.	88.00	2017	978-7-300-22497-8
18	经济地理学	威廉·P. 安德森	William P. Anderson	59.80	2017	978-7-300-24544-7
19	博弈与信息:博弈论概论(第四版)	艾里克·拉斯穆森	Eric Rasmusen	79.80	2017	978-7-300-24546-1
20	MBA宏观经济学	莫里斯·A. 戴维斯	Morris A. Davis	38.00	2017	978-7-300-24268-2
21	经济学基础(第十六版)	弗兰克·V. 马斯切纳	Frank V. Mastrianna	42.00	2017	978-7-300-22607-1
22	高级微观经济学:选择与竞争性市场	戴维·M. 克雷普斯	David M. Kreps	79.80	2017	978-7-300-23674-2
23	博弈论与机制设计	Y. 内拉哈里	Y. Narahari	69.80	2017	978-7-300-24209-5
24	宏观经济学精要:理解新闻中的经济学(第三版)	彼得·肯尼迪	Peter Kennedy	45.00	2017	978-7-300-21617-1
25	宏观经济学(第十二版)	鲁迪格·多恩布什等	Rudiger Dornbusch	69.00	2017	978-7-300-23772-5
26	国际金融与开放宏观经济学:理论、历史与政策	亨德里克·范登伯格	Hendrik Van den Berg	68.00	2016	978-7-300-23380-2
27	经济学(微观部分)	达龙·阿西莫格鲁等	Daron Acemoglu	59.00	2016	978-7-300-21786-4
28	经济学(宏观部分)	达龙·阿西莫格鲁等	Daron Acemoglu	45.00	2016	978-7-300-21886-1
29	发展经济学	热若尔·罗兰	Gérard Roland	79.00	2016	978-7-300-23379-6
30	中级微观经济学——直觉思维与数理方法(上下册)	托马斯·J·内契巴	Thomas J. Nechyba	128.00	2016	978-7-300-22363-6
31	环境与自然资源经济学(第十版)	汤姆·蒂坦伯格等	Tom Tietenberg	72.00	2016	978-7-300-22900-3
32	劳动经济学基础(第二版)	托马斯·海克拉克等	Thomas Hyclak	65.00	2016	978-7-300-23146-4
33	货币金融学(第十一版)	弗雷德里克·S·米什金	Frederic S. Mishkin	85.00	2016	978-7-300-23001-6
34	动态优化——经济学和管理学中的变分法和最优控制(第二版)	莫顿·I·凯曼等	Morton I. Kamien	48.00	2016	978-7-300-23167-9
35	用Excel学习中级微观经济学	温贝托·巴雷托	Humberto Barreto	65.00	2016	978-7-300-21628-7
36	宏观经济学(第九版)	N·格里高利·曼昆	N. Gregory Mankiw	79.00	2016	978-7-300-23038-2
37	国际经济学:理论与政策(第十版)	保罗·R·克鲁格曼等	Paul R. Krugman	89.00	2016	978-7-300-22710-8
38	国际金融(第十版)	保罗·R·克鲁格曼等	Paul R. Krugman	55.00	2016	978-7-300-22089-5
39	国际贸易(第十版)	保罗·R·克鲁格曼等	Paul R. Krugman	42.00	2016	978-7-300-22088-8
40	经济学精要(第3版)	斯坦利·L·布鲁伊等	Stanley L. Brue	58.00	2016	978-7-300-22301-8
41	经济分析史(第七版)	英格里德·H·里马	Ingrid H. Rima	72.00	2016	978-7-300-22294-3
42	投资学精要(第九版)	兹维·博迪等	Zvi Bodie	108.00	2016	978-7-300-22236-3
43	环境经济学(第二版)	查尔斯·D·科尔斯塔德	Charles D. Kolstad	68.00	2016	978-7-300-22255-4
44	MWG《微观经济理论》习题解答	原千晶等	Chiaki Hara	75.00	2016	978-7-300-22306-3
45	现代战略分析(第七版)	罗伯特·M·格兰特	Robert M. Grant	68.00	2016	978-7-300-17123-4
46	横截面与面板数据的计量经济分析(第二版)	杰弗里·M·伍德里奇	Jeffrey M. Wooldridge	128.00	2016	978-7-300-21938-7
47	宏观经济学(第十二版)	罗伯特·J·戈登	Robert J. Gordon	75.00	2016	978-7-300-21978-3
48	动态最优化基础	蒋中一	Alpha C. Chiang	42.00	2015	978-7-300-22068-0
49	城市经济学	布伦丹·奥弗莱厄蒂	Brendan O'Flaherty	69.80	2015	978-7-300-22067-3
50	管理经济学:理论、应用与案例(第八版)	布鲁斯·艾伦等	Bruce Allen	79.80	2015	978-7-300-21991-2
51	经济政策:理论与实践	阿格尼丝·贝纳西-奎里等	Agnès Bénassy-Quéré	79.80	2015	978-7-300-21921-9
52	微观经济分析(第三版)	哈尔·R·范里安	Hal R. Varian	68.00	2015	978-7-300-21536-5
53	财政学(第十版)	哈维·S·罗森等	Harvey S. Rosen	68.00	2015	978-7-300-21754-3
54	经济数学(第三版)	迈克尔·霍伊等	Michael Hoy	88.00	2015	978-7-300-21674-4
55	发展经济学(第九版)	A.P. 瑟尔沃	A. P. Thirlwall	69.80	2015	978-7-300-21193-0
56	宏观经济学(第五版)	斯蒂芬·D·威廉森	Stephen D. Williamson	69.00	2015	978-7-300-21169-5

经济科学译丛						
序号	书名	作者	Author	单价	出版年份	ISBN
57	资源经济学(第三版)	约翰·C·伯格斯特罗姆等	John C. Bergstrom	58.00	2015	978-7-300-20742-1
58	应用中级宏观经济学	凯文·D·胡佛	Kevin D. Hoover	78.00	2015	978-7-300-21000-1
59	计量经济学导论:现代观点(第五版)	杰弗里·M·伍德里奇	Jeffrey M. Wooldridge	99.00	2015	978-7-300-20815-2
60	现代时间序列分析导论(第二版)	约根·沃特斯等	Jürgen Wolters	39.80	2015	978-7-300-20625-7
61	空间计量经济学——从横截面数据到空间面板	J·保罗·埃尔霍斯特	J. Paul Elhorst	32.00	2015	978-7-300-21024-7
62	国际经济学原理	肯尼思·A·赖纳特	Kenneth A. Reinert	58.00	2015	978-7-300-20830-5
63	经济写作(第二版)	迪尔德丽·N·麦克洛斯基	Deirdre N. McCloskey	39.80	2015	978-7-300-20914-2
64	计量经济学方法与应用(第五版)	巴蒂·H·巴尔塔基	Badi H. Baltagi	58.00	2015	978-7-300-20584-7
65	战略经济学(第五版)	戴维·贝赞可等	David Besanko	78.00	2015	978-7-300-20679-0
66	博弈论导论	史蒂文·泰迪里斯	Steven Tadelis	58.00	2015	978-7-300-19993-1
67	社会问题经济学(第二十版)	安塞尔·M·夏普等	Ansel M. Sharp	49.00	2015	978-7-300-20279-2
68	博弈论:矛盾冲突分析	罗杰·B·迈尔森	Roger B. Myerson	58.00	2015	978-7-300-20212-9
69	时间序列分析	詹姆斯·D·汉密尔顿	James D. Hamilton	118.00	2015	978-7-300-20213-6
70	经济问题与政策(第五版)	杰奎琳·默里·布鲁克斯	Jacqueline Murray Brux	58.00	2014	978-7-300-17799-1
71	微观经济理论	安德鲁·马斯-克莱尔等	Andreu Mas-Collel	148.00	2014	978-7-300-19986-3
72	产业组织:理论与实践(第四版)	唐·E·瓦尔德曼等	Don E. Waldman	75.00	2014	978-7-300-19722-7
73	公司金融理论	让·梯若尔	Jean Tirole	128.00	2014	978-7-300-20178-8
74	经济学精要(第三版)	R·格伦·哈伯德等	R. Glenn Hubbard	85.00	2014	978-7-300-19362-5
75	公共部门经济学	理查德·W·特里西	Richard W. Tresch	49.00	2014	978-7-300-18442-5
76	计量经济学原理(第六版)	彼得·肯尼迪	Peter Kennedy	69.80	2014	978-7-300-19342-7
77	统计学:在经济中的应用	玛格丽特·刘易斯	Margaret Lewis	45.00	2014	978-7-300-19082-2
78	产业组织:现代理论与实践(第四版)	林恩·佩波尔等	Lynne Pepall	88.00	2014	978-7-300-19166-9
79	计量经济学导论(第三版)	詹姆斯·H·斯托克等	James H. Stock	69.00	2014	978-7-300-18467-8
80	发展经济学导论(第四版)	秋山裕	秋山裕	39.80	2014	978-7-300-19127-0
81	中级微观经济学(第六版)	杰弗里·M·佩罗夫	Jeffrey M. Perloff	89.00	2014	978-7-300-18441-8
82	平狄克《微观经济学》(第八版)学习指导	乔纳森·汉密尔顿等	Jonathan Hamilton	32.00	2014	978-7-300-18970-3
83	微观经济学(第八版)	罗伯特·S·平狄克等	Robert S. Pindyck	79.00	2013	978-7-300-17133-3
84	微观银行经济学(第二版)	哈维尔·弗雷克斯等	Xavier Freixas	48.00	2014	978-7-300-18940-6
85	施米托夫论出口贸易——国际贸易法律与实务(第11版)	克利夫·M·施米托夫等	Clive M. Schmitthoff	168.00	2014	978-7-300-18425-8
86	微观经济学思维	玛莎·L·奥尔尼	Martha L. Olney	29.80	2013	978-7-300-17280-4
87	宏观经济学思维	玛莎·L·奥尔尼	Martha L. Olney	39.80	2013	978-7-300-17279-8
88	计量经济学原理与实践	达摩达尔·N·古扎拉蒂	Damodar N. Gujarati	49.80	2013	978-7-300-18169-1
89	现代战略分析案例集	罗伯特·M·格兰特	Robert M. Grant	48.00	2013	978-7-300-16038-2
90	高级国际贸易:理论与实证	罗伯特·C·芬斯特拉	Robert C. Feenstra	59.00	2013	978-7-300-17157-9
91	经济学简史——处理沉闷科学的巧妙方法(第二版)	E·雷·坎特伯里	E. Ray Canterbery	58.00	2013	978-7-300-17571-3
92	管理经济学(第四版)	方博亮等	Ivan Png	80.00	2013	978-7-300-17000-8
93	微观经济学原理(第五版)	巴德、帕金	Bade, Parkin	65.00	2013	978-7-300-16930-9
94	宏观经济学原理(第五版)	巴德、帕金	Bade, Parkin	63.00	2013	978-7-300-16929-3
95	环境经济学	彼得·伯克等	Peter Berck	55.00	2013	978-7-300-16538-7
96	高级微观经济理论	杰弗里·杰里	Geoffrey A. Jehle	69.00	2012	978-7-300-16613-1
97	高级宏观经济学导论:增长与经济周期(第二版)	彼得·伯奇·索伦森等	Peter Birch Sørensen	95.00	2012	978-7-300-15871-6
98	宏观经济学:政策与实践	弗雷德里克·S·米什金	Frederic S. Mishkin	69.00	2012	978-7-300-16443-4
99	宏观经济学(第二版)	保罗·克鲁格曼	Paul Krugman	45.00	2012	978-7-300-15029-1
100	微观经济学(第二版)	保罗·克鲁格曼	Paul Krugman	69.80	2012	978-7-300-14835-9
101	克鲁格曼《微观经济学(第二版)》学习手册	伊丽莎白·索耶·凯利	Elizabeth Sawyer Kelly	58.00	2013	978-7-300-17002-2
102	克鲁格曼《宏观经济学(第二版)》学习手册	伊丽莎白·索耶·凯利	Elizabeth Sawyer Kelly	36.00	2013	978-7-300-17024-4
103	微观经济学(第十一版)	埃德温·曼斯费尔德	Edwin Mansfield	88.00	2012	978-7-300-15050-5
104	卫生经济学(第六版)	舍曼·富兰德等	Sherman Folland	79.00	2011	978-7-300-14645-4
105	宏观经济学(第七版)	安德鲁·B·亚伯等	Andrew B. Abel	78.00	2011	978-7-300-14223-4
106	现代劳动经济学:理论与公共政策(第十版)	罗纳德·G·伊兰伯格等	Ronald G. Ehrenberg	69.00	2011	978-7-300-14482-5

经济科学译丛						
序号	书名	作者	Author	单价	出版年份	ISBN
107	宏观经济学:理论与政策(第九版)	理查德·T·弗罗恩	Richard T. Froyen	55.00	2011	978-7-300-14108-4
108	经济学原理(第四版)	威廉·博伊斯	William Boyes	59.00	2011	978-7-300-13518-2
109	计量经济学基础(第五版)(上下册)	达摩达尔·N·古扎拉蒂	Damodar N. Gujarati	99.00	2011	978-7-300-13693-6
110	《计量经济学基础》(第五版)学生习题解答手册	达摩达尔·N·古扎拉蒂等	Damodar N. Gujarati	23.00	2012	978-7-300-15080-8
111	计量经济分析(第六版)(上下册)	威廉·H·格林	William H. Greene	128.00	2011	978-7-300-12779-8
112	国际贸易	罗伯特·C·芬斯特拉等	Robert C. Feenstra	49.00	2011	978-7-300-13704-9
113	经济增长(第二版)	戴维·N·韦尔	David N. Weil	63.00	2011	978-7-300-12778-1
114	投资科学	戴维·G·卢恩伯格	David G. Luenberger	58.00	2011	978-7-300-14747-5
115	金融学(第二版)	兹维·博迪等	Zvi Bodie	59.00	2010	978-7-300-11134-6
116	博弈论	朱·弗登博格等	Drew Fudenberg	68.00	2010	978-7-300-11785-0

金融学译丛						
序号	书名	作者	Author	单价	出版年份	ISBN
1	金融学原理(第八版)	阿瑟·J. 基翁等	Arthur J. Keown	79.00	2018	978-7-300-25638-2
2	财务管理基础(第七版)	劳伦斯·J. 吉特曼等	Lawrence J. Gitman	89.00	2018	978-7-300-25339-8
3	利率互换及其他衍生品	霍华德·科伯	Howard Corb	69.00	2018	978-7-300-25294-0
4	固定收益证券手册(第八版)	弗兰克·J. 法博齐	Frank J. Fabozzi	228.00	2017	978-7-300-24227-9
5	金融市场与金融机构(第8版)	弗雷德里克·S. 米什金等	Frederic S. Mishkin	86.00	2017	978-7-300-24731-1
6	兼并、收购和公司重组(第六版)	帕特里克·A. 高根	Patrick A. Gaughan	89.00	2017	978-7-300-24231-6
7	债券市场:分析与策略(第九版)	弗兰克·J·法博齐	Frank J. Fabozzi	98.00	2016	978-7-300-23495-3
8	财务报表分析(第四版)	马丁·弗里德森	Martin Fridson	46.00	2016	978-7-300-23037-5
9	国际金融学	约瑟夫·P·丹尼尔斯等	Joseph P. Daniels	65.00	2016	978-7-300-23037-1
10	国际金融	阿德里安·巴克利	Adrian Buckley	88.00	2016	978-7-300-22668-2
11	个人理财(第六版)	阿瑟·J·基翁	Arthur J. Keown	85.00	2016	978-7-300-22711-5
12	投资学基础(第三版)	戈登·J·亚历山大等	Gordon J. Alexander	79.00	2015	978-7-300-20274-7
13	金融风险管理(第二版)	彼德·F·克里斯托弗森	Peter F. Christoffersen	46.00	2015	978-7-300-21210-4
14	风险管理与保险管理(第十二版)	乔治·E·瑞达等	George E. Rejda	95.00	2015	978-7-300-21486-3
15	个人理财(第五版)	杰夫·马杜拉	Jeff Madura	69.00	2015	978-7-300-20583-0
16	企业价值评估	罗伯特·A·G·蒙克斯等	Robert A. G. Monks	58.00	2015	978-7-300-20582-3
17	基于Excel的金融学原理(第二版)	西蒙·本尼卡	Simon Benninga	79.00	2014	978-7-300-18899-7
18	金融工程学原理(第二版)	萨利赫·N·内夫特奇	Salih N. Neftci	88.00	2014	978-7-300-19348-9
19	投资学导论(第十版)	赫伯特·B·梅奥	Herbert B. Mayo	69.00	2014	978-7-300-18971-0
20	国际金融市场导论(第六版)	斯蒂芬·瓦尔德斯等	Stephen Valdez	59.80	2014	978-7-300-18896-6
21	金融数学:金融工程引论(第二版)	马雷克·凯宾斯基等	Marek Capinski	42.00	2014	978-7-300-17650-5
22	财务管理(第二版)	雷蒙德·布鲁克斯	Raymond Brooks	69.00	2014	978-7-300-19085-3
23	期货与期权市场导论(第七版)	约翰·C·赫尔	John C. Hull	69.00	2014	978-7-300-18994-2
24	国际金融:理论与实务	皮特·塞尔居	Piet Sercu	88.00	2014	978-7-300-18413-5
25	货币、银行和金融体系	R·格伦·哈伯德等	R. Glenn Hubbard	75.00	2013	978-7-300-17856-1
26	并购创造价值(第二版)	萨德·苏达斯纳	Sudi Sudarsanam	89.00	2013	978-7-300-17473-0
27	个人理财——理财技能培养方法(第三版)	杰克·R·卡普尔等	Jack R. Kapoor	66.00	2013	978-7-300-16687-2
28	国际财务管理	吉尔特·贝克特	Geert Bekaert	95.00	2012	978-7-300-16031-3
29	应用公司财务(第三版)	阿斯沃思·达摩达兰	Aswath Damodaran	88.00	2012	978-7-300-16034-4
30	资本市场:机构与工具(第四版)	弗兰克·J·法博齐	Frank J. Fabozzi	85.00	2011	978-7-300-13828-2
31	衍生品市场(第二版)	罗伯特·L·麦克唐纳	Robert L. McDonald	98.00	2011	978-7-300-13130-6
32	跨国金融原理(第三版)	迈克尔·H·莫菲特等	Michael H. Moffett	78.00	2011	978-7-300-12781-1
33	统计与金融	戴维·鲁珀特	David Ruppert	48.00	2010	978-7-300-11547-4
34	国际投资(第六版)	布鲁诺·索尔尼克等	Bruno Solnik	62.00	2010	978-7-300-11289-3

Rudiger Dornbusch; Stanley Fischer; Richard Startz
Macroeconomics, 12e
0078021839

北京市版权局著作权合同登记号：01-2015-4188

图书在版编目（CIP）数据

《宏观经济学》（第十二版）学习指导书/（　）鲁迪格·多恩布什（Rudiger Dornbusch）等编；王志伟译校．—北京：中国人民大学出版社，2018.9

（经济科学译丛）

书名原文：Study Guide for Macroeconomics（12th Edition）

ISBN 978-7-300-26063-1

Ⅰ.①宏…　Ⅱ.①鲁…②王…　Ⅲ.①宏观经济学-高等学校-教学参考资料　Ⅳ.①F015

中国版本图书馆 CIP 数据核字（2018）第 186087 号

“十三五”国家重点出版物出版规划项目

经济科学译丛

《宏观经济学》（第十二版）学习指导书

鲁迪格·多恩布什
斯坦利·费希尔　　编
理查德·斯塔兹
王志伟　译校

Hongguan Jingjixue（Di-shi'er Ban）Xuexi Zhidaoshu

出版发行	中国人民大学出版社		
社　　址	北京中关村大街 31 号	**邮政编码**	100080
电　　话	010－62511242（总编室）		010－62511770（质管部）
	010－82501766（邮购部）		010－62514148（门市部）
	010－62515195（发行公司）		010－62515275（盗版举报）
网　　址	http://www.crup.com.cn		
	http://www.ttrnet.com(人大教研网)		
经　　销	新华书店		
印　　刷	涿州市星河印刷有限公司		
规　　格	185 mm×260 mm　16 开本	**版　　次**	2018 年 9 月第 1 版
印　　张	15 插页 2	**印　　次**	2018 年 9 月第 1 次印刷
字　　数	346 000	**定　　价**	38.00 元

教师反馈表

麦格劳-希尔教育集团（McGraw-Hill Education）是全球领先的教育资源与数字化解决方案提供商。为了更好地提供教学服务，提升教学质量，麦格劳-希尔教育教师服务中心于 2003 年在京成立。在您确认将本书作为指定教材后，请填好以下表格并经系主任签字盖章后返回我们（或联系我们索要电子版），我们将免费向您提供相应的教学辅助资源。如果您需要订购或参阅本书的英文原版，我们也将竭诚为您服务。

<table>
<tr><td colspan="6">★ 基本信息</td></tr>
<tr><td>姓</td><td></td><td>名</td><td></td><td>性别</td><td></td></tr>
<tr><td>学校</td><td colspan="2"></td><td>院系</td><td colspan="2"></td></tr>
<tr><td>职称</td><td colspan="2"></td><td>职务</td><td colspan="2"></td></tr>
<tr><td>办公电话</td><td colspan="2"></td><td>家庭电话</td><td colspan="2"></td></tr>
<tr><td>手机</td><td colspan="2"></td><td>电子邮箱</td><td colspan="2"></td></tr>
<tr><td>通信地址及邮编</td><td colspan="5"></td></tr>
<tr><td colspan="6">★ 课程信息</td></tr>
<tr><td>主讲课程-1</td><td></td><td>课程性质</td><td></td><td>学生年级</td><td></td></tr>
<tr><td>学生人数</td><td></td><td>授课语言</td><td></td><td>学时数</td><td></td></tr>
<tr><td>开课日期</td><td></td><td>学期数</td><td></td><td>教材决策者</td><td></td></tr>
<tr><td>教材名称、
作者、出版社</td><td colspan="5"></td></tr>
<tr><td colspan="6">★ 教师需求及建议</td></tr>
<tr><td colspan="2">提供配套教学课件
（请注明作者 / 书名 / 版次）</td><td colspan="4"></td></tr>
<tr><td colspan="2">推荐教材
（请注明感兴趣领域或相关信息）</td><td colspan="4"></td></tr>
<tr><td colspan="2">其他需求</td><td colspan="4"></td></tr>
<tr><td colspan="2">意见和建议（图书和服务）</td><td colspan="4"></td></tr>
<tr><td>是否需要最新
图书信息</td><td>是、否</td><td rowspan="2">系主任签字/
盖章</td><td colspan="3" rowspan="2"></td></tr>
<tr><td>是否有翻译意愿</td><td>是、否</td></tr>
</table>

Mc Graw Hill Education | Higher Education

教师服务热线：800-810-1936

教师服务信箱：instructorchina@mheducation.com

网址: www.mheducation.com

麦格劳-希尔教育教师服务中心

地址：北京市东城区北三环东路 36 号环球贸易中心 A 座 • 702 室 教师服务中心 100013

电话：010-57997600

传真：010-59575582